国家社会科学基金（教育学）项目（BIA190164）

宁波市社会科学学术著作出版项目（19CB-A04）资助成果

异地高考政策
对随迁子女教育期望的
影响机制研究

吕慈仙◎著

中国社会科学出版社

图书在版编目（CIP）数据

异地高考政策对随迁子女教育期望的影响机制研究／吕慈仙著．
—北京：中国社会科学出版社，2019.12

ISBN 978 - 7 - 5203 - 5558 - 2

Ⅰ.①异…　Ⅱ.①吕…　Ⅲ.①高考—教育政策—研究—中国
Ⅳ.①G632.474

中国版本图书馆 CIP 数据核字（2019）第 248687 号

出 版 人	赵剑英
责任编辑	王　曦
责任校对	孙洪波
责任印制	戴　宽

出　　版	中国社会科学出版社
社　　址	北京鼓楼西大街甲 158 号
邮　　编	100720
网　　址	http://www.csspw.cn
发 行 部	010 - 84083685
门 市 部	010 - 84029450
经　　销	新华书店及其他书店

印刷装订	北京君升印刷有限公司
版　　次	2019 年 12 月第 1 版
印　　次	2019 年 12 月第 1 次印刷

开　　本	710×1000　1/16
印　　张	18.75
插　　页	2
字　　数	269 千字
定　　价	99.00 元

凡购买中国社会科学出版社图书，如有质量问题请与本社营销中心联系调换
电话:010 - 84083683

代　序

　　2015 年，《中共中央国务院关于打赢脱贫攻坚战的决定》确定了把"农村留守儿童、城市贫困居民子女和农民工随迁子女等群体"纳入"教育扶贫支持"领域。党的十九大报告提出了"注重扶贫同扶志、扶智相结合"。西方发达国家政府对弱势群体的福利政策也由原来的物质救助转向"助人自助"的教育支持。经济学家罗斯高（Scott Rozelle）提出中国能否顺利跨过"中等收入陷阱"很大程度上取决于劳动力人口的整体受教育程度。长期以来，国内外诸多学者研究证实教育既是阶层再生产的重要机制，也是阶层向上流动的重要渠道；以人力资本为核心的自致性因素是现代社会分层与流动的决定因素，而教育期望对人力资本的获得具有直接、稳定和有效的解释力。如果实现如此大规模数量随迁子女的异地高考，不仅有利于提升我国劳动力人口整体的人力资本水平，也有利于阻断弱势群体的"贫困代际传递"现象。

　　在此政策背景下，吕慈仙教授带领的研究团队开展关于异地高考政策的国家课题研究，具有十分重要的现实意义。本书基于文化再生产理论和生态系统论的理论框架，采用定量研究为主、定性研究为辅的研究方法，分别从微观（个体）、中观（家庭、学校）和宏观（社会）层面来探究异地高考政策认同对随迁子女教育期望的影响及作用机制，值得我们去深入探讨和借鉴。

　　本书重新界定了异地高考政策实施背景下随迁子女教育期望的概念，认为指随迁子女基于客观现实条件以及自身或他人经验所形成的主观认知，对努力之后可能实现的某些教育结果的信念和愿望（包括学历、品德、人际关系、社会成就等）。该课题组运用社会学的研究方法，选取浙江、福建、河北等异地高考政策"率先突破"型省份当中随迁子女较为集中的杭州、宁波、福州、石家庄等11个城市，以分层抽样的方法对在读随迁子女进行问卷调查和实地调研，探究随迁子女学业表现期望、品德表现期望、人际交往期望和社会成就期望等维度的状况，完成随迁子女异地高考政策认同的测量和分析。本书的最大特点就是从随迁子女个体学业成绩的微观层面、家庭社会资本和学校阶层隔离的中观层面以及社会歧视知觉的宏观层面来分别探究异地高考政策与教育期望的关系。研究认为异地高考政策作为一项旨在保障随迁子女受教育权利、促进教育公平的教育政策，增加了群体边界的可渗透性。异地高考政策认同能够增强个体学业成绩对教育期望的正向影响，能够增强家庭、社会资本对教育期望的正向影响，能够削弱学校阶层隔离对教育期望部分维度的负向影响，能够削弱社会歧视知觉对教育期望的负向影响。异地高考政策认同对教育期望的影响存在以下作用机制："户籍融合"的制度机制、"以考促学"的文化机制以及"正义原则"的补偿机制。希望本书的问世，能够促使各省市自治区修订和完善当前的异地高考政策，更好地促进随迁子女形成良好的教育期望，以期获得较高的教育水平，阻断贫困的"代际传递"，提升我国人力资本整体水平。

刘海峰

教授、博导、长江特聘教授

厦门大学考试研究中心主任

2019 年 3 月 18 日

目　　录

第 一 章

问题的提出

2017年10月，党的十九大报告指出，"中国特色社会主义进入新时代，我国社会主要矛盾已经转化为人民日益增长的美好生活需要和不平衡不充分的发展之间的矛盾"。报告在"提高保障和改善民生水平"方面，提出"坚决打赢脱贫攻坚战""注重扶贫同扶志、扶智相结合"。同时，《中共中央国务院关于打赢脱贫攻坚战的决定》确定了把"农村留守儿童、城市贫困居民子女和农民工随迁子女等群体"纳入"教育扶贫支持"的领域。经济学家罗斯高（Scott Rozelle）认为，中国能否顺利跨过"中等收入陷阱"，很大程度上取决于劳动力人口的整体受教育程度。国内外大量研究证实，以人力资本为核心的自致性因素是现代社会分层与流动的决定因素，而教育期望对人力资本的获得具有直接、稳定和有效的解释力。因此，在此背景下探讨教育政策和广大随迁子女教育期望之间的关系，对于解决社会矛盾、落实教育扶贫、实现人力资源强国具有重要意义。

第一节　研究的缘起与意义

一　研究的缘起

在过去的30多年，伴随着国内经济转型、快速工业化以及人口城镇化的进程，中国出现了由农村向城市的大规模人口迁移活动。《中国流动人口发展报告（2017）》指出：2016年全国范围内流动人口总规模达到了2.45亿人，相当于约6个人中就有1个流动人口，并且呈现出以下几个特征。一是流动人口家庭化趋势，即 2 人及以上的家庭成员共同流动的数量占总流动人数的 81.8%；二是流动人口稳定化趋势，即在流入地城市居住超过 3 年及以上的人数超过总人数的 55%，且表达了今后长期居留的意愿；三是流动人口年轻化趋势，即"80 后"流动人口数量占总人数的 56.5%，"90 后"占 18.7%，合计共占总人数的 75.2%；四是流动人口新生代在城市出生率逐年提高趋势，超过 50% 的新生代出生在现居住地城市，比 2010 年的 23% 有了大幅度的提高。① 正是这些"家庭化""稳定化""年轻化""城市出生率高"等新趋势，注定了当下的流动人口不会像其父辈们那样往返于城乡之间，而是选择在城市学习生活、安身立命。然后，长期以来形成的城乡二元分立的社会结构和教育体制，使得他们无法像城市户籍人口一样享受各种福利和待遇，在各种缺失的权利中，受教育权始终是关注的焦点。2005 年法国巴黎的骚乱事件警示我们：处在社会最底层的移民第二代、第三代，如果长期遭受着屈辱、歧视与失败，其追求平等待遇、融入主流社会的诉求长期得不到满足，难免会成为影响社会稳定的隐患。②

　　1995 年，《流动的孩子哪儿上学——流动人口子女教育探讨》一文在《中国教育报》刊发，由此引起了社会各界广泛关注③。1996 年，国家层面首次指出："城镇流动人口中适龄儿童、少年入学由其父母或其他监护人持流入地暂住证向流入地住所附近中小学提出申请，经学校同意后即可入学"，并在北京、上海等地试点。但是各迁入地城市也有自己的苦衷，流动人口随迁子女"入学难"问题一直处于"悬置"状态。直到 2001 年国务院要求实施"以流入地区政府管理为主，以全日制中小学为主"的"两为主"政策，他们的义务教育问题才逐渐得到解决。2014 年，国家进一步提出

---

① 国家卫生和计划生育委员会流动人口司：《中国流动人口发展报告 2017》，中国人口出版社 2017 年版，第 3—8 页。

② 雷颐：《法国底层青年骚乱之鉴》，《人民论坛》2010 年第 7 期。

③ 李建平：《流动的孩子哪儿上学——流动人口子女教育探讨》，《中国教育报》1995 年 1 月 21 日。

"将农民工随迁子女义务教育纳入各级政府教育发展规划和财政保障范畴"（以下简称"两纳入"）。随着"两为主"到"两纳入"国家政策的实施以及各省市区相应配套措施的推进，随迁子女义务教育阶段的就学问题基本得到了解决。但是，根据吴霓等测算，2020年15—17周岁的随迁子女人数将达到1543.65万，[①] 可以预见他们在流入地城市参加升学考试的需求与现实不平衡不充分之间的矛盾将日益明显。

2015年《中共中央国务院关于打赢脱贫攻坚战的决定》确定把"农村留守儿童、城市贫困居民子女和农民工随迁子女等群体"纳入"教育扶贫支持"的领域。2017年，党的十九大报告提出"注重扶贫同扶志、扶智相结合"。长期生活在城市或者在城市出生的随迁子女，因为户籍问题不能在流入地城市参加高考，对他们而言或者初中毕业后中断学业，从事社会底层的工作；或者回原籍参加升学考试，但是对于已经在城市"土生土长"的他们来说，很难融入家乡的教育和升学体系。这两种选择都将直接影响他们今后的生存和发展状态。放眼全球，各国政府对弱势群体的福利政策也从原来的国家物质救助转向"助人自助"的教育支持。美国经济学家罗斯高和科研团队在中国做了将近40年的研究，认为中国能否顺利跨过"中等收入陷阱"，很大程度上取决于劳动力人口的受教育程度，但是目前中国20岁到60岁的劳动力人口中受过高中及以上教育的比例远低于发达国家，甚至低于一些发展中国家。如果异地升学考试这一问题解决不好，数以千万计的随迁子女将在迁入地城市失去继续受教育的机会，极易导致大量"贫困代际传递"现象。同时，中国未来30年要实现经济转型和持续发展，进城务工人员仍然是一个主要的推动力量。如果他们难以形成良好的教育期望，不能获得较高的教育水平，将直接影响人力资源的整体质量。

---

① 吴霓、朱富言：《流动人口随迁子女在流入地升学考试政策分析》，《教育研究》2014年第4期。

二 研究的意义

(一) 理论意义

教育到底是实现阶层再生产的机制还是阶层向上流动的渠道？关于这个理论问题，国内外诸多学者进行了长期孜孜不倦的研究，但是到目前为止仍然争论不断，如布迪厄的文化再生产理论，雷夫特里和霍特的教育 MMI 理论，卢卡斯的教育 EMI 理论，布劳和邓肯的社会地位获得理论等。但是学术界普遍认同"以人力资本为核心"的自致性因素是现代社会分层与流动的决定因素，而教育期望对人力资本的获得具有直接、稳定和有效的解释力 (Campbell, 1983[①]; Davis - kean, 2005[②]; Brand & Xie, 2010[③])。关注社会宏观政策对弱势群体在人力资本获得过程中的作用是理解社会阶层开放性或封闭性的重要切入口。因此，我们对国内目前的社会宏观政策与教育期望之间关系的探讨，不仅有助于搭建社会学和教育学理论沟通的桥梁，以丰富中国高考改革语境下教育社会学相关理论，而且有助于了解弱势群体获得人力资本以及社会地位的内在机制。

国家考试招生制度改革作为新时代中国整个社会系统性改革中的一部分，异地高考政策又是国家考试招生制度改革的重要部分。任何一项政策都有其内在价值逻辑和外在制度逻辑。前者反映了国家的抱负和价值目标，后者体现了政策的制度环境和实践可能。客观而言，异地高考政策的内在价值毋庸置疑，这方面的研究也颇多，而对外在逻辑研究基本停留在政策内容比较、利益博弈分析、困难和解决路径分析等方面。较少有研究涉及政策的社会学和

---

① Campbell R. T. , Status Attainment Research: End of the Beginning or Beginning of the End. *Sociology of Education*, 1983, 56 (1): 47 - 62.

② Davis - kean P. E. , The Influence of Parent Education and Family Income on Child Achievement: the Indirect Role of Parental Expectations and the Home Environment. *Journal of Family Psychology*, 2005, 19 (2): 294 - 304.

③ Brand J. E. , & Xie Y. , Who Benefits Most From College? Evidence for Negative Selection in Heterogeneous Economic Returns to Higher Education. *American Sociolgical Review*, 2010, 75 (2): 273 - 302.

教育学反思，对政策实施对象的认同分析以及带来的学习行为和教育期望方面的实证研究更是少之又少。本书主要借鉴社会认同理论"主流社会的公共制度与政策有助于形成和谐的群际关系"，探讨异地高考政策带来的不同群体间群际边界可渗透性的变化，分析这一变化背景下异地高考政策认同从微观、中观、宏观层面对随迁子女教育期望的影响及作用机制。因此，本书对异地高考等教育政策分析框架、随迁子女教育期望理论的丰富和发展具有一定的拓展意义。

（二）现实意义

随迁子女能否获得较高的教育水平是新时代所需要关注的社会问题。这不仅关系到单个家庭的幸福、贫困代际传递的阻断，甚至关系到国家人力资源的总体水平。因此，对异地高考政策的研究、政策认同对随迁子女教育期望的影响以及作用机制的研究具有重要的现实意义。

第一，有助于随迁子女及其家庭建立良好的教育期望。根据《全国教育事业发展统计公报（2017 年)》和《全国农民工监测调查报告（2017 年)》的统计数据，2016 年全国义务教育阶段的随迁子女数量达到了 1394.77 万人。绝大部分随迁子女的个体学业成绩、家庭社会资本比较薄弱，因此很多家长对孩子的教育往往束手无策，造成听之任之的现象。本书构建了异地高考政策认同、家庭社会资本（个体学业成绩）与教育期望之间的数学模型，通过分析发现良好的亲子关系、家校沟通、教育参与能够有效弥补家庭社会资本、个体学业成绩等的不足，以及异地高考政策认同在其中的调节作用。研究结果为随迁子女弱势家庭如何更好地利用"率先突破型"省份的异地高考政策优势、加强家校沟通和子女教育参与，帮助其子女建立良好的教育期望提供了实践指导。

第二，有助于城市进一步消除学校的阶层隔离现象。国内外教育社会学领域，通常把学校教育获得的主要影响因素具体化为三个维度：教育机会（如升学机会）、个体学业成绩以及相关心理因素

（如教育期望）。[1] 国内众多研究表明异地高考政策对实施对象产生了不同的影响（钟双，2015[2]；吴霓、朱富言，2016[3]；程晨、李正明，2017[4]）。但是，较少有文献涉及异地高考政策认同对学校阶层隔离、政策实施对象教育期望的影响以及作用机制。本书构建了异地高考政策认同、学校阶层隔离与教育期望之间的数学模型，通过分析表明学校阶层隔离对随迁子女教育期望的负面影响，以及异地高考政策认同在其中的调节作用。研究结果为各城市的中学进一步消除阶层隔离、推进均衡编班、完善融合教育、建立良好师生关系提供了重要的借鉴意义，以进一步提高随迁子女的教育期望。

第三，为各地方政府进一步完善异地高考政策提供对策建议。2012 年，国务院办公厅转发教育部等部门《关于做好进城务工人员随迁子女接受义务教育后在当地参加升学考试工作的意见》，但是各地的具体政策和价值导向差异较大、政策实施时间和步骤进度不一。根据各地政策的门槛条件和实施步骤，可以分为"严防死守型""分步落实型"和"率先突破型"等，其中"率先突破型"省份的异地高考具有门槛要求低、实施时间早、政策受益面广等特点。通过本书的实地访谈和问卷调查，显示"率先突破型"省份的异地高考政策已经获得了政策实施对象一定程度的认同，并且对他们的学习行为和教育期望产生了积极的影响。本书为各地方政府管理部门进一步修订和完善相关政策提供了对策建议，以期提升随迁子女的教育信心，有效地积累人力资本，阻断贫困的代际传递。

第四，为各地方政府更好地推进户籍制度改革提供政策借鉴。2014 年国务院公布了《关于进一步推进户籍制度改革的意见》，宣告

---

[1]　Dika S. L. & Singh K., Applications of Social Capital in Educational Literature: A Critical Synthesis. *Review of Educational Research*, 2002, 72（1）: 31–60.

[2]　钟双：《云南省异地高考政策认同度调查研究》，硕士学位论文，云南大学，2015 年。

[3]　吴霓、朱富言：《随迁子女在流入地高考政策实施研究——基于 10 个城市的样本分析》，《教育研究》2016 年第 12 期。

[4]　程晨、李正明：《上海市"异地高考"政策认同现状及改进对策——以上海市浦东新区为例》，《教育科学研究》2017 年第 1 期。

中国实行了半个多世纪的"农业"和"非农业"二元户籍管理模式退出历史舞台。长期以来户籍制度阻碍了劳动力自由流动，使城市规模分布偏离了帕累托最优，同样进城务工人员很难享受到与当地人相同的教育福利。① 现有户籍制度带来的职业隔离以及升学制度严重影响着个体的教育期望和教育获得②③，如果户籍制度改革到位了，异地高考问题也就能解决了。④ 可见，户籍制度在随迁子女异地升学机会上扮演着重要"拦路虎"的角色。本书选择异地高考"率先突破型"省份作为研究样本，探求政策对随迁子女教育期望的影响及作用机制，为其他省份推动户籍制度改革提供政策借鉴，以期进一步促进弱势群体打破社会流动的"天花板"，跳出阶层再生产的"泥淖"。

第二节　概念阐述与辨析

根据中国知网（CNKI）检索，最早以"异地高考"为题名的文章出现在 2003 年 7 月 22 日的《西藏日报》。作者杨自华提出"异地高考"是指为了能在高校招生录取中获益而在临考前将户籍迁往异地参加高考的一种说法。该文章提出的"异地高考"，其实质为后来所指的"高考移民"。⑤ 而针对进城务工人员随迁子女"异地高考"一词，是从 2008 年张千帆等多位全国人大代表在"两会"期间呼吁重视随迁子女高考问题开始，逐步被社会各界所重视。这一节我们主要阐述"进城务工人员随迁子女""异地高考政策认同""教育期

---

① 梁琦、陈强远、王如玉：《户籍改革、劳动力流动与城市层级体系优化》，《中国社会科学》2013 年第 12 期。

② 吴晓刚、张卓妮：《户口、职业隔离与中国城镇的收入不平等》，《中国社会科学》2014年第 6 期。

③ 魏勇、马欣：《中学生自我教育期望的影响因素研究》，《教育学术月刊》2017 年第10 期。

④ 席秦岭、王浩野：《解决异地高教难关键在户籍改革》，《华西都市报》2015 年 3 月7 日。

⑤ 杨自华：《异地高考：一个不容忽视的问题》，《西藏日报》2003 年 7 月 22 日。

望"等概念的内涵与外延。

一 进城务工人员随迁子女

（一）进城务工人员随迁子女的称呼演变

自从进城务工人员现象出现后，关于其子女的称呼有众多版本，并且处于不断演变的状态，如"打工族子女""流动儿童少年""进城务工就业农民工子女""流动人员子女""流动人口子女""流动儿童""外来务工人员子女""农民工随迁子女""打工子弟"等等。此类称呼最早出现在 1994 年的《天津教育》[①]，同年《社会》杂志刊发了题为《漂流的花朵——打工族子女教育备忘录》的文章，呼吁关注这些打工族子女。[②] 1996 年，原国家教委官方首次使用"流动儿童少年"的称呼，其后的相关文件沿用该称呼。2003 年，国务院发布相关文件，称之为"进城务工就业农民工子女"。2006 年，全国人大修订《中华人民共和国义务教育法》，规定处于义务教育阶段的随迁子女接受教育应该以流入地政府管理为主，以全日制公办学校为主。2010 年，《国家中长期教育改革和发展规划纲要（2010—2020年）》提出"确保进城务工人员随迁子女平等接受义务教育"，使用了"进城务工人员随迁子女"这一称呼，此后的 2012 年《关于做好进城务工人员随迁子女接受义务教育后在当地参加升学考试工作意见》、2014 年《国务院关于深化考试招生制度改革的实施意见》均采用了"进城务工人员随迁子女"这一称呼。

（二）进城务工人员随迁子女的界定

有关"随迁子女"以及其他称呼的概念，国内曾经出现过多种解释，且不断演变。《流动儿童少年就学暂行办法》指出，流动儿童少年是指 6 至 14 周岁（或 7 至 15 周岁）随父母或其他监护人在流入地暂时居住半年以上、有学习能力的儿童少年。2006 年，刘正荣认为是"我国工业化、城市化进程中，随同其父母离开农村、进入城

---

① 华耀龙：《招收流动人员子女入学　全面普及义务教育》，《天津教育》1994 年第 6 期。

② 龙腾华：《漂流的花朵——打工族子女教育备忘录》，《社会》1994 年第 8 期。

市的子女，不包括没有随同其父母进入城市的子女，一般是指称6—14周岁或者7—15周岁的适龄上学儿童少年"①。教育部发布的《2016年全国教育事业发展统计公报》对"进城务工人员随迁子女"的解释是指户籍登记在外省份、本省外县（区）的乡村，随务工父母到输入地的城区、镇区（同住）并接受义务教育的适龄儿童少年。②吴霓认为根据进城务工人员随迁子女拥有的户籍属性可以分为农村户籍和城市户籍两类；根据其出生地不同可以分为在老家出生后随父母进城生活、父母进城后在城市出生并留在城市生活；根据其流动范围可以分为省内流动和跨省流动。③

本书"进城务工人员随迁子女"主要借鉴官方文件的定义，是指那些随父母或其他监护人迁入或出生在非户籍地，并处于义务教育阶段或高中阶段的适龄儿童少年。同时，由于研究"异地高考政策认同"的需要，本书的研究对象选择为正处于初中和高中的进城务工人员随迁子女。对于这个年龄段的青少年来说，由于在城市生活了一段时间，能够感知更宏大的城市社会概念，诸如社区、家庭、学校，以及异地升学等教育政策；同时，也开始思索自身身份、感知社会压力、筹划自身未来。"进城务工人员随迁子女"在下文中简称"随迁子女"。

《2017年全国教育事业发展统计公报》和《2017年全国农民工监测调查报告》的统计数据显示，随迁子女数量由2010年的1167.17万增加到2016年的1394.77万，增加了227.6万人，增长幅度是19.5%；随迁子女中处于初中阶段的人数由2010年的302.87万增加到2016年的358.06万，增加了55.19万人，增加幅度是18.2%；初中阶段随迁子女占所有初中在校生的比例由2010年的5.74%增加到2016年的8.76%，增加幅度是3.02个百分点。具体情

---

① 刘正荣：《进城就业农民子女心理健康问题研究》，硕士学位论文，扬州大学，2006年。

② 《2016年全国教育事业发展统计公报》，http://www.moe.edu.cn/jyb_sjzl/sjzl_fztjgb/201707/t20170710_309042html，2017-07-10/2018年5月25日。

③ 吴霓：《进城务工人员随迁子女在流入地参加中高考的现实困境及政策取向》，《清华大学教育研究》2012年第2期。

况如表1—1所示。统计显示，我国随迁子女总数、初中阶段随迁子女占在校生总人数的比例都在增加。这就意味着越来越多的随迁子女面临着在迁入地城市升学考试的问题。

表1—1　　　　2010—2016年我国随迁子女的人数和占比情况　单位：万人，%

类别　　　　年份	2010	2011	2012	2013	2014	2015	2016
随迁子女总数	1167.17	1260.97	1393.87	1277.17	1294.73	1367.10	1394.77
小学阶段随迁子女数	864.30	932.74	1035.54	930.85	955.59	1013.56	1036.71
初中阶段随迁子女数	302.87	328.23	358.33	346.31	339.14	353.54	358.06
小学阶段随迁子女占比	8.69	9.40	10.68	9.94	10.11	10.46	10.82
初中阶段随迁子女占比	5.74	6.48	7.52	7.80	7.73	8.20	8.76

二　异地高考政策认同

对于目前国内各省市区的异地高考政策以及随迁子女政策认同的正确理解，还要厘清"异地高考"与"高考移民"两类社会现象的本质区别。

（一）异地高考的本质特征

如今国内出现的"异地高考"和"高考移民"现象，两者表面上看相似，但却有着本质区别，如同古代科举时期的"寄籍"和"冒籍"现象。

1. 获得资格特征

异地高考如同清代科举考试规定流动人口落户年限满二十年，具有田产、房产等不动产凭证且着实无法返回原籍地区应试，才可以向流入地政府申请异地科举考试。现行的异地高考政策强调确实是长期在流入地城市生活学习，而不是为了参加高考而临时迁入。例如浙江省规定"具有完整的本省高中阶段连续学习经历和学籍的随迁子女"。广东省规定"随迁子女在广东省参加中考并在父母就业所在城市具有高中阶段 3 年完整学籍"。而高考移民如同清代的"冒籍"是由于各省文风高下、人口多寡不同,竞争激烈程度差异巨大,冒籍到录取率较高的省区去应试。① 当前,国内高考移民除了高考本身的利益驱使外,② 还夹杂着移入地政府销售积压房产、增加财政收入的利益冲动,及移入地学校为了收取高额借读费或借助外地优质生源提高升学率的利益驱使。

2. 所属阶层特征

文件中的"异地高考"专指进城务工人员随迁子女。他们在流入地城市主要从事建筑装饰、产品生产、交通运输、家政服务和餐饮服务等行业。孙立平认为弱势群体至少包含三个层面含义:一是在现实生活中处于很不利的状况;二是在市场竞争中处于弱势;三是在社会和政治层面也处于弱势。③ 进城务工人员及其随迁子女从以上三个层面来看,就属于弱势群体。因此,满足他们子女平等的受教育和升学权利,不仅有利于维护社会公平正义、稳定和谐,更重要的是阻断了贫困的代际传递。高考移民,则大多属于社会中高阶层,家庭条件优越,拥有足够的社会资本进行户籍运作,即通过购买房产或者其他途径短时间获取了当地的户籍,并以当地学生的身份参加高考。例如,2015 年内蒙古清退的 1465 名高考移民,其中相当多的为公职人员家庭。④ 他们普遍采取非正常手段迁移户口、空挂高中学籍、伪造本地考生身份,企图在高考录取"洼地"参加高考,以获得最大的高考录取利益。

3. 相关动机特征

大量随迁子女参加异地高考,是因为父母谋生或工作需要一同

---

① 王澈:《乾嘉时期科举冒籍史料》,《历史档案》2000 年第 4 期。

② 刘海峰、樊本富:《论西部地区的"高考移民"问题——兼论科举时代的"冒籍"现象》,《教育研究》2004 年第 10 期。

③ 苑歌:《关注社会弱势群体——访清华大学社会学系教授孙立平》,《中国企业报》2002 年 4 月 12 日。

④ 郑颖:《内蒙古清退 1465 名"高考移民"部分为党员干部子女》,http://china.cnr.cn/ygxw/20150527/20150507_518655754.shtml。

迁往非户籍地城市。他们可能几年甚至十几年长期定居在某一地区。根据调研,绝大多数随迁子女从小学就开始随父母迁入该地,或者本身就出生于该地,并非属于高考前夕才迁入该地区。因此,他们在主观动机上并不存在恶意抢占当地的录取指标。而高考移民当中的大多数人,在主观动机上有意获取不正当利益,抢占流入地省份(往往是高考录取"洼地")的高考录取指标。

可见,随迁子女的异地高考与因高考而临时移民的现象,两者之间有着本质区别。如同古代应对"冒籍"与"寄籍"现象,如今的高考制度也要既防止高考移民,又要保障那些确实长期在流入地城市生活学习的弱势群体的升学问题。本书的"异地高考"主要探讨随迁子女在流入地如何参加高考的问题。而"异地高考政策"是指国务院办公厅转发教育部等部门的《关于做好进城务工人员随迁子女接受义务教育后在当地参加升学考试工作的意见》,以及各省市区出台的相应实施方案的总称。

(二)异地高考政策认同的界定

认同(identity),作为一个心理学概念,通常是指行动者自我的认知意识,也可以是支配性的制度,但是只有行动者将之内化,且将其行动意义环绕着这一内化过程而建构时,才能够真正形成认同。政策认同是指社会公众对实施的政策在心理上的接受和认可,并实现心理趋同的过程。桑玉成和刘百鸣认为"政策认同即政策执行者及其相关者表示出的对政策的肯定、赞同和支持的态度倾向"[1]。陈潭则指出"政策认同即是指公众在社会生活中对某一项公共政策所产生的一种情感和意识上的归属感"[2]。可见,通常而言,政策认同不光是对政策内容本身的肯定,而且包括对政策所体现的精神、价值和影响力方面的信念。正如英国法理学家哈特所言,"如果一个规则体系要用暴力强加于什么人,那就必须有足够的成员自愿接受它;

---

[1] 桑玉成、刘百鸣:《从政策认同看上海房改的群众基础》,《政治与法律》1991年第3期。

[2] 陈潭:《政策动员、政策认同与信任政治——以中国人事档案制度的推行为考察对象》,《政治学研究》2007年第5期。

没有他们的自愿合作，这种创制的权威、法律和政府的强制权力就不能建立起来。"① 因此，一项政策是否能真正起作用，很大程度上取决于实施对象对它的认同度。刘东东调研随迁子女异地高考政策时，强调了对政策内容认同、政策影响程度的测量和分析。② 吴霓和朱富言则关注政策实施满意度、政策知晓状况、政策接纳程度以及政策产生的影响。③

　　一项政策有其内在价值逻辑，即反映了国家的抱负和价值目标，也有其外在制度逻辑，即体现了政策的制度环境和实践可能，而这些都离不开政策实施对象的认同和支持。本书"异地高考政策认同"是指随迁子女对其所在省份的异地高考政策的认知状况、公平感和价值观的心理接受和认可状况。就目前全国各省市区实施的异地高考政策分析，存在"率先突破型""分步落实型"和"严防死守型"等多种类型。本书之所以选择浙江、福建、江苏、河北、山东、江西、安徽、湖北、湖南、河南10个异地高考政策"率先突破型"省份作为调查的区域，主要原因是这些省份的异地高考政策被国内专家普遍认为属于已经由"城市资源保护"转向"人本价值体现"的进路，由"当地民众利益"转向"教育平权利益"的视角，在政策价值上体现出最大限度地保障随迁子女的异地升学权利。这些省份的异地高考政策具有外部条件好、门槛要求低、实施时间早、政策受益面广等特点，区域内的随迁子女已经形成了一定程度的政策认同，对其学习行为和教育期望产生了一定的影响。同时，选择这些省份的义务教育阶段随迁子女的总人数达到了全国随迁子女总人数的一半以上，具有一定的典型示范意义，为其他省份修改和完善相关政策提供了借鉴。

---

① 哈特：《法律的概念》，张文显等译，中国大百科全书出版社1996年版，第123页。

② 刘东东：《进城务工人员随迁子女异地高考实施情况研究——以贵阳市为例》，硕士学位论文，贵州师范大学，2015年。

③ 吴霓、朱富言：《随迁子女在流入地高考政策实施研究——基于10个城市的样本分析》，《教育研究》2016年第12期。

三 教育期望

（一）教育期望的研究由来

"教育期望"在国内外教育社会学领域中是个经常被提起的概念。1968 年，Sewell 和 Shah 在对威斯康星高中生的随访研究中发现，父母和子女的教育期望（Educational Aspirations）显著影响着今后的教育获得、职业地位和收入水平。[①] 此研究结论在后期的若干研究中也得到了证实，如 Campbell（1983）[②]、Davis – kean（2005）[③]。例如，Rothon 等对伦敦贫困地区高中教育期望和成就之间的关系进行调研，提出教育期望是预测个体教育获得最直接、最有效和最稳定的变量，教育期望通过教育获得影响其社会地位。[④] Feliciano 和 Lanuza 解释了一个移民悖论（Immigrant Paradox），即移民往往存在文化迥异、语言困难、教育体系不熟悉等问题，但是为什么往往取得了比本土人更好的教育表现？研究认为移民家庭形塑的高教育期望影响和支撑了子女教育上的成功。[⑤] 总之，国外诸多研究表明移民子女的教育期望往往显著影响着他们的学业成绩、教育获得，以及今后的社会地位。

最近一段时间，国内关于教育分层的研究主要偏重于对客观教育结果的分析（如学业成绩、教育获得），而对教育过程研究尚少。人们似乎更关心"哪些人获得了更好的教育结果"或者"获得了怎样好的教育结果"，而对"为什么这些人获得了更好的教育结果"的

---

① Sewell W. H. & Shah V. P. , Parents' Education and Children's Educational Aspirations and A-chievements. *American Sociological Review*, 1968, 33（2）: 191 – 209.

② Campbell R. T. , Status Attainment Research: End of the Beginning or Beginning of the End. *Sociology of Education*, 1983, 56（1）: 47 – 62.

③ Davis – kean P. E. , The Influence of Parent Education and Family Income on Child Achieve-ment: the Indirect Role of Parental Expectations and the Home Environment. *Journal of Family Psychol-ogy*, 2005, 19（2）: 294 – 304.

④ Rothon C. , Arephin M. , Klineberg E. , Cattell V. & Stansfeld S. , Structural and Socio-psy-chological Influences on Adolescents' Educational Aspirations and Subsequent Academic Achieve-ment. *Social Psychological Education*, 2011, 14（2）: 209 – 231.

⑤ Feliciano C. & Lanuza Y. R. , An Immigrant Paradox? Contextual Attainment and Intergenera-tional Educational Mobility. *American Sociological Review*, 2017, 82（1）: 211 – 241.

关注则远远不够。① 因此，我们对异地高考政策认同与随迁子女教育期望的考察分析，不仅有助于我们了解异地高考政策认同、随迁子女教育期望等的现状，而且有助于我们揭示教育政策对实施对象的社会学影响以及深层次的作用机制。

（二）教育期望的界定

《现代汉语词典》对"期望"的解释是"对未来的事物或人的前途有所希望等待"。在国外相关文献研究中有两个词与之相对应，分别是"Expectation"和"Aspiration"。Buck对Expectation的定义是"个体根据过去经验和当前刺激对未来事的预料或构想，也是导致个体希望某种事件出现的一种态度"②。在心理学领域，Expectation是"指主观上希望某一事件发生的心理状态，是一种与将来有关的动机，期望的结果就是人的行动要达到的目的"。而Aspiration更侧重于一种抱负，是渴望达到目的而付出的努力。Oettingen提出人们往往会对积极未来的幻想与消极现实阻碍之间进行对比，只有基于过去经验、现实条件，发现某种结果出现的可能性是积极的，并且采取必要的行动，才能形成期望。③ 魏勇和马欣认为教育期望并非完全建立在理性的基础上，同时受其他诸多因素的影响。④

本书中的"教育期望"主要指学生个体基于客观现实条件以及自身或他人经验所形成的主观认知，对努力之后可能实现的某些教育结果的信念和愿望（包括学历、品德、人际关系、社会成就等）。而这些信念和愿望还受到各个层面因素的影响，其中主要有个体学业成绩、家庭社会资本、学校阶层隔离、社会歧视知觉以及宏观教育政策等。

---

① 刘保中、张月云、李建新：《社会经济地位、文化观念与家庭教育期望》，《青年研究》2014年第6期。

② Buck D. , Parental Expectations versus Child Performance：A Picture Graph Method. *Elementary School Guidance & Counseling*，1991，26（2）：150–152.

③ Oettingen G. , Expectancy Effects on Behavior Depend on Self-regulatory Thought. *Social Cognition*，2000，18（2）：101–129.

④ 魏勇、马欣：《中学生自我教育期望的影响因素研究——基于CEPS的实证分析》，《教育学术月刊》2017年第10期。

第三节　研究综述

一　异地高考政策及认同的研究综述

由于国外罕见"异地高考"或"异地升学"现象，也较少有该方面的研究文献，因此，我们主要在中国知网网站进行中文文献检索。以"异地高考"为篇名进行文献检索，2000年到2017年12月共检索文献770篇，以"异地高考"为题名共检索博硕士论文30篇；以"异地升学"为篇名进行文献检索，2000年到2017年12月共检索文献20篇。从时间分布来看，2000年到2011年一共有49篇，2012年增加到了267篇，远超过前面十多年文献的总和。这一井喷现象与国家宏观政策不无关系。2012年，《关于做好进城务工人员随迁子女接受义务教育后在当地参加升学考试工作意见的通知》明确提出，各地确定具体方案，并于当年年底前出台。因此，2012年出台的国家政策可以视为学界关于"异地高考"研究的分水岭。我们将对国家政策出台前后的研究论文做一个文献综述。

（一）异地高考政策出台前的研究侧重点

最早以"异地高考"为题名关键词的文章出现在2003年7月22日的《西藏日报》。2010年，杨东平提出改变进城农民工子女"异地高考"是挤占"既得利益"教育机会的思维定式，是促进进城农民工转化为城市新市民，实质性解决城市化进程中的核心问题。[①]由此，引起了人们对"异地高考"和"高考移民"的争议，也引出了人们对考试公平和教育公平问题的关注。同年，晏扬认为，高考报名的"学籍、户籍"双重认定政策早已不能适应目前国内大规模人口流动的需要，这个落后于时代需求的政策非改不可。[②]2011年，张千帆认为异地高考政策没有放开，是因为担心高考移民，但是这对异

---

① 杨东平：《异地高考为何破题难》，《中国新闻周刊》2010年第41期。

② 晏扬：《解决异地高考难题要迎难而上》，《中国商报》2010年12月7日。

地高考学生来说是不公平的。① 同年，熊丙奇提出难题在于本地人和外地人的利益冲突、区域间高考录取指标不均衡等，认为相对于具体改革措施，更应该建立科学、合理的改革机制，出台具有操作性的改革方案来破解这一难题。②

在国家有关异地高考政策出台之前，学界大多数在讨论"异地高考"与"高考移民"的辨别、"异地高考"产生的根源和面临的困境、考试公平和教育公平、政策出台的必要性以及各方利益博弈等。总体而言，相关研究的论文总数不多，关注的专家人数也不多。

（二）异地高考政策出台当年的研究侧重点

从 2012 年年初的"两会"开始，"异地高考"成了最热的教育议题。"两会"上教育部部长袁贵仁透露"异地高考"改革方案将于 10 个月内出台。由此，学界从多个方面对异地高考问题进行了探讨。从中国知网的检索结果看，2012 年有关"异地高考""异地升学"的研究主要集中在以下几个方面。

1."异地高考"现象的产生根源

随迁子女异地高考现象产生的根源较为复杂，主要包括城乡人口流动、教育资源配置、高考制度设计、二元户籍管理以及地方利益保护等方面。伍宸等提出近年来上千万流动儿童出现，而这些学龄儿童在完成九年义务教育以后，高中及高考问题逐步凸显出来，异地升学考试是必然选择。③ 南纪稳则认为异地高考出现的根源在于录取分数和录取率的地域不平衡。④ 翟月玲同样认为，一是省际悬殊的录取分数，二是省际优质高校的不均衡。⑤ 而张家勇则认为，异地高考问题的产生是随迁子女希望拥有更加宽松有利的升学机会和竞争

---

① 张千帆：《异地高考还有多远》，《社会科学报》2011 年 6 月 9 日。

② 熊丙奇：《异地高考的阻力究竟在哪里?》，《教育》2011 年第 3 期。

③ 伍宸、洪成文：《我国异地高考问题、原因及解决对策——基于新制度主义的分析》，《中国教育学刊》2012 年第 11 期。

④ 南纪稳：《关于进城务工人员随迁子女在输入地参加高考的几点思考》，《教育与考试》2012 年第 4 期。

⑤ 翟月玲：《"异地高考"的根源、理论探究与对策》，《中国高教研究》2012 年第 7 期。

优势，而无关高考制度的公平与否。① 总而言之，国内跨省流动人口的大量增加、现存的高考制度以及优质教育资源分布不均是造成异地高考现象的主要原因。

2. "异地高考"政策实施的必要性

徐金海等认为实现异地高考政策对公民而言是权利得到了保障，使个人发展成为可能；对国家而言是正确维护权利，使社会和谐获得基础。② 鹿文卿认为随迁子女应该享有更多的政策倾斜，这属于对弱势群体的教育补偿。③ 另外，也有学者认为异地高考政策有助于逐步消除当地行政干预及利益集团"过度地方保护主义"，部分知名大学的地方化倾向等。④ 总而言之，学者从不同的学科视角阐述了异地高考政策实施的必要性，认为放开高考是一种发展趋势，相应的政策有利于实现教育公平。

3. "异地高考"政策实施的困难预计

张璐晶认为"异地高考"的实施既要解决随迁子女的考试问题，又不能影响当地考生的权益，难度将出现在考生的资格认定、新的高考移民如何杜绝、与户籍改革如何联动。⑤ 王嘉则担心各地在制定具体办法时会设置"异地高考"的准入门槛，很难避免以职业贵贱区分贡献大小，从而使得真正处于底层的农民工子女享受不到政策照顾。⑥ 刘尧则认为异地高考不仅不能缓解教育不公平现象，还可能会带来更大的教育不公平。⑦ 总而言之，一些学者认为大城市往往集中了较多的优质高等教育资源，同时一些西部省份人口较少而录取率较高，这两种地方形成了高考的"洼地"，担心异地高考政策的出

---

① 张家勇：《异地高考政策问题刍议》，《北京教育（高教）》2012年第11期。

② 徐金海、朱思鹏：《从异地高考谈平等受教育权的实现》，《湖北警官学院学报》2012年第7期。

③ 鹿文卿：《农民工随迁子女受教育权保障研究》，硕士学位论文，沈阳师范大学，2012年。

④ 陈斌：《异地高考的利益博弈、困境分析与对策建议》，《教育与考试》2012年第3期。

⑤ 张璐晶：《异地高考，难在哪里?》，《中国经济周刊》2012年第10期。

⑥ 王嘉：《异地高考政策年内出台：困难在哪里?》，《中国人大》2012年第17期。

⑦ 刘尧：《异地高考的困境与路径》，《河南教育》2012年第9期。

台会引发新的"高考移民"浪潮。

4. "异地高考"实施的对策设想

吴霓基于有关统计数据、实地调研数据，对随迁子女的总体情况、接受义务教育后的升学状况进行了分析，提出了国家制定相关政策措施应包含城镇和农村两类户籍群体人员，同时针对大量随迁子女已经面临升学问题的迫切形势，提出分阶段、分情况，从渐进改革到整体推进，使得这一问题逐渐缓解并彻底解决。[①] 陈斌提出修改报名条件，提出"居住证+学籍"的参考依据，[②] 而刁博则认为必须给高校更多的招生自主权以解决异地高考问题。[③] 总而言之，学者认为异地高考问题的解决需要分阶段分步骤、需要改变报名条件以及给予高校更多的自主权。

（三）异地高考政策出台后的研究侧重点

2013 年及之后有关"异地高考""异地升学"的文献和硕博士论文合计为 497 篇，占总篇数的 62.9%，其中 30 篇硕博士论文均完成于该时期。政策出台后通过对有关"异地高考"相关文献的阅读及整理发现，该阶段的研究主要集中在以下几个方面。

1. "异地高考"政策的文本分析

2013 年，刘世清等对各地异地高考方案进行了文本分析，提出了安徽等省份的方案不仅显现了"低门槛"的特征，而且均从 2013 年开始实施，实现与本地考生同等待遇；山东等 9 个省份异地高考方案缓冲至 2014 年开始实施；而"北上广"和青海等 10 个省份持较谨慎的态度，异地高考"门槛"较高，采取"分步实施"措施。[④] 同年，习勇生则根据各省市异地高考方案执行时间和准入条件，认为浙江等 6 个省份为政策率先突破型、重庆等 15 个省份为政策缓冲实

① 吴霓：《进城务工人员随迁子女在流入地参加中高考的现实困境及政策取向》，《清华大学教育研究》2012 年第 2 期。

② 陈斌：《异地高考的利益博弈、困境分析与对策建议》，《教育与考试》2012 年第 3 期。

③ 刁博：《解决异地高考需要还大学的独立性》，《教育与职业》2012 年第 16 期。

④ 刘世清、苏苗苗：《"异地高考"政策的合理性研究——基于 30 个省（自治区、直辖市）"异地高考"方案的内容分析》，《高等教育研究》2013 年第 6 期。

施型，北京等9个省份为政策分步落实型。① 而华桦根据各省门槛高低将异地高考方案分成四类：第一类如浙江、福建、山东等以学籍为主；第二类如重庆、黑龙江等要求"学籍＋稳定职业＋稳定住所"；第三类如陕西、吉林等要求"学籍＋居住年限＋社保年限"；第四类如北京、上海、新疆等需要"户籍"。他认为各省异地高考政策差异性背后的行动逻辑正是影响异地高考政策推动的根本原因。② 2016年，石兰月分析发现异地高考政策颁布时效性差，具有明显的被动性；部分地区对家长的准入条件比较苛刻；对学生的准入门槛设置过高；不同地区对报考院校类型采取差别对待。③ 总而言之，关于异地高考政策文本分析得出多种观点、多种分类，有学者根据政策门槛高低程度分为三类，有学者建议分为四类，等等。

2. "异地高考"实施的实际困境及阻力

国务院有关"异地高考"政策的出台引起了社会各界的广泛讨论，在实际执行过程中遇到了多重困境和阻碍。2013年，蒋洪池等认为主要阻力在于省际教育资源分布不均导致的利益之争、现有户籍制度的严苛限制。④ 同年，王婷提出城乡二元户籍制度、本地考生利益壁垒、教育资源分布不均是异地高考政策执行的阻力。⑤ 2014年，李木洲从历史与现实角度分析，认为"异地高考"在理论上存在考试公平与区域公平的矛盾，在客观条件方面存在城市资源承载力等现实制约。⑥ 冯帮则认为"异地高考"政策执行最深层的阻碍因

① 习勇生：《进城务工人员随迁子女异地高考政策分析：政策内容的视角》，《教育发展研究》2013年第13—14期。

② 华桦：《"异地高考"区域差异性背后的政策逻辑与策略建议》，《当代青年研究》2013年第4期。

③ 石兰月：《异地高考准入条件的实证研究》，《郑州大学学报》（哲学社会科学版）2016年第5期。

④ 蒋洪池、梁燕、彭元珍：《我国实现"异地高考"的阻力分析与消解策略》，《高教探索》2013年第1期。

⑤ 王婷：《论推进异地高考政策的阻力及政策取向》，《山东行政学院学报》2013年第2期。

⑥ 李木洲：《困境与出路："异地高考"问题剖论》，《湖北大学学报》（哲学社会科学版）2014年第1期。

素是既得利益者自我权利定位和高校财政支撑体系下政府与高校缔结的利益结构被固化。① 2014 年，康乐等调查认为异地高考参与情况远低于预期，尤其在"高门槛""渐进式"方案的地区，各方的不满声音依旧很多，认为"异地高考"的困境和阻力主要表现在政策推进的严峻性、单边政策的局限性和利益博弈的复杂性等方面。② 2016年，范永茂认为京沪粤三地"异地高考"的利益相关者对潜在利益的追求以及制度环境中某些外生性变量诱致了政策的变迁，形成了诱致性制度变迁路径。③ 马晓娜从另外一个视角指出国家"严控特大、超大城市人口规模"政策的出台，外来务工人员群体首当其冲地成为人口"瘦身"的对象，导致异地高考通道进一步变窄。④ 总而言之，异地高考政策面临着户籍限制、教育资源分布不均、多方利益博弈以及人口规模控制的困境及阻力。

3. "异地高考"实施的对策措施研究

基于上述异地高考政策落实过程中的困境及阻力，学者也提出了对策建议。蒋洪池等认为解决异地高考的措施主要有建立以"学籍"为主的高考报名条件，调整高校招生计划的分配方式以及高校实施多元化的录取方式。⑤ 王婷则认为联动户籍改革可以保证异地高考政策的有效实施、完善准入机制、打破异地高考政策的区域壁垒、优化资源配置、维护异地高考政策的公平公正等。⑥ 冯帮提出应发挥中央政府关键性的作用，坚定地推进异地高考；改革高考评价体系，建立第三方考试评价机构；取消以户籍为依据的报考条件，改以学

---

① 冯帮：《异地高考政策实施的阻碍因素及对策》，《上海教育科研》2013 年第 11 期。

② 康乐、朱盛铭：《试论异地高考的改革困境与实施对策》，《高等农业教育》2014 年第 7 期。

③ 范永茂：《"异地高考"：倡议联盟框架视角下的政策变迁分析》，《中国行政管理》2016 年第 5 期。

④ 马晓娜：《教育公平与人口规模控制的博弈——新形势下超大城市"异地高考"实施的困境探析》，《上海教育科研》2017 年第 8 期。

⑤ 蒋洪池、梁燕、彭元珍：《我国实现"异地高考"的阻力分析与消解策略》，《高教探索》2013 年第 1 期。

⑥ 王婷：《论推进异地高考政策的阻力及政策取向》，《山东行政学院学报》2013 年第 2 期。

籍为报考依据;依据各地区高考实际报考人数分配招生名额。[1] 康乐
等从坚持循序渐进,逐步适度放开;完善配套措施,多主体协同推
进;建立异地联盟,关注利益诉求三个方面提出落实异地高考政策
的相应措施。[2] 总而言之,学者根据异地高考政策现存的问题,首先
提出了自己的改进建议,以学籍来设定门槛是最多的建议,其次是
优化资源配置、改革评价体系、调整招生计划分配模式等,当然也有
学者建议循序渐进、逐步推进。

4. "异地高考"实施后的风险和影响

2013 年,李涛等认为需要预防可能出现的"三重风险":第一,
政策的彻底放开或者有限度放开并不能使中国城市的中低层群体获
益,真正受益的是经济、文化、社会资本占优势的群体;第二,一般
的城市外来务工人员很可能遭遇"二次剥夺",在移入城市参加高考
的竞争将更为激烈,而在老家同样也面临一大批在利益核算中有利
可图的高考移民们;第三,大量农村学生会为了获得更好的教育而
进城,农村学校和教育将进一步萎缩。[3] 同年,谢宝富担心一方面教
育部要给因异地高考而考生骤增的浙江、福建等省增加招生指标,
另一方面河南、江西等省份的招生指标又很难因考生输出而减少,
如此则似乎只剩高校扩招一途,但扩招毕竟有限,扩到一定程度后,
该怎么办?[4] 冯俊诚和陈晨利用 2008—2014 年地级市面板数据,运用
双重差分方法研究发现异地高考政策使得地级市在校小学生数增加
了 4.0%,约新增 1.23 万小学生,有效促进了人口流动。[5] 总而言
之,关于"异地高考"实施后风险和负面影响,学者比较担心会导

---

① 冯帮:《异地高考政策实施的阻碍因素及对策》,《上海教育科研》2013 年第 11 期。

② 康乐、朱盛铭:《试论异地高考的改革困境与实施对策》,《高等农业教育》2014 年第 7
期。

③ 李涛、邬志辉:《中国实施"异地高考"政策后亟待预防的三重风险》,《教育发展研
究》2013 年第 13—14 期。

④ 谢宝富:《"异地高考"政策深层问题分析》,《安徽师范大学学报》(人文社会科学版)
2013 年第 5 期。

⑤ 冯俊诚、陈晨:《异地高考政策与小学生流动:来自地级市的经验证据》,《教育与经
济》2016 年第 6 期。

致人口的无序流动，增加大中型城市的压力以及对农村教育带来进一步的伤害。

5. "异地高考"实施的个案分析

由于各省的实际情况差异较大，各省的异地高考政策内容也大相径庭。例如马涛认为西藏历来是"高考移民"的高发地区，自治区教育厅对考生报名资格不断加大检查核实和惩处力度，不正之风得到了有效遏制，在一定程度上维持了高考的正常秩序，维护了西藏考生的正当权益。如果实行"异地高考"，那么对包括西藏在内的国家政策保护和倾斜的欠发达地区和西部广大地区来说，将会导致前一阶段防范"高考移民"的所有努力付诸东流，再次带来一系列新的问题。因此，需要充分考虑实施后所带来的各种困境，有条件、有步骤、有目标地推进。① 郭中凯通过对北京市异地高考政策的研究和分析，发现随迁子女在北京市参加高考会给当地政府及居民增加显著的外在成本，如防范"高考移民"的风险成本、教育财政的支出成本、当地考生接受高等教育的机会成本等，导致北京市异地高考政策的制定和执行在各利益相关主体旷日持久的讨价还价和冲突中陷入僵局。同时，提出为最大限度地弱化和减少异地高考引发的负外部性，建议北京市政府可以通过设置合适的准入标准来完成事前控制，中央政府需要按比例增加录取名额和专项转移支付实现事后补偿；发挥市场机制在公共资源配置中的作用，拓宽准公共品的供给渠道和途径。② 总而言之，各地要结合自身的实际情况，考虑各方利益，让真正长期在当地城市生活学习的随迁子女能够进行异地高考，促进教育公平。

（四）政策认同的研究综述

从国内数据库分析，有关政策认同的研究从 1991 年开始出现。截至 2018 年 5 月，根据中国知网检索数据以"政策认同"作为篇

---

① 马涛：《论"异地高考"政策及其对西藏教育的影响》，《中国校外教育》2015 年第11 期。

② 郭中凯：《异地高考的"负外部性"及治理路径探析——以北京市异地高考改革困局为例》，《现代教育论丛》2016 年第 6 期。

名的期刊论文一共有 0 篇；以"政策认同"作为关键词的期刊论文一共有 41 篇；以"政策认同"作为题名的硕博士论文一共有 5 篇；以"政策认同"作为关键词的硕博士论文一共有 13 篇。随着"政策认同"研究的深入，其跨学科研究也得以迅猛发展，涉及教育学、政治学、法学、经济学、社会学等学科，并衍生出多个交叉学科主题。例如教育政策认同、进城务工人员政策认同、政策利益表达等。

政策认同，也可称为政策认可。通常而言，是指政策实施对象对特定政策的认知和理解的趋同过程，包括对政策具体内容的认同、政策执行过程的认同以及对政策执行环境、政策价值取向的认同。[①]一项教育政策能否真正达到其设定目标，很大程度上取决于政策落实者与政策实施对象的认同程度。根据现有的文献分析，政策认同的相关研究主要集中在以下几个方面。

1. 政策认同的含义和特征的研究

王国红认为政策认同的本质是人们对所实施政策的一种心理态度和评价。[②] 从政策认同的基本特征分析：首先，政策认同是政策实施对象自主性与从属性的统一，即政策实施对象可以选择认同、配合或服从，也可以选择否定、拒斥或背离，这是自主决定的，但是只有实施对象选择认同、服从才能使政策有效实施；其次，政策认同是价值性与规范性的统一，即政策的实施是根据一定的价值目标进行的，但是同时也要受到政策规范的制约；最后，政策认同是主动性与被动性的统一，即政策实施对象是出于自愿而主动维护政策规则，被动性则是因为他们看到不遵守政策规则会受到惩罚或者自身的利益受损。

2. 政策认同所带来的价值研究

有关政策认同对政策执行所带来的价值，国内外学者普遍有以

---

① 石火学：《教育政策认同的意义、障碍与对策分析——教育政策执行视域》，《重庆大学学报》（社会科学版）2012 年第 1 期。

② 王国红：《试论政策执行中的政策认同》，《湖南师范大学社会科学学报》2007 年第 7 期。

下几个观念：有利于提升政策的合法性，政策合理合法的前提是广泛的社会认同和接受；有利于提升政策的执行效果，缺乏必要的大众认同，政策就会受到消极对待，难以达到预期效果；有利于降低政策的执行成本，广泛的公众认同意味着大幅度减少政策的无效成本。① 吴阳阳认为政策认同首先表明了政策实施对象在价值判断上认同政策的可行性，其次才会表现出对政策的支持，最后这种肯定与认可才会内化为一种具体的积极配合行为。② 齐鹏认为政策实施对象对政策的态度或心理认同非常重要，如果对政策持有理解、接受和遵从的态度，那么政策实施就会非常顺利。③

3. 异地高考政策认同的个案研究

钟双从政策认同视角出发，对云南省教育政策研究专家、昆明市两所中学的本地和异地考生，以及他们的家长进行有关异地高考政策认同的问卷和访谈，研究结果显示公众对云南省异地高考政策的总体认同度不高，其中政策的认知程度、价值取向、决策模式以及利益受损情况是影响认同度的主要因素。④ 吴霓和朱富言以国内 3 个直辖市、4 个省会城市共 7 个城市作为调查样本，对高中阶段的随迁子女及其家长、当地学生、学校教师等群体进行有关异地高考政策实施情况的问卷和访谈，研究结果显示随迁子女对政策的满意程度、知晓程度、接纳程度、影响程度都与政策的原有规划有一定的差异，提出应加强对政策的宣传力度、建立多方参与的决策机制、降低政策的门槛、探索分类管理机制等。⑤ 程晨和李正明在上海浦东就业的外来务工人员当中随机选择了 200 个样本，针对上海市异地高考政策认同现状进行调研，研究显示样本对政策的总体认同程度较低，对政

① 石火学：《教育政策认同的意义、障碍与对策分析——教育政策执行视域》，《重庆大学学报》（社会科学版）2012 年第 1 期。

② 吴阳阳：《新型农村社区建设中的农民政策认同问题研究——基于辉县的实证分析》，硕士学位论文，河南大学，2016 年。

③ 齐鹏：《中国城乡居民养老保险问题研究》，博士学位论文，山东大学，2016 年。

④ 钟双：《云南省异地高考政策认同度调查研究》，硕士学位论文，云南大学，2015 年。

⑤ 吴霓、朱富言：《随迁子女在流入地高考政策实施研究——基于 10 个城市的样本分析》，《教育研究》2016 年第 12 期。

策中有关随迁子女受教育经历的门槛要求认同度较高，对政策中有关随迁子女父母的门槛要求认同度较低，对政策的执行效果认同度最低，建议上海市教育主管部门适当调整准入门槛条件，制定公正合理方案，保证平等受教育权。①

总之，随着2013年各地异地高考政策方案的相继公布，引发了社会各界、各个领域对异地高考政策的广泛思考和讨论。但是，针对异地高考政策的社会学反思，以及政策认同对政策实施对象教育期望的影响，国内的研究文献非常罕见。2013年，沈艳基于社会资本视角，认为高考作为人才选拔的机制，理应有促进社会合理流动的功能，异地高考政策对家长经济、文化等资本的过高要求显然让非优势阶层陷入不利之地。② 2015年，刘惠分析了30个省份的"异地高考"方案，认为此类方案是在"城市本位论"价值选择下做出的利益安排，体现为一种基于地域身份的制度化区隔。③ 那么，异地高考政策认同与随迁子女的教育期望之间有什么联系？目前国内外很少有学者涉及此类研究，而把异地高考政策认同、教育期望以及相关的影响因素作为主要变量进行实证分析，探究它们之间的相互关系的研究则更少。

二　教育期望的研究综述

（一）国外对移民及其子女教育期望的研究

国内外的文献表明移民人口的快速增长给移入地国家、社会以及移民本身带来一系列的机遇和挑战。同时，越来越多的儿童跟随父母一起迁移，他们的教育问题成为国外关注的社会热点问题。

1. 国外移民及其子女教育期望的现状研究

Portes 和 Rumbaut 在美国迈阿密和圣地亚哥两个受移民影响严重的地区，考察了来自中国、墨西哥、古巴、尼加拉瓜、哥伦比亚、海

---

① 程晨、李正明：《上海市"异地高考"政策认同现状及改进对策——以上海市浦东新区为例》，《教育科学研究》2017年第1期。

② 沈艳：《异地高考的公平性反思——基于社会资本的视角》，《理论界》2013年第7期。

③ 刘惠：《我国"异地高考"制度设计的社会学反思》，《上海教育科研》2015年第2期。

地、菲律宾等国家的二代移民，并对其父母进行追踪调查，发现他们表达了对子女较高的教育期望，同时较高的教育期望推动他们取得了较高的教育获得。[①] Jennifer 和 Michael 分析了 1988—1994 年全国教育统计数据（NELS）的不同种族和民族的中学后移民和当地青年相关数据，显示绝大多数移民父母期望他们的子女能够上大学或者获得更高学历，同时通过多元 Logistic 回归分析证实，移民和第二代青年更有可能比第三代同龄人完成中学以及中学后教育。[②] 总体而言，根据研究文献绝大多数国外移民及其子女都表达了较高的教育期望。

2. 国外移民及其子女教育期望的作用机制研究

国外众多研究表明，父母或子女的教育期望对其未来学业成绩和教育获得具有重要影响。Sewell 和 Shah 在 1968 年将父母和子女的教育期望（Educational Aspiration）纳入教育获得（Educational Achievement）模型，构建了家庭社会经济地位、个人智力、教育期望和教育获得四个变量的线性因果模型，研究发现教育期望独立于家庭社会经济地位和智力的影响，对教育获得有非常显著的间接影响（调节作用）。[③] 随后，这些理论为形成威斯康星模型（Wisconsin Model）奠定了基础。1969 年，以斯威尔等为代表的威斯康星学派对"布劳—邓肯"地位获得模型提出了一些批评，认为该模型没有考虑参照群体、重要他人、自我概念、行为预期等。基于以上思考，威斯康星学派构建了一个社会心理模型，在模型中增加了"智力""重要他人（Significant others' Influence）""学业成绩（Academic performance）""职业抱负（Occupational Aspiration）"和"教育期望（Edu-

---

① Portes A. & Rumbaut R. G. , Legacies: The Story of the Immigrant Second Generation. *American Journal of Sociology*, 2003, 108（5）: 1135 – 1137.

② Jennifer E. G. & Michael J. W. , Post-secondary School Participation of Immigrant and Native Youth: the Role of Familial Resources and Educational Expectations. *Social Science Research*, 2004, 33（2）: 272 – 299.

③ Sewell W. H. & Shah V. P. , Parents' Education and Children's Educational Aspirations and Achievements. *American Sociological Review*, 1968, 33（2）: 191 – 209.

cational Aspiration)" 等变项。[1] 可见，古典社会学、社会心理学和经济学理论对学生教育获得的假设为：学生的期望与其最终教育成就呈正相关。

尽管威斯康星模型在后来的国内外研究中不断拓展，但是教育期望等社会心理变量作为移民教育获得的重要直接解释变量或重要中介变量基本没有改变。Duncan 和 Featherman 运用方程模型检测不同民族宗教群体的教育期望与职业成就之间的关系，发现教育期望对职业的影响是由动机、认知以及制度因素所中介或调节的。[2] Wigfield 等经过调查验证，青少年的教育期望显著影响其后续行为的价值观或信念，并且最终影响其职业状况和社会地位。[3] Davis-kean 在数据库中选取 869 名 8—12 岁的儿童（436 名女性、433 名男性），49% 的样本为西班牙裔、47% 的样本为非洲裔，运用结构方程研究显示，社会经济因素通过父母的教育期望间接影响他们的学业成就。[4] Domina 等对三项全国数据分析后，认为教育期望仍然对学生在中学学业以及中学后的努力程度产生积极的正面影响，教育期望和努力之间的关系对于那些成绩很差的学生来说有所减弱。[5] Rothon 等通过对伦敦贫困地区的调研，认为教育期望是预测个体教育获得最直接、最有效和最稳定的变量，教育期望通过教育获得最终影响其社会地位。[6] Feliciano 和 Lanuza 分析了美国青少年成长追踪调查数据（Add

---

① Sewell W. H., Archibald O. H. & Alejandro P., The Educational and Early Occupational Attainment Process. *American Sociological Review*, 1969, 34 (1): 82 – 92.

② Duncan O. D. & Featherman D. L., Psychological and Cultural Factors in the Process of Occupational Achievement. *Social Science Research*, 1972, 1 (2): 121 – 145.

③ Wigfield A., Tonks S. & Eccles J. S., Expectancy Value Theory in Cross-culturalperspective. *Big Theories Revisited*, 2004, (4): 165 – 198.

④ Davis-kean P. E., The Influence of Parent Education and Family Income on Child Achievement: the Indirect Role of Parental Expectations and the Home Environment. *Journal of Family Psychology*, 2005, 2 (10): 294 – 304.

⑤ Domina T., Conley A. & farkas G., The Link between Educational Expectations and Effort in the College-for-all Era. *Sociology of Education*, 2011, 84 (2): 93 – 112.

⑥ Rothon C., Arephin M., Klineberg E., Cattell V. & Stansfeld S., Structural and Socio-psychological Influences on Adolescents' Educational Aspirations and Subsequent Academic Achievement. *Social Psychological Education*, 2011, 14 (2): 209 – 231.

Health）和 Barro-Lee 教育获得数据库，认为移民家庭形塑的子女高教育期望影响和支撑了子女教育上的成功。总体而言，国外诸多文献表明移民子女的教育期望显著影响着他们的学业成绩、教育获得，以及之后的社会地位。

3. 国外移民及其子女教育期望的影响因素研究

关于移民教育期望影响因素的探讨，国外形成了两种主要的解释取向：第一种强调移民子女自身的智力、学业状况、家庭社会文化资本以及亲子关系等对教育期望的影响，以布迪厄的社会资本理论、伯恩斯坦的语言编码理论为代表；第二种沿着贝尔努、威利斯的视角，关注学校因素对移民子女教育期望的影响。Hao 和 Bonstead-Bruns（1998）对八年级的四个移民群体和三个本地组比较分析家长和学生的教育期望是否受家庭社会资本以及家庭亲子关系的影响，表明高水平的亲子关系能增加家长和孩子的教育期望，中国和韩国移民背景的样本其教育期望要高于有墨西哥移民背景的样本。[1] Portes 和 Rumbaut 考察美国迈阿密、圣地亚哥两个地区的中国、墨西哥、古巴、菲律宾等国移民及子女，把子女学业成绩、年龄、性别、迁入地语言掌握程度、亲子关系、被歧视经历、迁入时间、移民国家背景等作为自变量，把移民子女的教育期望作为因变量，构建相关因果模型。研究结果表明，不同国家背景的移民子女存在不同的教育期望；现有的学业成绩影响最为显著；性别、年龄、当地语言掌握程度对教育期望都有显著影响。[2] Strand 和 Winston（2008）对 5 所综合中学的 800 多名 12—14 岁的学生进行问卷调查，发觉非洲黑人后裔、亚裔和巴基斯坦后裔群体的教育期望明显高于白人群体，同时发现这些高教育期望与自身的学术概念、积极的同伴支持、学校的

① Hao L. & Bonstead-Bruns M. , Parent-Child Differences in Educational Expectations and the Academic Achievement of Immigrant and Native Students. *Sociology of Education*, 1998, 71（3）: 175 – 198.

② Portes A. & Rumbaut R. G. , Legacies: The Story of the Immigrant Second Generation. *American Journal of Sociology*, 2003, 108（5）: 1135 – 1137.

管理和家长的教育愿望分不开。[①]

国外诸多研究首先表明父母的教育参与是青少年教育期望的重要预测变量。例如，Garg 等对 4034 名 8—13 年级加拿大的学生样本进行调研，结果表明学生个体因素对教育期望有直接的影响（β = 1.17，P < 0.001）；家庭背景和父母参与因素对教育期望的影响是通过个人因素进行的。[②] Wang 等分析了经济合作与发展组织 2003 年的国际学生评估项目数据，来探讨英国与中国香港的单亲家庭和双亲家庭在教育期望方面的差异，分析表明英国学生的教育期望显著低于中国香港学生；无论是英国还是中国香港，单亲家庭学生的教育期望都显著低于双亲家庭；进一步模型检测发现家庭资本和校园经历是造成单亲家庭低教育期望的重要因素。[③] 其次，亲子之间互动的频繁程度影响着子女对外部事件和环境的熟知、评估和应对，有助于激发子女建立良好的教育期望。例如，Seginer 认为父母的教育期望既是子女学业成绩的一个原因，也是一个子女教育期望的结果。[④] 再次，教育参与能够显著影响子女积极心理因素的构建，提升他们对未来的信心和教育期望。Hango 对英国 1958 年出生的群体进行跟踪调查，结果表明父母的教育参与确实对子女的幸福生活很重要；按时间回归统计，子女在 11 岁时，父亲的教育参与能最大限度地减少家庭经济的影响；子女在 16 岁时，父亲和母亲的教育参与对子女有最大的直接影响。[⑤]

---

① Strand S. & Winston J. , Educational Aspirations in Inner City Schools. *Educational Studies*, 2008, 34 (4): 249 –267.

② Garg R. , Kauppi C. , Lewko J. & Urajnik D. , A Structural Model of Educational Aspirations. *Journal of Career Development*, 2002, 29 (2): 87 –108.

③ Wang M. & Ngai S. S. Y. , The Effects of Single Parenthood on Educational Aspiration: A Comparative Study of Children in the United Kingdom and Hong Kong. *Child & Youth Services*, 2011, 32 (2): 135 –154.

④ Seginer R. , Parents "Educational Expectations and Children" Academic Achievements: A Literature Review. *Merrill-palmer Quarterly*, 1983, 29 (1): 1 –23.

⑤ Hango D. , Parental Investment in Childhood and Educational Qualifications: Can Greater Parental Involvement Mediate the Effects of Socioeconomic Disadvantage. *Social Science Research*, 2007, 36 (4): 1371 –1390.

Rottinghaus 等对 365 名大学生进行调研，探讨学生的人格特征（personality）、自我效能感（self-efficacy）和兴趣（interests）对教育期望（1＝学士学位，2＝硕士学位，3＝博士学位）的影响，研究发现人格特征、自我效能感和兴趣各领域对教育期望水平的贡献都是独立的；具有更高教育期望的学生具有更高水平的开放性（openness）、责任心（conscientiousness）、信心（confidence）、艺术兴趣（artistic interests）。[1] Gasser 等对 2003 年加利福尼亚心理测验调查问卷进行分析，发现被调查者的人格量表（personality scales）和兴趣量表（interest scales）与教育期望水平有着中等程度的相关性[2]；分层回归结果表明个性和兴趣的具体维度与未来学业计划有关；个人性格和兴趣的组成部分影响了对接受更高层次教育的渴望。总体而言，移民及其子女教育期望的影响因素很多。后文将从微观、中观和宏观三个维度进行详细阐述。

（二）有关国内移民及其子女教育期望的研究

本书以"教育期望"为篇名进行文献检索，2000 年到 2017 年 12 月共检索文献 339 篇；以"教育期望"为题名共检索博硕士论文 27 篇。但是较少涉及移民及其子女（包括随迁子女、流动儿童、农民工子女、民工子弟、流动人口子女等其他称呼）。本书将从教育期望现状、作用机制以及影响因素三个方面对国内移民及其子女教育期望相关文献进行综述。

1. 国内移民及其子女教育期望的现状研究

李庆丰调查 528 个样本，其中欠发达的中部地区占 67.2%、不发达的西部地区占 11.5%，调查显示大部分农村父母对其子女未来具有较高的教育期望，24.5% 希望子女读研究生，49.0% 希望子女读

---

① Rottinghaus P. J., Lindley L. D., Green M. A. & Borgen F. H., Educational Aspirations: The Contribution of Personality, Self-efficacy, and Interests. *Journal of Vocational Behavior*, 2002, 61 (1): 1 – 19.

② Gasser C. E., Larson L. M. & Borgen F. H., Contributions of Personality and Interests to Explaining the Educational Aspirations of College Students. *Journal of Career Assessment*, 2004, 12 (4): 347 – 365.

大学，两者合计为 73.5%；但是调查也显示 10% 以上的父母不太关
心其子女的教育程度，这或许是因为家庭社会经济资本太低，难以
支撑子女获得高学历或者受"读书无用论"的影响。① 李雅儒等对北
京市海淀、石景山、丰台等区的城乡接合部进行调查，93.0% 的流动
儿童在小学或者中学毕业之后愿意继续接受学习，其中 26.2% 的流
动儿童愿意读到大学，高达 67.3% 的流动儿童愿意念到硕士或博士；
39.6% 的流动儿童的父母希望孩子读完大学，48.3% 的流动儿童则希
望孩子读完硕士或者博士。② 郑桂珍等以上海市第五次人口普查流动
人口数据及 660 名居住在上海浦东等地的流动儿童随机抽样，调查发
现 53.9% 的流动儿童表示最大愿望是"好好学习，将来上大学"；流
动儿童的年轻父母在金钱和子女成才的关系上，更重视子女成才，
表达出了较高的教育期望。③ 杨威利用"人口迁移与儿童发展的跟踪
研究"的基期数据，选择北京某区 12 所公立学校和 7 所流动儿童学
校的 1357 名学生进行调查，显示 54% 的家长表达了对子女较高的教
育期望，平均期望年限是 17.83 年，相当于研究生一年级；只有 6%
左右的家长对子女的教育期望是在高中及以下。④ 总体而言，尽管每
个人所处城市不同、家庭社会资本各异，但是大多数的随迁子女家
庭及其自身的教育期望都比较高。

2. 国内移民及其子女教育期望的作用机制研究

相关研究者大多数认为教育期望能积极影响子女的教育过程，
进而影响最终的学业成就。然而，也有学者并不这样认为。宋保忠等
认为，教育期望就像一根红线贯穿于孩子成长的整个过程，影响着
他们的成长和发展；教育期望之所以能对子女学业成就形成这样大

① 李庆丰：《中国农村家庭义务教育现状调查与分析》，《西南师范大学学报》（人文社会科学版）2001 年第 6 期。

② 李雅儒、孙文营、阳志平：《北京市流动人口及其子女教育状况调查研究（上）》，《首都师范大学学报》（社会科学版）2003 年第 1 期。

③ 郑桂珍、陈艳梅：《城市流动儿童健康成长问题探析》，《南方人口》2004 年第 1 期。

④ 杨威：《流动儿童家庭教育期望的影响因素探析——基于北京市某区的问卷调查》，《西北人口》2012 年第 2 期。

的影响是由家庭教育的特殊功能和丰富内涵决定的。[①] 蔺秀云等选取北京打工子弟学校和公立学校 313 名儿童进行调查，认为父母的教育期望和教育投入是密不可分的。通过 Amos 模型分析教育期望和教育投入对子女学习投入有显著影响（$\beta = 0.35$，$P < 0.001$）和（$\beta = 0.43$，$P < 0.001$）；子女学习投入对子女学业表现有显著影响（$\beta = 0.35$，$P < 0.001$）。[②] 王甫勤、时怡雯根据威斯康星教育获得模型，采用 2010 年"上海居民家庭生活状况调查"数据，构建模型分析发现，家庭社会经济背景显著影响着子女的教育期望，进而影响着他们获得大学的教育机会。但是，蔺秀云等也提出如果父母的教育期望要高于子女自身的教育期望，可能对子女造成压力而非动力。[③]

3. 国内移民及其子女教育期望的影响因素研究

总体而言，有关国内移民及其子女教育期望的相关研究还比较少。但是随着新型城市化进程，有大量的随迁子女出生或迁移到城市生活学习，教育期望必将影响他们的教育获得，最终影响国家从人口大国向人力资源强国的转变。教育期望的形成是一个社会性过程，现有个体学业成绩、家庭社会资本、学校教育状况以及宏观社会环境都可能是教育期望的影响因素。

第四节　研究框架

本书拟遵循研究基础→初步探索→理论提炼→实证研究→政策应用的研究思路，分步展开以下研究内容。首先，在国内外学者的相关研究成果进行归纳比较的基础上，针对异地高考政策认同对教

---

① 宋保忠、蔡小明、杨珏玲：《家长期望教育价值的思考与探索》，《唐都学刊》2003 年第 3 期。

② 蔺秀云、王硕、张曼云、周冀：《流动儿童学业表现的影响因素——从教育期望、教育投入和学习投入角度分析》，《北京师范大学学报》（社会科学版）2009 年第 5 期。

③ 王甫勤、时怡雯：《家庭背景、教育期望与大学教育获得——基于上海市调查数据的实证研究》，《社会》2014 年第 1 期。

育期望影响这一新的研究视角，提炼相应的理论基础，构建适切性的研究假设。其次，借鉴国内外较为成熟的调查量表和部分自行研制的问卷，针对不同户籍类型、不同省份区域、不同家庭背景、不同学校类型、不同现居住城市时间等因素选取若干个有代表性的随迁子女以及他们的家长进行半结构型访谈，了解他们对当地异地高考政策的认知程度、公平认同和价值认同。再次，根据初步访谈情况、咨询相关专家意见，重新修订量表和访谈问卷，并组织团队力量对异地高考政策"率先突破型"省份的不同地市、不同类型学校进行大范围的问卷调查和深度访谈。又次，整理量表数据，分析数据的信效度，建立数学模型对研究假设进行验证，探究异地高考政策认同在微观、中观和宏观层面对教育期望的影响机制，同时整理访谈内容，运用扎根理论对主题进行概念模型，形成理论来解释现象。最后，对实证分析和质性分析进行结论的归纳，提出针对异地高考政策以及随迁子女教育期望的对策建议。本书由以下八章构成。

第一章，问题的提出。这一章主要对本书的研究背景和意义进行阐述，并对研究中涉及的核心概念进行辨析及阐释，同时在梳理归纳随迁子女、异地高考政策认同、教育期望等相关国内外研究综述基础上，提出研究思路、研究框架以及研究方法和工具。

第二章，随迁子女教育期望的理论构建。这一章主要运用文化再生产理论解释随迁子女等弱势群体出现学业失败、反学校文化以及始终处在阶级再生产的阴影之下的原因，并且提出文化再生产与教育期望的关系；分析教育期望的生态系统，构建了随迁子女教育期望的概念与维度，以及异地高考政策认同与教育期望的关联模型。

第三章，异地高考政策认同与教育期望的现状分析。这一章首先结合研究目的进行研究设计，主要包括研究方法、研究工具、技术手段、调研过程等内容；其次，分析随迁子女异地高考政策认同的现状；再次，分析随迁子女教育期望的现状；最后，从若干个重要变量来分析异地高考政策认同和教育期望的差异性，分析其背后的原因。

第四章，异地高考政策认同在微观个体层面的影响机制。这一章从微观个体层面，即随迁子女的个体学业成绩对其教育期望的影响，以及异地高考政策认同在个体学业成绩与教育期望之间关系上的作用机制，解释异地高考政策认同是否增强个体学业成绩对教育期望的正向影响。

第五章，异地高考政策认同在中观家庭层面的影响机制。这一章从中观家庭层面，即随迁子女的家庭社会资本对其教育期望的影响，以及异地高考政策认同在家庭社会资本与教育期望之间关系上的作用机制，解释异地高考政策认同是否增强家庭社会资本对教育期望的正向影响，尤其是父母教育参与的积极影响。

第六章，异地高考政策认同在中观学校层面的影响机制。这一章从中观学校层面，即随迁子女的学校阶层隔离对其教育期望的影响，以及异地高考政策认同在学校阶层隔离与教育期望之间关系上的作用机制，解释异地高考政策认同是否削弱学校阶层隔离对教育期望的负面影响。

第七章，异地高考政策认同在宏观社会层面的影响机制。这一章从宏观社会层面，即随迁子女的社会歧视知觉对其教育期望的影响，以及异地高考政策认同在社会歧视知觉与教育期望之间关系上的作用机制，解释异地高考政策认同是否削弱社会歧视知觉对教育期望的负面影响。

第八章，结论及建议。结合定性研究和定量研究两种研究方法，对研究结果进行归纳提炼，得出本书的研究结论，并且分析了其中蕴含的制度机制、文化机制以及补偿机制等作用机制。在此基础上，结合我国异地高考政策及随迁子女教育期望的实际现状，从异地高考政策和随迁子女教育期望两个层面提出相应的对策和建议。

本研究的总体框架见图1—1：

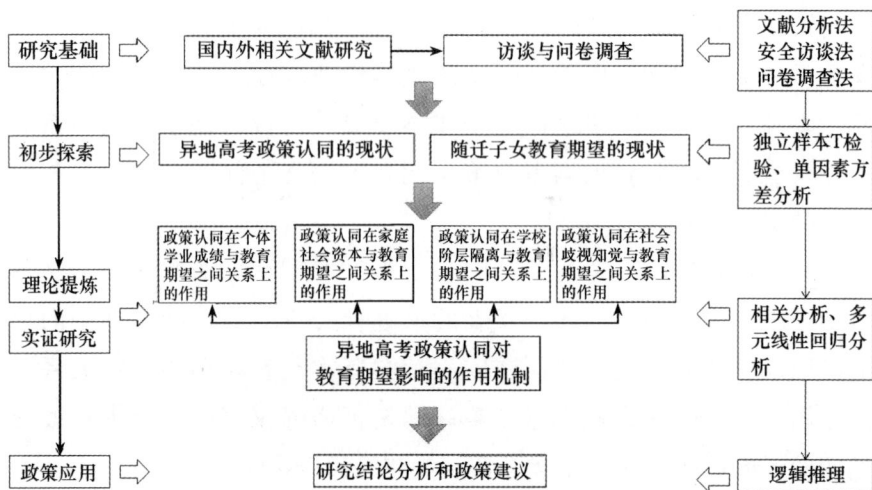

图1—1 本研究的基本框架

第五节 研究方法与工具

一 研究方法

（一）文献研究法

本书系统收集和整理有关文化再生产理论、教育期望理论、家庭社会资本理论以及社会歧视理论等的国内外文献，同时系统查询国内有关异地高考政策等方面的文献。在研究过程中，对"率先突破型"省份的异地高考政策以及相关配套政策进行了详细的梳理，挖掘政策文本后面的意识形态、价值取向、利益关系、网络环境等。总体而言，需要厘清政策认同与教育期望这两个关键词的内涵要素、结构功能，分析异地高考政策的公平认同和价值认同；探索建立异地高考政策认同、随迁子女教育期望的测量指标，可能存在的影响因素以及相互作用关系。

（二）定量定性多元研究法

古今中外，社会学家们总是展现出两种研究动机，即了解世界和改造世界。一方面他们着迷于事物的本来面目，想尽各种办法透过纷繁复杂的表象了解人类社会事物的本质；另一方面他们得到相关结论后，就想办法应用于实践，试图构建他们心目中理想的人类社会。对异地高考政策的影响力探索应该属于前者，而想进一步完善或者改造异地高考政策属于后者。这两种研究动机正是本书想要去探究的目标。如何达成研究目标，在方法论的选择方面，本书采用了定量为主、定性为辅的主辅结合多元研究方法。

国内外学者关于定量与定性研究方法的争论过程中，普遍认同它们各自的优势，即定量适合于探究某些因素对某社会现象是否存在影响以及影响的贡献大小；而定性研究适合于解释这种影响存在与否和贡献大小背后的原因。社会科学家们往往会通过结合这两种方法对某一个问题进行探究。随迁子女不仅是教育政策实施的对象或课题，他们也是有想法有意识的社会行动者。因此，本书在解释异地高考政策认同对教育期望是否存在影响、影响大小以及如何影响时，更多采用问卷调查的定量方法；而在探究这一影响背后的作用机制时，采用深度访谈、命题作文等定性方法。本书将利用这两种方法的各自优势，完成研究目标。

二　研究工具

（一）定量研究问卷

由于研究条件的限制，我们无法对 10 个异地高考政策"率先突破型"省份的所有中学进行调查。但所幸的是，随迁子女这一群体具有较高的同质性，"率先突破型"省份的异地高考政策大致相同。政策的影响过程是双向的，不仅要看政策释放了怎样的信号，还必须关注随迁子女究竟形成了怎样的政策认同以及对其教育期望产生了怎样的内在影响。在定量研究问卷设计环节，本书着力探究以下几个问题：

（1）随迁子女对当地城市异地高考政策的整体认同状况如何（包括认知程度、公平认同和价值认同）？群体内部的差异性如何？

（2）如此政策背景下随迁子女教育期望的整体状况如何？各维

度的均值如何？群体内部差异性如何？

（3）异地高考政策认同在随迁子女不同维度（微观个体层面、中观家庭和学校层面以及宏观社会层面）对教育期望的影响程度如何？其作用机制是怎样的，即政策认同与已知的各层面因素之间存在着怎样的关系？

（二）深度访谈问卷

随迁子女对政策的认同和教育期望的形成是一个自身与外部世界的构建过程，是一个外部客观世界内化的过程。因此，我们需要深度挖掘随迁子女的内心想法，设计访谈提纲如下：

（1）你有没有听说过当地城市针对随迁子女的异地高考政策？有没有跟班级里的同学一起讨论过异地高考政策？你们班有多少同学符合异地高考政策要求？（考察对政策的认知程度）

（2）你认同当地城市的异地高考政策吗？该异地高考政策是否公平公正？哪些政策需要进一步调整？（考察对政策的公平认同）

（3）当地城市异地高考政策的出台，你觉得是否促使随迁子女更加努力学习？在当地城市参加考试是否更能发挥你的学业水平？是否更能促进你融入当地城市？（考察对政策的价值认同）

（4）你希望以后从事什么样的工作？有没有听家里人或朋友说过什么工作比较好？（考察对未来的职业期望）

（5）你觉得在现在这个社会行为品德好坏重要吗？你对自己行为品德有什么期望？（考察对自身的品德期望）

（6）你希望和老师与同学的关系是怎样的？你觉得今后工作了跟同事、老板关系好重要吗？怎样才能维持好的关系呢？（考察对自身的人际交往期望）

（7）你觉得自己读书努力吗？还可以更努力吗？这么努力读书主要是为什么？你觉得自己将来能取得怎样的社会成就？如何才能取得这些社会成就？（考察学习的动力以及社会成就期望）

（三）命题作文

分析学生的作文是很多学者进行质性研究的一个途径。本书采用了命题作文的方法，从而可以更加有针对性地观察随迁子女对异地高考政策的看法，加之主题相同，有利于将质性材料转化为量化研究材料。命题作文的题目是《他乡的学习经历与未来期望》，内容包括：

（1）感觉与当地学生相比，在学习、生活上的区别有哪些？

（2）你会在流入地城市参加中考或高考吗？这样选择的理由是什么？

（3）你以后想读到什么程度（高中、本科、硕士或博士）？将来想从事怎样的工作？想取得怎样的社会成就？

总之，研究工具既体现了客观外源性特点，比如性别、年龄、在城市居住时间、学校类型、户籍流动类型、居住地人员结构等变量的设计，又体现了建构主义的内源性特征，比如内心真实想法、对政策的认同程度、个体家庭学校社会层面的感受、对自身未来的期望（包括学业、品德、人际交往和社会成就）等方面。

三　数据统计分析方法

本书主要借助数据统计软件 SPSS 22.0 和 AMOS 17.0 进行数据的统计及分析工作，具体采用的数据分析方法包括信效度分析、描述性统计分析、独立样本 T 检验、单因素方差分析、相关性分析及多元线性回归分析等。

（一）信效度检验

1. 信度检验

信度即数据是否可靠，一般以克朗巴哈系数（Cronbach's Alpha）作为判断依据，并结合每项数据与总分的相关系数（Corrected Item-Total Correlation，简称 CITC）、多元相关系数的平方（Squared Multiple Correlation）等指标对量表题项进行筛选和净化。量表的克朗巴哈系数在 0.8 以上，则数据可靠性较高，0.7 至 0.8 之间表示尚可接受，低于 0.7 则表示数据信度不太可靠。

2. 效度检验

效度检验包括内容效度和结构效度检验。如果量表建立在成熟的理论基础之上，或基于国内外成熟量表的修订，我们可以认为此量表具有较好的内容效度。结构效度需要进行探索性因子分析和验证性因子分析。本书利用 SPSS 22.0 软件进行探索性因子分析，首先通过 KMO（Kaiser-Meyer-Olkin）值和巴特利特球形检验（Bartlett test of spericity）判断样本是否适合进行因子分析，在适合的前提下以特征根大于 1 为标准提取公共因子。验证性因子分析通过 AMOS 17.0 进行操作，在探索性因子分析的基础上，并结合量表编制时所确定的维度构建结构方程模型，通过模型的拟合指标来判断数据与模型的匹配程度，并通过组合信度（CR）和平均方差抽取量（AVE）来判定建构信度和结构效度。主要关注的拟合指标包括 CD（CMIN/DF，卡方自由度比）、RMSEA（近似均方根残差）、GFI（适配度指数）、CFI（比较适配指数）、NFI（规准适配指数）、IFI（增值适配指数）等。其中，CD 介于 1—3 表示模型适配良好，RMSEA 小于 0.08 表示模型可以接受，GFI、CFI、NFI、IFI 等越接近 1 越好，一般来说接近 0.9 都可以接受①。

（二）描述性统计分析

描述性统计分析的主要工作是计算和分析数据的特征，包括均值、标准差、频数、频率等。目的在于了解样本的数量、平均情况及离散程度等基本信息，发现样本的显著差异及基本规律。本书通过 SPSS 22.0 软件的描述性统计功能，主要掌握随迁子女群体的性别、户籍流动类型、就读学校类型、居住地人员结构、就读年级分布、现居住城市时间等基本信息，并对各量表的数据进行均值、标准差等基本统计。通过观察各数值的大小，更加直观地了解随迁子女及其教育期望水平、异地高考政策认同水平等基本情况。

（三）独立样本 T 检验和单因素方差分析

为比较随迁子女的教育期望及对异地高考政策的认同在性别、户籍流动类型、就读学校类型、居住地人员结构、现居住城市生活时间上的差异，本书通过 SPSS 22.0 软件进行差异比较。针对两类群体

---

① 吴明隆：《结构方程模型——AMOS 的操作与应用》，重庆大学出版社 2010 年版，第 87 页。

的差异比较，比如性别、户籍流动类型、就读学校类型等，主要借助独立样本 T 检验来完成，比较不同群体的均值差异是否显著，并以 T 检验中 t 值是否达到显著性水平为判断标准。针对三类及以上的群体间差异比较，主要借助单因素方差分析来实现，以 F 检验中 F 值是否达到显著性水平为判断标准，如 F 值的 P 值小于 0.05，则多个群体组间存在显著差异，然后通过事后检验判断组内具体的差异情况。

（四）相关性分析

相关性分析是对两个及以上变量间不确定性关系的初步描述，用相关系数 r 来表示，r 的正负代表变量间相关关系的方向。相关性分析仅仅能够反映研究变量之间的不确定关系的紧密程度和方向，并不能说明因果关系或者变量间具体的影响过程，因此还需要在此基础上进一步分析。本书通过 SPSS 22.0 软件进行 Pearson 简单相关分析，探究随迁子女异地高考政策认同、个体学业成绩、家庭社会资本、学校阶层隔离、社会歧视知觉及其教育期望的不确定性关系。

（五）多元线性回归分析

回归分析在相关分析的基础上对两个及以上变量间的不确定关系做进一步描述。借助 SPSS 22.0 软件进行多元线性回归，对本书的理论模型及变量间关系假设进行检验。一般通过决定系数 R^2 或调整后的 R^2 来判断多元线性回归方程的拟合优度。在诊断回归结果是否支持理论假设时，需要对回归方程的多重共线、序列相关性、异方差三大问题进行诊断。序列相关问题一般通过杜宾—瓦特森（D - W）检验，如果数据不涉及不同时期，且各回归模型的 D - W 值接近于2，则回归方程不存在序列相关问题。异方差问题通过残差项的散点图判断，若散点图呈现无序状态，则不存在异方差问题。多重共线性检验通过容许度（Tolerance）和方差膨胀因子（Variance Inflation Factor，VIF）进行检验，一般来说容许度越小、方差膨胀因子越大，则表明多重共线性越明显[1]，通常要求容许度大于 0.1，方差膨胀因子小于 5。

---

① 杜智敏：《抽样调查与 SPSS 应用》，电子工业出版社 2010 年版，第 38 页。

　　在探究异地高考政策认同对随迁子女教育期望的影响过程中，涉及异地高考政策认同的调节效应检验。本书根据温忠麟等提出的调节效应检验程序进行回归分析。① 如果自变量与调节变量的交互项对因变量的回归系数达到显著性水平，则调节效应存在。

---

① 温忠麟、侯杰泰、张雷：《调节效应与中介效应的比较和应用》，《心理学报》2005 年第 3 期。

第 二 章

随迁子女教育期望的理论构建

虽然国家和各省级地方政府颁布了"两为主,两纳入"政策解决随迁子女义务教育问题,并且于 2013 年先后颁布了异地升学政策以解决他们接受义务教育后的升学问题,但是由于各地的实际情况差异很大,政策执行上也出现了各种偏差,存在着"有形和无形"的区隔。本章致力于构建随迁子女教育期望的理论体系,为后文分析异地高考政策认同、教育期望现状,以及从微观、中观和宏观等多层面探究政策认同对教育期望的影响机制提供理论支撑,以此进一步揭示政策的社会学功能,为更好地制定和修订政策提供理论支撑。

第一节 文化再生产与教育期望

在中国社会转型时期和人口大规模流动的背景下,就读于公办学校或民工子弟学校的进城务工人员随迁子女,是否始终处于阶级再生产的阴影之下?九年义务教育之后,各地政府异地升学政策的出台和实施,是否能促进他们实现向上流动?以往对弱势群体教育获得的研究似乎只关注其最终教育程度的差异,却忽视了造成这种教育获得结果背后的文化累积。起源于西方国家的"文化再生产理论",不仅为我们分析这种教育结果的差异提供了新视角,同时也将关注的焦点从"教育结果的差异性分析"转向"教育结果的形成过程",为揭示教育系统对随迁子女教育期望的影响机制提供了理论分析框架。

一　再生产理论的渊源与发展

1. 理论的渊源

"再生产"（reproduction）本义来自生物学，通常指生物体的繁殖或再生。在社会学领域，则通常指重复和再制；不断更新和不断重复的生产；对社会原有秩序的维持，等等。早期我们可以从马克思的《资本论》中找到"再生产"的思想，如资本主义再生产的本质、资本主义再生产的形式、对资本主义再生产总过程研究的最终结论等。马克思写道，"不管生产过程的社会形式怎样，它必须是连续不断的，或者说，必须周而复始地经过同样一些阶段。一个社会不能停止消费，同样，它也不能停止生产。因此，每一个社会生产过程，从经常的联系和它不断更新来看，同时也就是再生产的过程。"① "工人阶级的不断维持和再生产始终是资本再生产的条件。"② 马克思的社会再生产理论主要是从经济学的视角，揭示资本主义再生产的规律和本质。关于教育在资本主义再生产中的作用，马克思没有专门论述，但是也有所提及。例如 "资产阶级没有使人民受到真正教育的经费，即使有这笔经费，它也不肯使用"③。即使受到教育，也是一种 "把人训练成机器"的畸形教育。资本家往往会对工人及其子弟进行一定的技术训练或基本教育，使之获得一定的劳动技能和基本素养，以便满足再生产对劳动力的需求；同时，他们会时时刻刻灌输资产阶级的原则，让工人及其子弟安于现状，以便维持现有的阶级状况和社会秩序。恩格斯在《反杜林论》中批评过这样的思想，它的目的在于 "教导他们愉快地满足于他们的人间命运，满足于黑面包和土豆，满足于劳役、低微的工资、长辈的鞭笞以及诸如此类的好事"④。总之，工人阶级所受的教育在于为资本主义再生产提供所需的劳动力，以及再生产现有的阶级关系。

---

① 《资本论》第一卷，人民出版社 1975 年版，第 621 页。
② 《资本论》第一卷，第 628 页。
③ 《马克思恩格斯全集》第 6 卷，人民出版社 1961 年版，第647 页。
④ 《马克思恩格斯全集》第 20 卷，人民出版社 1971 年版，第 201 页。

法国社会学家埃米尔·杜尔凯姆（Émile Durkheim，又译为涂尔干、迪尔凯姆等）在其《教育与社会学》和《道德教育》等著作中均认为"教育具有社会性"，即提出"教育是年长的几代人对社会生活方面尚未成熟的几代人所施加的影响，其目的在于使儿童的身体、智力和道德状况都得到某些激励与发展，以适应政治社会在总体上对儿童的要求，并适应儿童将来所处的特定环境的要求。""无论在哪里，教育首先是在满足一些社会需要。"[1] 同时，他强调了国家在教育中的作用，"自从教育成为基本的社会职责起，国家不能不关心教育。反过来说，整个教育活动在某种程度上都应服从国家所施加的影响"。他认为教育的功能是维持社会规范，是一种温和的再生产理论。随后，再生产理论产生了多种的类型。从理论所侧重的内容来分，可以分为经济再生产、文化再生产、国家权力再生产等。

2. 理论的发展

美国麻省理工学院的经济学教授鲍里斯（S. Bowles）和金蒂斯（H. Gintis）是经济再生产理论的代表。他们在《美国：经济生活与教育改革》（*Schooling in Capitalist America*：*Educational Reform and the Contradictions of Economic Life*）这本代表著作中，从劳动分工这样的经济学概念切入学校教育问题。"犹如活动的有机体一样，经济领域的稳定性，是由为维护和扩大各类占支配地位的权力和特权模式而构成的机制所产生的。我们把这些机制及其活动的全部总和称为再生产过程。""教育"便是其中最优的机制之一，具有再生产资本主义"阶级关系"和"经济关系"的功能。[2] 随后，鲍里斯和金蒂斯批驳了社会通常所认为的"教育能够促进社会平等"的观点，而提出"学校是一种与社会不平等紧密相连的制度"。他们的解释是学校教育是为了满足各类雇主对有技能、守纪律的劳动力的需要；随着受过良好教育的劳动力在经济社会中地位的日趋稳固和占主流，学校

---

① 转引自张人杰《国外教育社会学基本文选》，华东师范大学出版社 1989 年版，第 9 页。

② ［美］鲍里斯、金蒂斯：《美国：经济生活与教育改革》，王佩雄等译，上海教育出版社 1990 年版，第 188 页。

教育所产生的种种不平等现象将实现一代又一代的代际传递；最终，不平等的学校教育将永久植根于使之合法化并实现再生的阶级结构之中。① 归纳而言，鲍里斯和金蒂斯的理论逻辑是：社会的经济制度本身就是不平等的，而学校教育系统会继续反映这种不平等，并且持续再生产这种不平等。

鲍里斯和金蒂斯提出要想改变现状，指望通过带有浓重统治阶级烙印的教育变革是行不通的。究其原因是这种制度变革也仅仅是统治阶级为了维护和再生产资本主义的经济和政治制度，消除因文化多样性导致的社会冲突而对劳动阶层实行有效控制手段的改进。② 在他们看来，社会经济制度会对学校教育产生决定性的影响，而学校教育（尤其是高等教育）只是按照经济领域的劳动分工需要而进行劳动力再生产的机构。但他们似乎并没有阐明这种机制的具体运作模式。我们要清楚呈现社会经济再生产得以实现的具体过程，就必须从意识形态和文化传承的角度进行补充，这正需要布迪厄等人提出的"文化再生产理论"。

二 文化再生产理论

皮埃尔·布迪厄（Pierre Bourdieu）又译为布尔迪厄、布尔迪约、布丢等，是当代法国最具国际性影响的思想大师之一，是文化再生产理论最杰出的代表。他在 1964 年发表了《继承者：大学生与文化》，1970 年发表了《再生产：一种教育系统理论的要点》。与人们通常所认为的观念不同，布迪厄在这两部著作中也提出了"学校是一个生产且再生产文化与社会不平等的主要场域"。

1. 关键概念

"文化资本"是文化再生产理论的一个关键概念。布迪厄认为资本可以表现为四种基本形态：文化资本、经济资本、社会资本和象征

---

① 贺晓星：《论教育社会学中的新马克思主义——S. 鲍尔斯和 H. 吉丁斯的对应理论及其转向》，《南京师大学报》（社会科学版）2014 年第 6 期。

② 余秀兰：《中国教育的城乡差异——一种文化再生产现象的分析》，教育科学出版社2004 年版，第 19 页。

资本。他在《文化资本和社会炼金术》一书中提出："文化资本的概念最早是在研究过程中作为一种理论假设，这种假设用来解释不同社会阶层出身的孩子往往取得不同学术成就的背后原因，即为什么出身于不同阶层的孩子在学术市场竞争中获得相对悬殊的利润？以及如何应对不同阶层家庭的文化资本分布状况。"① 同时，根据后来众多研究者的观点：借助不同的教育行动传递，文化资本具有不同的形态特征。一是具体文化资本（objectified cultural capital），通常指以文化商品的形式存在并且可以相互传递，如工具、词典、图片、书籍等；二是内涵文化资本（embodied cultural capital），通常指通过学校、家庭等场域习得，并成为个体的身体与意识的一部分，如知识、教养、技能、品位及感性等；三是制度文化资本（institutionalized cultural capital），通常是指对个体掌握的知识、技能等以考核方式得以确认，且授予证书、文凭等形式将其制度化，如毕业文凭、职业资格证书等。拉蒙（Lamont）和拉鲁（Lareau）继承了这一概念，认为文化资本是"被广泛接受的高层次文化信号，如态度、行为、偏好、正式知识以及文凭，正是这些信号被用来区隔文化性和社会性"，并且认为这一概念已被越来越多地应用于美国社会学研究文化再生产对社会再生产的影响。②

"惯习"是文化再生产理论中另一个重要的概念。与其他概念不同，这一概念是布迪厄在考察非洲北部的比尔人的行为时产生的，而不是理论演绎出来的。他的解释是"惯习是一套持续化、可转移的性情或倾向，这种性情或倾向整合了过去的经验与行动，并作为一系列的悟性、鉴赏能力以及行为方式而无时无刻不发挥着作用。"③后来研究者也认为，惯习构成了人们行为的指导原则，倾向于再生

① ［法］布尔迪厄：《文化资本和社会炼金术》，包亚明译，上海人民出版社1997年版，第192—200页。

② Lamont M. & Lareau A., Cultural Capital: Allusions, Gaps and Glissandos in Recent Theoretical Developments. *Sociological Theory*, 1988, 6 (2): 153 – 168.

③ ［法］布尔迪厄：《文化资本和社会炼金术》，包亚明译，上海人民出版社1997年版，第183页。

产与其条件相一致的抱负、感觉和实践。文化资本如何影响子女的教育期望和学业成就？其中一条作用途径就是拥有特定文化资本的上层阶级子女往往会具备某种惯习，这种惯习将体现出被学校、社会环境所认可与欣赏的价值观念和行为模式，进而帮助其建立较高的教育期望，获得较好的教育成就。因此，在这种惯习下，底层阶级子女将很难形成如同上层阶级子女一样的期望或抱负。

2. 主要观点

（1）文化资本的分配是不均等的。布迪厄的文化再生产理论认为：工人阶级或其他底层阶级的子女只能从家庭及居住社区中获得数量少得可怜且形式单一的文化资本，而中产阶级或其他统治阶级的子女则能从家庭及居住社区中获得数量丰富而又形式多样的文化资本。因此，在他们各自的子女进入正式学校教育体系之前，已经在文化的品位、规则的认同、教育的期望乃至行为的习惯上都出现了较大程度的分化。通常而言，阶层社会中人们的生活方式越接近上层，其文化资本也就越高。

（2）学校教育扩大了文化资本的差异。布迪厄认为，学校文化是中产阶级或其他统治阶级的文化，在此文化背景下成长的儿童显然在学校教育中处于有利地位，而工人阶级及其他底层的子女往往不适应这种文化，而成为学校教育中的落伍者。以语言词汇语法为例，不同阶层出身的子女在语言风格、词汇丰富程度、语法规则上存在显著的差异，学校教育所使用的语言更接近中产阶级或其他统治阶级的语言。另外，拥有较多数量和形式文化资本的子女更加容易理解学校传授的课程内容、更容易与同辈群体互动、更懂得利用学校资源争取自身利益。这些拥有更高文化资本的群体往往能通过"学校教育"这一环节，形成更高的教育期望，转化为更高的学业成就。

（3）文化再生产实现了阶级再生产。布迪厄认为具有统治阶级文化特征的学校以及差异化教育体系，成为持续拉大不同阶级文化差异的文化资本。这些文化资本使得统治阶级子女在各类教育中脱颖而出，最终转变为优质高等教育文凭。而这些名牌高校的文凭又将他们安插到社会结构的不同序列位置，直接影响他们今后的职业和社会地位。布迪厄的研究显示，尽管法国高等教育在过去几十年间得到了迅速普及，但社会等级秩序并没有因此而打破。文化资本扮演了维持阶级边界的"守门人"角色，通过把学业优势转化成职业优势，完成了文化再生产到阶级再生产的过程。

3. 语言编码理论

英国著名教育社会学家巴兹尔·伯恩斯坦（Basil Bernstein）则从微观层面解释学校教育的不平等现象。他发现来自不同家庭的孩子在入校之初就表现出学习方面的各种差异，于是他提出假设："来自不同阶层的孩子，其语言习惯是造成他们之间学业差距的主要原因。"[1] 1962 年，伯恩斯坦受到卡西尔文化符号学的影响，经过调查后提出优势阶级子女往往拥有一套"精致性符码"（elaborated language code），即一种"使词语的意义个体化，以适应专门情景要求的说话风格"，使他们能够更擅长表达抽象的观念；工人阶级等弱势阶级子弟通常使用"限定符码"（restricted code），即一种简单而受限的语言方式，其理解需要依赖特定社会脉络语境的言语类型，使得他们难以胜任抽象概念、过程及关系的探讨。英国著名社会理论家和社会学家安东尼·吉登斯（Anthony Giddens）总结了掌握"限定符码"的群体特征：在家里已经习惯于对所有的问题只作简略回答；难以理解学校教学中使用的非情绪化以及抽象化的语言；需要把教师的符码转译成他们所熟悉的语言，因此也无法真正理解此类符码的原义，等等。[2] 另外，课程是学校传递知识的具体形式。伯恩斯坦提出的聚集型课程（a collection type），认为这类课程各种内容之间相对独立、界定清晰，学习者需要掌握大量的有效内容，才能符合评价的标准。

因此，不同阶层的子女坐在同样的教室里，面对同样的老师、同样的教材，但是多年以后发现那些学业成绩好的子女多数来自中产

---

① ［英］巴兹尔·伯恩斯坦：《教育·符号控制与认同》，王小凤译，中国人民大学出版社 2016 年版，第 78 页。

② ［英］安东尼·吉登斯：《社会学》，赵旭东等译，北京大学出版社 2003 年版，第 103 页。

阶级家庭。这种结果虽然让弱势群体的家长失望，但是仍然信服，并且认同自己孩子的学习资质有限。但是，伯恩斯坦则揭示：教育类型与生产方式之间存在一定的相似性，学校教育则偏爱用精致型符码传递知识，使得掌握了限定符码的弱势群体难以适应，是造成其学业困难的文化诱因。本书在访谈过程中发现"限定符码""精致性符码"的分野同样存在于随迁子女与城市儿童之间。随迁子女在流入地城市学校教育中的学业成绩劣势，很大程度上因为他们所习惯使用的"符码"与学校主流文化之间存在明显的差异，学校的课程设置和授课方式也偏向于掌握"精致性符码"的城市儿童。

4. 反学校文化理论

与布迪厄等传统文化再生产的理论家不同，美国普林斯顿大学社会学教授的保罗·威利斯（Paul Willis）在其《学做工：工人阶级子弟为何继承父业》一书中强调了权力精英阶层、中间阶层以及底层民众在社会结构再生产方面存在着不同的制度逻辑与形成过程。威利斯通过对英国一个工业城镇中 12 个工人阶级家庭出身的"小子"在进入工厂之前的学校经历和之后的工作状况进行调查，提出了著名的"反学校文化"概念（Counter-school Culture），试图揭示"小子"们对学校教育的抵制行为与阶级再生产的关系。他们的行为主要包括：蔑视法律、打架、偷窃，反抗学校和教师的权威，瞧不起规规矩矩听话的"小耳朵"们；穿奇装异服、抽烟、喝酒，无视学校规章制度，经常旷课、上课随意走动或者干脆睡觉；以粗言俗语嘲弄彼此。威利斯针对这种现象提出两个问题，第一个问题是为何工人阶级的"小子"们往往只能继续获得工人阶级的工作，并且"为什么他们自愿接受？"（why they let themselves）；第二个问题是为何中产阶级以及其他优势阶级家庭的子弟们往往能够继续获得中产阶级的工作，并且"为什么别人愿意让他们如此实现？"（why others let them）[1]。如果说以往的再生产理论着力于解释第二个问题，那么威

---

① ［英］保罗·威利斯：《学做工：工人阶级子弟为何继承父业》，秘舒、凌旻华译，译林出版社 2013 年版，第 67—122 页。

利斯想解释第一个问题，即底层民众为什么愿意接受底层工作？他认为在学校等公共教育机构中，底层民众子女与中上层阶层子女是在互动中界定彼此的界限，但是底层民众子女对这种隐蔽的阶层不平等发生机制，并不是布迪厄所谓的"无知"，而是"洞察"（penetration）得到的。

威利斯赞同布迪厄的场域观和伯恩斯坦的符码论，在一个阶层社会中，每一个阶层都会发展出一套与它位置相符的文化类型，学校是各种行动者及其文化模式发生冲突和竞争的场所。他认为首先工人阶级子女在学校场域中尽管非常努力，但是由于先天文化资本的不足，仍然逐渐与中产阶级子女区隔开来，逐渐被学校主流的价值观和评价体系挤到文化底层。其次，工人阶级子女为了恢复自信、维护自尊，发展出一套藐视学校的价值系统，形成蔑视校方和教师权威的"反学校文化"，以此逐渐建构起自身的认同策略。最后，工人阶级子女难以在学业选拔体系中获得成功，"心甘情愿"地提前进入次级劳动力市场，加速了阶级再生产的进程。威利斯认为这种"反学校文化"并不是对学校主流文化的彻底批判和对立，而是对文化再生产机制的"部分洞察"；对底层职业的"心甘情愿"正是这种"部分洞察"的结果。因此，正是这种对现实的认知状态，促使一批批工人阶级子女放弃学业追求而选择了"做工"的道路。威利斯认为"反学校文化"构成了劳工阶级社会再生产的机制。

总而言之，国内外有关文化再生产的文献分析认为宏观社会结构、城乡户籍制度往往导致弱势群体处于高度边缘化的生存状态，使得他们逐渐认清难以通过自身努力和学校教育获得向上流动的机会，进而以"反学校文化"的形式诋毁和拒绝学校教育，造成学业失败，不得不进入次级劳动力市场，进而始终处在阶级再生产的阴影之下。

三　文化再生产与教育期望

文化再生产理论为我们揭示了那些隐藏在学校教育平等外衣之下的不平等作用机制，重点在于强调社会宏观环境（群体边界可渗透性)、家庭社会资本、学校阶层隔离等多种因素对学生主观教育期望和职业选择倾向所产生的影响。

（一）群体边界可渗透性

在社会学领域，"边界"（boundary）是一个重要议题，与之相关的概念有"社会群体""移民群体""群体权利""文化资本"等。而"边界可渗透性"（permeability）往往是指某群体里的个体跨越群体边界的可能性。早年在杜尔凯姆、马克思、韦伯以及布劳等社会学家的经典作品中都有所涉及。一般而言，边界的明晰度和渗透性是社会阶层开放程度（social openness）的一个风向标，也是学者考察社会政策的价值评判标准。与之相反，"社会封闭"是相对于边界可渗透性而言的。德国社会学家马克斯·韦伯（Max Weber）认为，现代工业社会存在着各种各样的社会流动的封闭机制，抑制了社会阶层的代际和代内的上下流动，使得优势阶层能够最大化自己的利益。

1992 年，Pellion 提出工业化开放理论，其核心就是强调工业化进程带来的快速绩效和社会流动机会可能性，即边界的渗透性。[①] 随后，美国新马克思主义者埃里克·赖特（Wright E. O.）在 1997 年出版的《后工业社会中的阶级》一书中分析了阶级边界的可渗透性，并细分为静态和动态可渗透两类。[②] 前者主要指社会关联，包括跨阶级组建家庭和跨阶级形成友谊，而后者主要指社会流动，包括阶层的向上和向下流动。本书主要是指群体间的社会流动，因此主要考察其动态可渗透。

1. 群体边界动态可渗透性的实现途径

那么边界动态可渗透性何以实现呢？在微观层面，法国社会学家布迪厄认为，不同的阶级群体向上或向下流动的轨迹是由"惯习"所决定的，而"惯习"在无形中构成了阶级群体之间的符号边界（symbolic boundary）。同时，布迪厄认为在工业社会中，阶级再生产

---

① Peillon M., The Constant Flux: A Study of Class Mobility in Industrial Society. *Irish Journal of Sociology*, 1992, 2 (1): 189.

② ［美］埃里克·奥林·赖特：《后工业社会中的阶级》，陈心想等译，辽宁教育出版社2004 年版，第 169 页。

的直接式继承模式已经被教育所替代，试图解释由文化资本主导的"符号边界"的形成过程来分析对边界渗透性的推动力。优势群体往往通过对其子女进行文化资本的投资，实现阶级再生产。[①] 文化资本在优势群体子女的中小学以及大学教育中起到潜移默化的作用，往往使得拥有者在不经意间脱颖而出。由文化资本主导的"惯习"使得外在的经济社会地位内化成为子女个体对未来成就的抱负和期望。因此，文化资本不仅扮演着边界的"守门人"角色，同时也是其他阶层群体实现边界渗透的"敲门砖"。

在社会宏观层面，英国心理学家亨利·泰费尔（Henri Tajfel）等认为人们会通过群体之间的关系来维持和提高社会认同，采用的策略有三种，分别是社会竞争（social competition）、社会创造（social creativity）和自我流动（individual mobility）。当人们始终处于封闭的社会结构，群体之间的边界是稳定的、难以渗透的，无法通过个体努力进入优势群体。这种情况下，个体会采用社会创造策略来重新界定或改变比较情境，为内群体寻求积极的特异性，例如寻找群际比较的新维度；改变原来参照的群体，选择新的外群体与内群体进行比较。当然也有可能采用社会竞争策略，即与外群体发生竞争或冲突，寻求新的积极的特征，以改变内群体的现状。[②] 但是当个体处于有弹性的和可渗透性的社会结构背景下，群体之间的边界具有可渗透性，有机会通过自身的努力进入优势群体，那么他们一般会选择自我流动策略。例如通过升学、接受高等教育等方式进入优势群体。

2. 群体边界动态可渗透性的作用和影响因素

以往最显著的群体边界研究是基于种族而开展的，而现在扩展到了语言、文化以及人力资本。同时，社会认同理论提出群体可分为内群体（In-groups）和外群体（Out-groups），增加了群体边界动态可渗透性作用和影响因素研究的视角。Ellemers 等进行了两个实验研

---

① Bourdieu P. , *Distinction*: *A Social Critique of the Judgement of Taste.* Cambridge, MA: Harvard University Press, 1984: 123.

② Tajfel H. , *Differentiation Between Social Groups*: *Studies in the Social Psychology of intergroup Relations.* London: Academic Press, 1978: 136.

究，第一个实验研究显示优势群体成员比弱势群体成员表现出更多的内群体偏向；同样是弱势群体，群体边界可渗透的弱势群体成员的内群体偏向要低于群体边界不可渗透的弱势群体；第二个实验事先控制了群体地位和个人能力，群体边界也分为可向上或向下流动，研究显示当边界具有向上流动性时，具有较强能力的个体表现出较少的内群体偏向。[①] Wright 等实验发现，在"群体边界可渗透性"条件下人们通常更喜欢采用个体策略，即通过个人努力进入优势群体，只有当"群体边界不可渗透"时，他们才考虑集体行动，以改变本群的状况。[②] 潘泽泉认为社会群体分类首先源于社会制度性的安排，其次通过社会认知系统和社会群体比较完成自我类别化运作，并且进一步内化群体边界；最后通过叙事逻辑、话语系统和边界符号进一步强化的结果，达成群体边界的"内固"和"强化"。[③]

3. 异地高考政策与群体边界动态可渗透性

弱势群体对社会策略的选择依赖于他们对自己群体与其他群体边界的感知，而判断是否需要或能否跨越群体边界往往取决于三个变量：群体边界的可渗透性（permeability）、群体地位合理性（legitimacy）和这些差异的稳定性（stability）。[④] 石长慧调查了北京市从农村迁移到城市的 12—18 岁的未成年进城务工人员子女，发现城乡二元社会结构、城市社会的语言取向、文化活动、学校的教育环境、家庭社会经济地位、家庭结构、父母劳动时间和对子女的教育期望等都会对他们的社会认同产生影响。[⑤] 郝振采用实证分析的方法对流动

① Ellemers N., Van Knippenberg, De Vries N. & Wilke H., Social Identification and Permeability of Group Boundaries. *European Journal of Social Psychology*, 1988, 18 (6): 497 –513.

② Wright S. C., Taylor D. M. & Moghaddam F. M., Responding to Membership in a Disadvantaged Group: from Acceptance to Collective Protest. *Journal of Personality & Social Psychology*, 1990, 58 (6): 994 –1003.

③ 潘泽泉：《社会分类与群体符号边界：以农民工社会分类问题为例》，《社会》2007 年第4 期。

④ 张莹瑞、佐斌：《社会认同理论及其发展》，《心理科学进展》2006 年第 3 期。

⑤ 石长慧：《认同与定位：北京市农民工子女的社会融合研究》，中国社会科学出版社2014 年版，第 9 页。

儿童身份认同策略进行探讨，发现群体边界的开放与否（群体可渗透性）是决定群体成员身份认同策略的最重要因素之一，并且呈现以下几个特征：一是在城市生活时间越久越倾向于群体竞争策略；二是在使用身份管理策略方面，小学阶段的得分要显著低于初中阶段；三是公立学校就读的流动儿童更加积极主动。[1] 户籍制度是国家对流动人群进行宏观调控的重要政策手段，从根本上决定了群际边界的可渗透性，也直接影响着随迁子女采取何种社会策略。

在国家异地中高考政策实施以前，随迁子女遭遇到户籍制度和教育政策的重重阻碍。他们在初中毕业后或回到原户籍地参加升学考试；或重新成为留守儿童；或早早走去城市打工的道路。正如熊易寒在调查上海市的随迁子女时，一位老师如此评价："这些孩子比上海当地小孩要努力一些，但是这么努力有什么用呢？"[2] 这种宏观的社会环境和边界不可渗透性严重挫伤了他们的心理，也不可能形成良好的教育期望。高年级的学生比低年级学生更加缺乏学习积极性，因为他们对升学考试的前途更加悲观。而异地高考政策的出台，尽管各地的宽严条件不一，但是无疑增强了群体边界的动态可渗透性，为他们建立良好的教育期望和职业选择倾向创造了契机。

（二）教育期望理论

通常认为最早关于期望问题的讨论始于 20 世纪 30 年代，主要采用基于认知的研究方法探讨期望的作用。1964 年，美国学者维克托·弗鲁姆（Victor H. Vroom）在《工作与激励》一书中提出了期望理论（Expectancy Theory）。

1. 激励水平

弗鲁姆认为人们在追求的目标没有达到之前，会表现出一种期望，而这种实现期望的激励水平（motivation）是由效价（valence）和期望值（expectancy）构成的，其用公式表示为：激励水平 = 效

---

[1] 郝振：《流动儿童的社会融入及其策略选择研究》，博士学位论文，华东师范大学，2015年。

[2] 熊易寒：《城市化的孩子：农民工子女的身份生产与政治社会化》，上海世纪出版社2010 年版，第 140 页。

价×期望值，M = ∑ V × E。效价是指人们对所从事的工作或所要达到的目标的估价，即某目标的重要程度和价值大小。如果希望得到这一目标的结果，则为正效价；如果个人漠视其结果，则为零值；如果不希望得到这一目标的结果，则为负效价。期望值是指人们根据个人经验（包括个人能力、任务难度、努力程度等）来判定实现这一目标可能性的大小。① 因此，激励水平往往是推动人们采取某一行动的内驱力，激发其内在潜力的强度。

2. 期望值

对于期望值设定多高才算适合？有人做过一个形象的比喻：如果苹果挂得很高，人们怎么跳也摘不到，就不会再去努力；如果苹果挂得很低，人们伸手就能摘到，也不会再去努力；只有当苹果挂得高度适当，人们努力跳一跳还是有可能摘到，就会激发出内驱力。弗鲁姆认为期望不能等于现实，它与现实之间有三种可能性，即：当实际结果远远小于期望结果时，人们会产生挫折感，对激发内驱力产生削弱作用；当实际结果远远大于期望结果时，人们能够增强信心，增加激发力量；当实际结果差不多等于期望结果时，即在预料之中，一般也有助于提高人们的积极性。苏联心理学家列夫维果茨基（Lev Vygotsky）的"最近发展区"有类似的意思。实际发展水平是人们独立解决某问题的现有水平，潜在发展水平指的是在重要他人帮助下某问题得以解决的水平，两种水平之间的差距便构成了每个人的最近发展区。② 最近发展区可以帮助教育者了解儿童发展的水平空间，注重挖掘他们的学习潜能，帮助其找到促进发展潜在能力的方法与途径。

3. 期望模型

期望理论认为一个人形成最佳动机的条件是他认为通过个人的努力极可能导致很好的表现，很好的表现极可能带来一定积极的成

① 邱幼云、朱冬亮：《期望理论视角下的农村高中生弃考行为分析》，《中国青年研究》2009 年第 9 期。

② 转引自王颖《维果茨基最近发展区理论及其应用研究》，《山东社会科学》2013 年第 12 期。

果。期望模式循环如下：首先努力→取得绩效→获得奖励→满足需求→新的努力。在循环体系中存在四对关系，努力与绩效是第一对关系：二者关系依赖于个体对目标的期望水平，期望水平又依赖于达成的目标是否符合个体需求；第二对关系是绩效与奖励：个体取得相应的绩效后总希望得到相应的奖励，可以是精神层面的荣誉或者物质层面的奖金等；第三对关系是奖励和需求：个体获得奖励是否符合他们心目中的需求；第四对关系是需求与新的努力：个体的需求得到满足后，会产生新的努力。如此形成了期望模式循环，如图2—1所示。

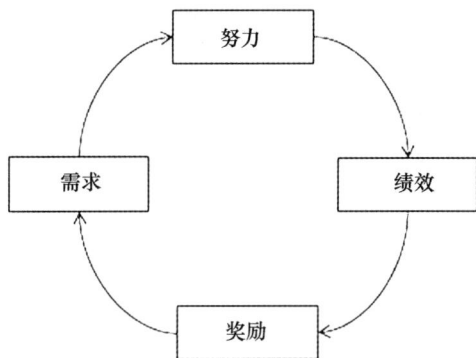

图2—1　期望模式循环示意

贾彦琪认为期望模型由两方面组成：一是个体感到通过一定程度的努力可以达到实现某种理想表现的可能性，即努力与可能性之间的关联（E→P，E表示努力，P表示表现），见图2—2。这个过程主要受到自我能力的估计、类似情况下的个人经历、工作环境现状和他人反馈等因素的影响。①

二是这种可能性与结果奖赏的联系（P→O），O代表带来的直接结果和衍生结果，以及这些结果对个人的重要程度，见图2—3。这个过程主要受到类似情况下的个人经历、他人反馈、E→P期望值、

———————————

① 贾彦琪：《期望理论对中小学教师激励的启示》，《集美大学学报》2017年第3期。

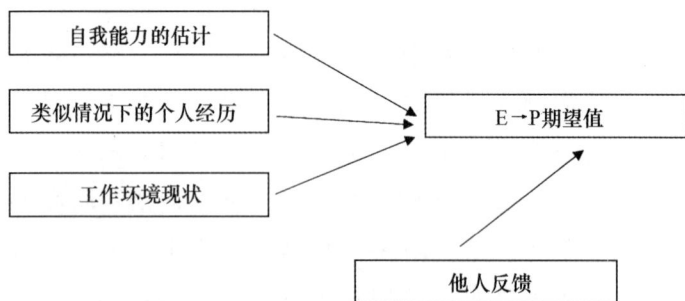

图2—2　E→P期望值的决定因素

奖赏的吸引力、内部控制力与外部控制力的对比、工作环境现状等因素的影响。

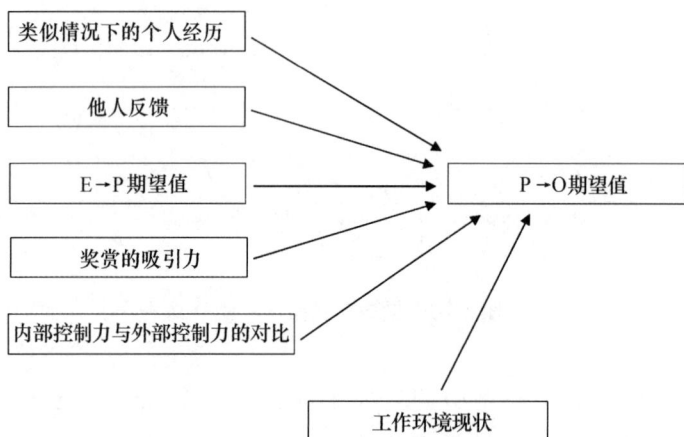

图2—3　P→O期望值的决定因素

4. 罗森塔尔效应

1968年美国心理学家罗森塔尔（Rosenthal）和雅各布森（Jacobson）设计的著名的皮格马利翁课堂实验表明，教育期望和学业表现之间存在显著正向效应，亦称期待效应或罗森塔尔效应。之后国内外的教育学家、心理学家纷纷针对教师期望与学业成绩之间的相关性、教师期望的影响因素等方面做了不少的研究。

那么，教育期望如何影响学生的自我教育期望，并继而影响其学业成绩呢？期望价值理论提出了"学习动机"概念。只有学生认为如果我努力就能成功，而成功对我很有价值、很重要的时候，他们的动机才最强烈。罗森塔尔把它分为四个因素，即气氛因素、反馈因素、输入因素和输出因素。气氛因素通常指受到教师高期望的学生处于更为亲切的社会情绪气氛中；反馈因素是指受到高期望的学生能从教师那里及时有效地得到积极的反馈信息；输入因素是指受到高期望的学生能得到更丰富的学习资源与学习机会；输出因素是指受到高期望的学生有更多表现自我、发挥潜能的机会和途径。[①] 后来，罗森塔尔将四因素模型修正为两因素模型，主要强调情感和努力。Ryan 和 Patrick 对 233 名八年级学生进行调查，发现学生感知到来自班级社会环境、教师的支持和期望对学生的学业成绩、教育期望具有更加显著的效果。[②] 欧阳丹对某市 3 所小学 4—6 年级学生进行问卷调查，研究发现：（1）学生的支持感知与学业之间存在相互作用的关系；（2）期望、支持感知对学业成绩影响显著；（3）支持感知往往是期望与学业成绩之间的中介变量。[③] 郑海燕调查了长春市561 名 7 年级学生，发现期望能够提高学生的自我价值感、个人取向一般自我价值感及个人取向特殊自我价值感；期望能提高学生的动机信念，从而使他们更加努力学习，朝着教师期望的方向发展，会朝着最优化的方向循环。[④] 范丽恒和金盛华运用多层线性模型表明学业期望对学校满意度、同伴接纳和学业成绩具有正向预测作用；纪律期望对同伴接纳与学业成绩具有正向预期作用；品行期望对学校满

① 丁蕙、屠国元：《期望价值理论与教师期望效应的激励机制》，《教育评论》2014 年第9 期。

② Allison M. Ryan & Helen Patrick. , The Classroom Social Environment and Changes in Adolescents' Motivation and Engagement during Middle School. *American Educational Research Journal*, 2001, 38（2）：437 – 460.

③ 欧阳丹：《教师期望、学业自我概念、学生感知教师支持行为与学业成绩之间的关系研究》，硕士学位论文，广西师范大学，2005 年。

④ 郑海燕：《教师期望的改变对初中生自我价值感及动机信念影响的实验研究》，《心理发展与教育》2005 年第 1 期。

意度具有正向预测作用。① 可见，期望能够直接或间接影响学生的学业成绩、同伴接纳、学校满意度等。

(三) 文化再生产影响下的教育期望

法国社会学家雷蒙·布东 (Raymond Boudon) 提出首属效应 (Primary effect) 和次要效应 (Second effect)。刘精明认为首属效应指不同阶层间客观存在的不平等，比如优势阶层家庭为其子女提供各种重要的资本，以帮助他们获得更好的学业成就，取得更好的社会地位，从而实现阶层再生产；而次要效应是指不同阶层间主观存在的选择差异，比如当面临关于子女的教育方式、教育期望进行决策时，不同的阶层总是根据所处社会经济地位做出理性选择。② 因此，首属效应关注的客观资源对儿童能力分化的作用，而次要效应强调过程中主观因素的作用，例如教育期望。不同阶层的不同教育期望恰恰就体现着不同阶级的文化资本。

1. 文化再生产对教育期望的影响机制

国内外对教育造成的地位代际传递似乎比较重视对结果的分析，例如把"最终学历""是否升入大学""受教育年限"等作为分析的因变量，研究认为移民子女教育结果不平等是教育机会不平等的直接后果。教育机会的不平等的确在很大程度上造成了教育结果的不平等。但是实际情况却是学校教育环境的平等也不意味着教育结果的平等。例如，在同一所学校同一个教室、接受同样的课程教育，不同家庭和社会背景的子女也会有不同的升学率和受教育年限。在众多的影响因素中，个体的主观认知水平，即教育期望往往起到了显著的作用。Steele 和 Aronson 认为给成绩较差的非裔美国学生一定的鼓励和期望，他们会与白人同学一样有好的表现。③ Reynolds 和 Burge

---

① 范丽恒、金盛华：《教师期望对初中生心理特点的影响》，《心理发展与教育》2008 年第 3 期。

② 刘精明：《中国基础教育领域中的机会不平等及其变化》，《中国社会科学》2008 年第 5 期。

③ Steele C. M. & Aronson J., Stereotype Threat and the Intellectual Test Performance of African Americans. *Journal of Personality & Social Psychology*, 1995, 69 (5): 797–811.

分析了 1972 年和 1992 年黑人、白人和西班牙裔高中生在教育期望方面的差异，发现女孩比男孩具有更高的高等教育期望，同时教育期望值有助于他们最终获得高等教育。[①] 高明华对一所 80% 以上为外来务工人员子女的公办学校进行调查，运用质性研究与量化研究相结合的三角测量法，研究显示 60% 是源于教育期望的自我证实。[②] 王甫勤等抽取了 23 个街道、46 个居委会中的 1300 个家庭，构建模型分析，发现教育期望对于最终教育获得的正向预测效应显著，比那些没有期望自己上大学的人，最终获得大学教育的概率优势增加 1.950 倍；父母和子女个人都期望上大学的样本，其子女最终获得大学教育机会的概率要比双方中仅有一方期望上大学或双方都不期望上大学的概率高得多。[③] 因此，我们需要进一步建立教育期望理论，分析教育结果差异的发生机制，从而为子女地位代际传递的现象进行中间机制的分析。

布迪厄以及其他西方学者普遍认为，文化资本构建了文化再生产的重要机制，文化资本通过学校教育转变为学业成就，其作用机制在美国、巴西等国家被广泛确认。但是 Soo-yong Byun 等在韩国调查了家庭资本状况、文化资本和子女学业成就之间的关系，却发现儿童的文化资本对其学业成就存在负面影响。[④] Yoko Yamamoto 等在日本发现文化资本与教育成就之间没有关系，甚至出现一定的负向联系。[⑤] 最终，他们分析认为在一个强调高度标准化课程、极度注重标准考试以及广泛的影子教育（课外课程辅导）的社会背景下，文化资本所带来的特殊禀赋很难在学校教育中得到欣赏和获得回报，

① Reynolds J. & Burge S., Educational Expectations and the Rise in Women's Post-secondary attainments. *Social Science Research*, 2008, 37 (2): 485–499.

② 高明华：《父母期望的自证预言效应——农民工子女研究》，《社会》2012 年第 4 期。

③ 王甫勤、时怡雯：《家庭背景、教育期望与大学教育获得基于上海市调查数据的实证研究》，《社会》2014 年第 1 期。

④ Soo-yong Byun, Schofer E. & Kim K., Revisiting the Role of Cultural Capital in East Asian Educational Systems: The Case of South Korea. *Sociology of Education*, 2012, 85 (3): 219–239.

⑤ Yamamoto Y. & Brinton M., Cultural Capital in East Asian Educational Systems: The Case of Japan. *Sociology of Education*, 2010, 83 (1): 67–83.

由此抑制了文化资本对子女学业成就的影响。但是同样在东亚国家，吴愈晓利用 1949—1996 年的数据，论证了中国的文化资本对子女教育获得的影响在中华人民共和国成立后随着时间的推移呈现"U"形趋势，即改革开放以后呈现显著强化的趋势。[①] 有些学者认为，尽管文化资本在东亚式、标准化、以考试为导向的教育模式下有所弱化，但是中国的上层家庭不仅带给子女们非认知性的文化惯习，而且强调针对子女们认知性因素的培养和训练。即此类家庭能够充分利用文化和经济方面的优势，加大其子女在阅读、数学、科学等具体学科上的认知性能力和应试技艺的训练，以提高其适应高度标准化考试选拔模式的能力。[②] 由此可见，文化资本的再生产功能不仅可能通过非认知性的惯习发挥作用，而且可能通过提高其认知性能力产生影响，具体可以分解为考试能力的训练、自我能力的评价以及对未来教育的期望。

2. 无奈的渐进式自我放弃

有关威利斯提出的"反学校文化"的研究随着时代发展出现不同的研究结论。如 Hanson 探讨美国移民青年早期的教育期望与在高中及高中后的学业失败率，发现存在显著正相关。[③] 威利斯的研究强调了家庭环境和教育历程对其主观认知、教育期望的影响，认为底层民众子女的家庭文化资本给他们的学习困难埋下了伏笔，而不理想的学业成绩、阶层隔离的学校体系以及歧视性的教育政策又逐渐消磨了他们的学习动机，最终难以形成良好的教育期望。[④] 石明兰以上海市一个初中班级为个案，采用观察与访谈的研究策略进一步解释"反学校文化"这一概念。研究发现学生的"反学校文化"主要有敷衍型、冷漠型、反叛型、玩乐型以及批判型等，其中前面四种都

① Wu Y. X., Cultural Capital, the State, and Educational Inequality in China, 1949 – 1996. *Sociological Perspectives*, 2008, 51 (1): 201 – 227.

② 胡安宁：《文化资本研究：中国语境下的再思考》，《社会科学》2017 年第 1 期。

③ Hanson S. L., Lost Talent: Unrealized Educational Aspirations and Expectations Among U. S. Youths. *Sociology of Education*, 1994, 67 (3): 159 – 183.

④ 吕鹏：《生产底层与底层的再生产——从保罗·威利斯的〈学做工〉谈起》，《社会学研究》2006 年第 2 期。

属于"消极反抗"，只有"批判型"属于"积极反抗"，且大多数是学业失败者才有的行为。学生"反学校文化"主要反抗学校规制与教师权威，但是不反对学校的教育目标；"反学校文化"是他们学业失败的一种社会动因，但并非决定学业失败的唯一要素。① 周潇根据北京某农民工子弟学校的田野调查资料，将中国农民工"子弟"与英国工人阶级"小子"进行比较发现，虽然两个群体表现出类似的"反学校文化"元素，但是两者之间存在实质性差异：（1）即农民工子弟内心深处仍然十分向往脑力劳动，而不是藐视脑力劳动；（2）农民工子弟内心深处存在很深的自卑和自我否定，想极力逃离父辈们的职业和生活方式。② 因此，农民工子弟的"反学校文化"实质上是在一系列社会宏观环境、家庭社会资本以及学校教育作用下的"无奈的渐进式自我放弃"的过程。

熊易寒于 2007 年、2008 年调查了上海城郊接合部的普通公办学校和农民工子弟学校的大量农民工子女、教师以及教育部门人员，研究认为无论就读于哪类学校，农民工子女中的大多数人始终处在阶级再生产的阴影之下，很难通过学校教育实现阶层向上流动。③ 即便就读于公办学校的农民工子女，他们开始的时候往往努力学习，渴望通过自身努力获取城市优质教育资源，但是由于上海相关升学政策的严格限制，使得他们逐步陷入矛盾与分裂状态。随后，他们在与教育管理部门、学校老师、当地子女的互动中，逐渐认清了户籍隔离以及自己升学前景无望。最后，不得不放弃了在学业上的努力，心不甘情不愿地进入职业学校。而就读于农民工子弟学校的孩子，接受的义务教育质量堪忧，更何况感受到社会宏观政策的歧视（异地升学政策）、学校阶层的隔离以及教师的低教育期望。潘泽泉认为一种基于城乡二元户籍分割制度的社会安排，包括后致性因素如教育

---

① 石明兰：《反学校文化：学业失败的一种社会动因》，硕士学位论文，华东师范大学，2007 年。

② 周潇：《反学校文化与阶级再生产："小子"与"子弟"之比较》，《社会》2011 年第 5 期。

③ 熊易寒：《底层、学校与阶级再生产》，《开放时代》2010 年第 1 期。

水平、叙事逻辑、话语系统以及群体符号，通过社会建构和文化再生产，达成了农民工群体与城市群体符号边界的"内固"和"强化"过程。① 因此，无论在公办学校还是在农民工子女学校，农民工子女当中绝大部分人在初中毕业后直接进入次级劳动力市场，部分学生勉强进入职业高中随后也要进入次级劳动力市场，由此加快了文化再生产到职业选择的转变。

3. 文化再生产与弱势群体教育扶贫

李春玲采用 Mare 升学模型，考察 1940—2010 年城乡人口在各阶段教育机会不平等的变化趋势，发现小学—初中的 9 年教育机会的城乡不平等差别不大，而高中阶段教育机会的城乡不平等仍然在持续上升，大学阶段教育机会的城乡不平等略有上升。中等教育的城乡不平等是目前国内教育分层的关键所在，而初中升入高中的城乡机会不平等是导致农村子弟上大学的概率下降的源头。同时，文章的数据分析结果支持了再生产理论假设。② 社会弱势群体升入高中和大学的机会不平等除了文化资本的影响，升学制度也扮演着重要的角色。弱势群体往往是指那些在社会的经济生活中处于一种无奈的状态，无法与其他群体进行正常的社会竞争，日益被边缘化的人数。孙立平认为弱势群体至少包含三个层面含义：一是在现实生活中处于很不利的状况；二是在市场竞争中处于弱势；三是在社会和政治层面也处于弱势。③ 从以上三个层面来看，进城务工人员及其随迁子女就属于弱势群体。符平、唐有财对民工输出大县湖南省 T 县农村儿童进行调查并做了定量研究，结果表明盛行于当地儿童群体中的是一种"反打工·亲学校文化"的理念，④ 他们整体上对读书和学习仍然

① 潘泽泉：《社会分类与群体符号边界——以农民工社会分类问题为例》，《社会》2007 年第 4 期。

② 李春玲：《教育不平等的年代变化趋势（1940—2010）——对城乡教育机会不平等的再考察》，《社会学研究》2014 年第 2 期。

③ 苑歌：《关注社会弱势群体——访清华大学社会学系教授孙立平》，《中国企业报》2002 年 4 月 12 日。

④ 符平、唐有财：《反打工·亲学校文化现象剖析——农民工输出地儿童认知观问题研究》，《教育发展研究》2011 年第 Z2 期。

持有较高的评价，而倾向于否定、贬低打工的价值和意义。因此，认为无论其未来的社会流动结果表现如何，农民工输出地的儿童将继续抗拒底层再生产，渴望通过教育实现代际向上流动。

但是，进城务工人员在城市劳动力市场当中处于一种附属和次级位置，职业声望低、人力资本低、经济收入处于中下层。如何避免出现第二代贫困或第三代贫困？目前各国对弱势群体的福利政策从物质支持转向教育扶贫。例如美国进步主义政策研究所（现称美国进步中心）提出以"助人自助"策略代替原来的社会福利方式；英国《社区照顾白皮书》强调社会福利提供的"助人自助角色"，加大对弱势群体人力资源方面的投资，而不仅仅是消费类的资助；瑞典也提出"激励导向"（Incentive-oriented）的弱势群体福利政策。根据国内外学者的文献总结概括，教育扶贫对于弱势群体而言，至少有以下几个功效：一是个体层面，直接使得弱势群体获得相关知识和技能，增强其就业能力，提高其经济收入；二是家庭层面，对弱势群体家庭和子女产生"外溢作用"，如改变他们的健康生活观念，共同建立良好的未来教育期望；三是社会层面，阻断贫困的代际传递，把扶贫和扶志、扶智相结合，打赢脱贫攻坚战。

4. 现有研究的局限

国内外关于教育期望的研究主要集中在高等教育阶段，较少研究基础教育阶段。没有把基础教育与高等教育之间的连接桥梁——升学制度纳入教育期望影响模型。而弱势群体难以获得高等教育资源的原因往往是基础教育阶段不利因素的积累和延续。正如学者所言，弱势群体往往输在"转折点"上（中考或高考制度），更是对现实情况的精辟总结。

目前少有文献关注到社会宏观环境尤其是教育政策的改变对政策实施对象教育期望的影响，也缺少从微观、中观到宏观的生态系统视角实证分析它们的影响因素。因此，本书需要进一步考察个体学业成绩、家庭社会资本、学校阶层分隔、社会歧视知觉等变量对教育期望的影响，更需要探究教育政策对以上变量与教育期望的影响及作用机制。

第二节　教育期望的生态系统构建

俄裔美国心理学家尤·布朗芬布伦纳（U. Bronfenbrenner）的生态系统理论（ecological systems theory）认为个体发展始终嵌套于相互影响的一系列环境系统之中，即个体与环境系统的相互作用以及环境系统之间的相互作用共同影响着个体认知、行为等方面的发展。[1] 根据该理论，从里向外分别存在微观系统、中观系统、宏观系统以及贯穿的历时系统。随迁子女与其他青少年一样也处于教育生态系统当中，他们的教育期望也是受到历时系统的变化导致各子系统变化的影响。因此，我们借用生态系统理论，主要从个体微观层面、家庭学校中观层面以及社会政策宏观层面来构建教育期望的生态系统，见图2—4。

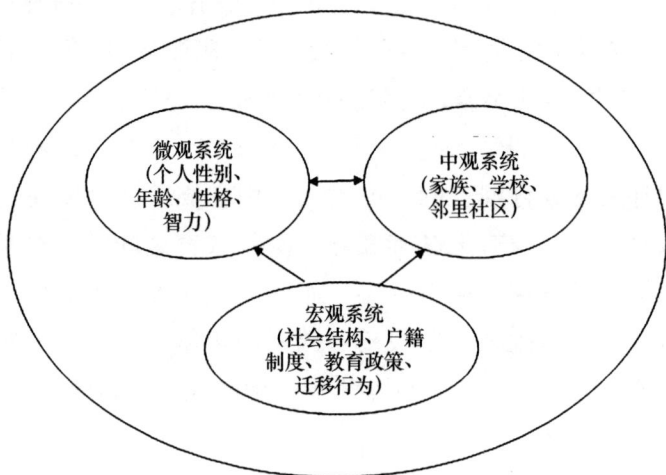

图2—4　教育期望的生态系统

---

① Brooks-Gunn J., The Ecology of Human Development: Experiments by Nature and Design. *Education Forum*, 1979, 46（1）: 117 – 123.

一　微观系统

国内外有关移民个体层面上的研究多以实证研究为主，关注个体的性别、年龄、迁入城市时间等人口学因素，以及个体的性格特质、智力、学业成绩等对其教育期望的影响。

（一）个体的人口学因素

目前国内外文献中关于移民子女教育期望的人口学因素研究，比较集中在性别、年级、子女数量、迁入时间、出生序等方面。

关于不同性别的教育期望，国内外学者们的研究结果往往并不一致。Treiman（1970）首先认为随着现代文明进程，性别不平等将逐渐下降，因为社会经济发展会降低先赋性因素同时提高自致性因素对个体发展的影响。从微观的家庭教育决策来分析，Hannum 辨析了现代化理论和妇女发展理论，认为经济条件越好的家庭，对不同性别子女的教育期望越不明显。[①] 学者认为父母对不同性别的教育期望的差异受到自身职业地位、教育程度等影响，例如杨春华对乌鲁木齐市和长春市进行"家庭教育中父母的教育意识"的问卷调查，调查对象是5—8年级的学生及家长，数据显示父亲是专业技术工作人员，其对男孩达到研究生的教育期望要比女孩高 12.5%；母亲为外资企业工作人员、个体经营者，其对男孩达到本科的教育期望要比女孩高 4.4%、达到研究生教育水平的教育期望比女孩少 12.6%；拥有初中及以下教育水平的母亲，其对女孩达到研究生的教育期望要比男孩高 17.8%。[②] 总体而言，随着时代的变迁、文明的发展以及教育公平理念的渗透，男女性别差异对教育期望的影响将逐渐淡化。

关于就读年级对教育期望的影响，很多文献也给出了不一样的结论。魏勇和马欣根据 CEPS 2013—2014 学年基线调查数据，研究认为中学生自我教育期望在不同年级间存在差异，七年级学生的教育

①　Hannum E. , Market Transition, Educational Disparities, and Family Strategies in Rural China: New Evidence on Gender Stratification and Development. *Demography*, 2005, 42（2）: 275 – 299.

②　杨春华:《教育期望中的社会阶层差异: 父母的社会地位和子女教育期望的关系》,《清华大学教育研究》2006 年第 4 期。

期望水平高于九年级学生。① 但是有更多的学者研究认为子女就读的年级并不显著影响教育期望。李春对广州地区 3—7 岁儿童的父母进行教育期望的调研，数据显示年龄并未对教育期望产生显著影响。② 总体而言，子女就读年级可能并不是教育期望的重要影响因素。

关于子女数量影响长辈的教育期望，可以借用"资源稀释理论"（Resource Dilution）来揭示，即子女数量越少，越有利于家长投入较多的时间、精力和资源，越能形成良好的教育期望。Blake 研究认为子女越多的家庭往往越有可能摊薄有限的教育资源，包括与外界接触的机会，从而降低家庭对子女的教育期望。③ 吴愈晓（2012）利用"2008 年中国综合社会调查"（CGSS 2008）数据，研究发现升学机会的性别不平等与教育层次有关，通常而言教育层次越低，性别不平等越明显；同时性别不平等与子女数量有关，通常而言子女数量越多，性别不平等越明显。④ 由此可见，子女的数量会影响家庭对教育行为的决策。

关于移民迁入时间的长短与他们对新环境的适应状况密切相关，同样也影响着他们自身、父母以及其他长辈教育期望的形成。1996 年沃德等的研究发现迁入者在第一个月和第一年的时候适应水平是最差的，他们认为是因为在最初阶段里的生活变化最大，而获得的资源又最少。⑤ 胡韬研究发现流动儿童的社会融合存在年级差异，总体上呈现出随年级升高而提高的发展趋势。⑥ 也有学者认为并不是随

① 魏勇、马欣：《中学生自我教育期望的影响因素研究——基于 CEPS 的实证分析》，《教育学术月刊》2017 年第 10 期。

② 李春：《父母对 3—7 岁儿童的期望及影响因素分析》，硕士学位论文，华南师范大学，2007 年。

③ Blake J. , Family Size and the Quality of Children. *Demography*, 1981, 18 (4): 421 –442.

④ 吴愈晓：《我国城乡居民教育获得的性别差异研究》，《社会》2012 年第 4 期。

⑤ Ward C. & Kennedy A. , *Crossing Cultures: The Relationship Between Psychological and Sociocultural Dimensions of Cross-cultural Adjustment*. New Delhi: Sage, 1996: 89 –95.

⑥ 胡韬：《流动少年儿童社会适应的发展特点及影响因素研究》，硕士学位论文，西南大学，2007 年。

时间增长而递增的，而是有一个先高后低再稍高的曲线过程，[①] 例如刘杨等认为流动儿童在城市的适应过程就经历了"兴奋与好奇""震惊与抗拒""探索与顺应"和"整合与融入"四个发展阶段。[②] 但是，刘庆和冯兰调查4—9年级的流动儿童，发现随着在城市生活时间的延长，他们逐渐习惯城市的教育生活，建立了良好的教育期望。[③]

　　总体而言，不同的研究者由于调查取样的对象不同、研究的方法不同、测量的维度不同，造成目前关于移民子女性别、就读年级、子女数量以及迁入城市时间与教育期望形成之间关系的不一致结论。

（二）子女的性格特质

　　国内外学者普遍认为移民个体的性格特质在其社会融入过程中具有重要的作用，能够影响其受教育的期望、心理健康水平等。沃德（Ward）等提出人与环境存在着交互作用，在很多情况下旅居者的人格与当地文化群体是否"适合"，能预测其社会适应状况，包括接受教育的状况。[④] 社会心理学认为如果移民有动机去维护自己的自尊，就会千方百计地获得积极的自我形象。王中会等选取7—16岁流动儿童，探讨积极心理品质（包括智慧、勇气、仁爱、公正、节制、超越6个维度）与学校适应的关系，认为积极心理品质对环境适应各维度分数的变异率的解释范围为17%—26%。[⑤] 林铮铮对福建地区流动儿童进行相关分析和回归分析，以探究流动儿童心理资

---

　　① 孟艳俊：《流动儿童社会融入状况的比较研究》，硕士学位论文，首都经济贸易大学，2008年。

　　② 刘杨、方晓义、蔡蓉等：《流动儿童城市适应状况及过程——一项质性研究的结果》，《北京师范大学学报》（社会科学版）2008年第5期。

　　③ 刘庆、冯兰：《流动儿童社会融合的结构、现状与影响因素》，《中国青年政治学院学报》2014年第6期。

　　④ Ward C. & Chang W. C., Cultural Fit: A New Perspective on Personality and Sojourner Adjustment. *International Journal of Intercultural Relations*, 1997, 21 (4): 525 –533.

　　⑤ 王中会、徐玮沁、蔺秀云：《流动儿童的学校适应与积极心理品质》，《中国心理卫生杂志》2014年第2期。

本与学校适应性的关系，结果显示流动儿童总体心理资本水平可以解释其学校适应性 20% 左右的方差变异。[①] 总体而言，国内外现有文献表明子女的性格特质与其社会融入、学校适应存在一定的相关性，但是与教育期望的直接关系的研究还比较少。

（三）子女的个人智力和学业成绩

Sewell 和 Shah 研究发现：个人智力对教育获得有直接影响，同时教育期望对教育获得有显著的间接影响（调节作用）。[②] Goyette 和 Xie 从全国教育纵向研究数据分析亚裔美国高中生教育期望的影响因素和种族差异，研究发现学生的学术能力是影响他们教育期望的主要因素之一。[③] Sanders 等对 80 名高中毕业生进行调查问卷，发现个体的学业成绩与教育期望之间存在显著的正相关，相关系数 $r = 0.60$，同时认为学业成绩与教育期望之间互为因果关系。[④] 总体而言，国内外现有文献显示子女的个人智力、学业成绩与其教育期望存在一定的正向相关性。

国内外学者较多地把移民子女个体的性别、年级、个人智力等因素纳入教育期望的作用模型，但是较少考虑个体的学业成绩，这无疑也为本书解释随迁子女教育期望提供了新的视角。从生态系统理论的微观系统出发，探讨异地高考政策认可对个体学业成绩与教育期望之间的调节作用，将填补教育政策认同如何影响个体学业成绩与教育期望之间的研究空白。

二　中观系统

根据国内外的文献分析，中观层面对教育期望的影响是学者关

---

① 林铮铮：《流动儿童心理资本、社会身份认同与学校适应性的关系研究》，硕士学位论文，福建师范大学，2014 年。

② Sewell W. H. & Shah V. P. , Parents' Education and Children's Educational Aspirations and Achievements. *American Sociological Review*, 1968, 33（2）：191 – 209.

③ Goyette K. & Xie Y. , Educational Expectations of Asian-American Youth: Determinants and Ethnic Differences. *Sociology of Education*, 1999, 72（1）：22 – 36.

④ Sanders C. E. , Field T. M. & Diego M. A. , Adolescents' Academic Expectations and Achievement. *Adolescence*, 2001, 36：795 – 802.

注较多的研究视角，包括家庭层面（家庭社会经济地位、父母受教育程度、亲子关系、家庭进城务工行为），学校层面（学校的类型与阶层、教师的期望与态度、同伴群体关系）。中观层面对随迁子女教育期望的影响，既有偏重实证调查的研究，也有偏重政策内容的研究。

（一）家庭层面

1. 家庭社会经济地位

在国外社会学领域早期的研究文献中，家庭社会经济条件（Socio Economic Status，SES）是影响家长教育期望的研究热点。一般以家庭的收入、家庭劳动力的教育程度以及劳动力的职业作为一个整体进行考量。家庭社会经济地位越高的父母，一般对子女的教育期望也越高。斯威尔（Sewell）等随机选择威斯康星高中毕业生相关数据，探究家庭社会经济地位、个人智力对高等教育获得的影响，结果表明这两个因素对教育期望、大学入学率和大学毕业率都有直接影响。[1] Goyette 和 Xie 根据全国教育纵向研究数据分析亚裔美国高中生教育期望的影响因素和种族差异，发现良好的家庭社会经济背景特征、有利于教育的家庭文化价值观是影响教育期望的主要因素。[2] Zhan 通过分析全国青年调查数据，探讨家庭资产、教育期望、教育参与以及子女教育成就之间的关系，结果表明家庭资产与子女的数学和阅读成绩呈正相关；家庭资产也与他们的期望和教育参与呈正相关。[3] 总体而言，可能的原因是高社会经济地位家庭的子女比低社会经济地位家庭的子女，更有经济和文化资本去发展认知能力，更有机会接触优质教育资源。

2. 父母受教育程度

家庭缺失论（Family Deficiency Theory）认为父母受教育水平低

---

[1] Sewell W. H. & Shah V. P., Socioeconomic Status, Intelligence, and the Attainment of Higher Education. *Sociology of Education*, 1967, 40 (1): 1 – 23.

[2] Goyette K. & Xie Y., Educational Expectations of Asian-American Youth: Determinants and Ethnic Differences. *Research Reports*. Ability, 1997, 72 (1): 32.

[3] Zhan M., Assets, Parental Expectations and Involvement, and Children's Educational Performance. *Children and Youth Services Review*, 2006, 28 (8): 961 – 975.

下往往会导致家庭缺少重视子女教育的传统或观念，导致父母较少参与子女教育，也形成不了良好的教育期望。Stephanie 等比较了在美国的古巴裔、波多黎各裔和墨西哥裔青少年的教育期望，发现父母受教育程度、家庭收入等与他们的教育期望和抱负成正比①。Kleinjans 研究认为父母的教育程度和家庭收入从不同的机制影响了不同性别的教育期望。② 杨春华对乌鲁木齐市和长春市进行了"家庭教育中父母的教育意识"问卷调查，调查对象是5—8 年级的学生及家长，数据显示父母的学历与孩子的教育期望呈现较高的相关性；在期望孩子研究生学历中，不论父亲还是母亲，随着自身学历的增高，对孩子学历的期望值在上升；在大学学历的期望中，随着父母学历的增高，期待值在减少。③ 杨威选择北京某区12 所公立学校和7 所流动儿童学校的1357 名学生进行调查，显示父母亲受教育程度对教育期望均呈现出显著的作用，且父母亲的受教育程度越高，其教育期望也就越高。④ 总体而言，可能的原因是教育程度越高的父母，其家庭社会资本和文化资本越多，能够为子女形成较高的教育期望提供便利。

3. 亲子关系

国内外研究表明亲子关系在个体成长过程中是很重要的人际关系，也对随迁子女的教育期望有一定影响。周皓提出，母子间积极的分享、父子间的彼此顺从显著预测了儿童的自我控制能力，是教育期望产生和维持的重要机制。⑤ 安雪慧对甘肃省20 个县的2000 个样

---

① Stephanie A. B., Monica K. J. & Bridget K. G., College Aspirations and Expectations among Latino Adolescents in the United States. *Social Problems*, 2006, 53 (2): 207–225.

② Kleinjans K. J., Family Background and Gender Differences in Educational Expectations. *Economic Letters*, 2010, 107 (2): 125–127.

③ 杨春华:《教育期望中的社会阶层差异：父母的社会地位和子女教育期望的关系》,《清华大学教育研究》2006 年第4 期。

④ 杨威:《流动儿童家庭教育期望的影响因素探析——基于北京市某区的问卷调查》,《西北人口》2012 年第2 期。

⑤ 周皓:《流动儿童社会融合的代际传承》,《中国人口科学》2012 年第1 期。

本进行分析，发现父母与子女的交流频率能够显著影响子女的教育期望。① Zhan 通过分析全国青年调查数据显示亲子关系与教育期望、教育参与呈正相关。② 高利文利用"人口迁移与儿童发展的跟踪调查"2008 年第四轮数据，运用交互分析法和 Logistic 回归模型着重探讨了家庭经济资本、文化资本和社会资本对于流动儿童教育期望的影响，研究结果表明家庭社会资本中的亲子关系这一变量在家长是否期望孩子上大学上是统计显著的，具体来说，亲子关系越亲近，家长越期望孩子上大学。③ 总体而言，父母能够倾听子女的声音，同时子女也能了解和体会父母的教育期望。这种双方开放式的亲子沟通可以双向反馈、调整期望水平，期望的价值才会实现。

4. 家庭进城务工行为

进城务工人员的进城行为对随迁子女教育期望的总体影响是积极的还是消极的？大部分学者都认为进城务工人员之所以背井离乡，到城市打工，一方面是为了获得更好的经济来源，另一方面是为了孩子能获得更好的教育。国内有些学者对此的解释是我国现阶段来自城市和乡村的家庭在思想观念、经济收入、社会参与、行为模式等方面存在较大差异。④ 钟一彪和李娜娜认为农村家庭的进城务工行为使得他们深切感受到了城市先进制造业、现代服务业以及城市生活的网络化、信息化对掌握高等教育知识的重要性，重新认识了教育的价值。⑤ 由此也逐渐形成了对其子女较高的教育期望，并且愿意提供精力和经济上的支持。

当然也有学者认为进城务工对子女教育期望形成有负面影响。

---

① 安雪慧：《教育期望、社会资本与贫困地区教育发展》，《教育与经济》2005 年第 4 期。

② Zhan M., Assets, Parental Expectations and Involvement, and Children's Educational Performance. *Children and Youth Services Review*, 2006, 28 (8): 961–975.

③ 高利文：《家庭背景因素对流动儿童教育期望的实证影响分析——以北京市石景山区为例》，硕士学位论文，北京大学，2010 年。

④ 文军：《农民市民化：从农民到市民的角色转变》，《华东师范大学学报》（哲学社科版）2004 年第 3 期。

⑤ 钟一彪、李娜娜：《外来工子女留守与流动的教育状况比较》，《南方人口》2009 年第 1 期。

一个原因就是近几年高校开设专业和课程与市场需求对接度不够，劳动力市场结构失衡，造成了高校毕业生就业困难，出现了高校毕业生与城市打工收入较为接近的现象。[①] 另一个原因是很多城市并没有对没有户籍的进城务工人员随迁子女开放异地中高考或者设立了难以企及的门槛。这些都造成了部分进城务工家庭对其子女教育期望的降低。何雪松等调查了进城务工人员比较集中的上海市等四个区域，分析数据证实"让子女获得更好的教育"始终是他们决定进城务工的最重要考量因素之一。[②] 叶静怡等基于 2010 年中国家庭追踪调查（CFPS）数据，分析发现进城务工人员家庭对子女完成高等教育的教育期望概率，比非进城家庭高出 12.13%。数据证明家庭进城务工的行为对子女教育期望的总体影响是积极的。同时，数据显示进城务工带来的收入提高是家庭改变对其子女教育期望的一个传导机制。[③] 当然，进城务工行为与子女教育期望是一对互为因果的关系，即家庭对子女教育期望较高，才会更加促动他们选择进城务工以获得城市更好的教育；同时，进城务工行为给家庭带来了较高的经济收入、接受教育的理念得以改变，更有利于建立起较高的教育期望。

（二）学校层面

学校是随迁子女在城市生活时间最多的场所，是与当地学生交流的重要场所，也是他们认识城市社会的窗口，可以说是他们社会化的重要阵地。学校环境中有诸多因素直接或间接影响了子女的教育期望。

1. 学校的类型与阶层

1966 年著名的"科尔曼报告"（*Coleman Report*）指出，相比学

---

① 吴克明、王平杰：《大学毕业生与农民工工资趋同的经济学分析》，《中国人口科学》2010 年第 3 期。

② 何雪松等：《城乡迁移与精神健康：基于上海的实证研究》，《社会学研究》2010 年第 1 期。

③ 叶静怡、张睿、王琼：《农民进城务工与子女教育期望——基于 2010 年中国家庭追踪调查数据的实证分析》，《经济科学》2017 年第 1 期。

校的硬件设施等因素，学校的阶层构成是影响其学生学习成绩的重
要因素，阶层构成与学业成就之间存在更强的相关性。① Willms 调查
20 世纪 70 年代末苏格兰学校的社会经济组成（SES），以考察苏格兰
学校基层组成与学生成绩之间的关系，采用多元回归分析显示学校
的 SES 同样显著影响学生的教育期望。② Palardy 利用 2002 年教育纵
向研究的数据，探讨高中时社会经济隔离与学生成就的关系以及这
些关系的机制，研究结果表明高中的社会经济隔离与高中毕业、大
学录取率有着密切的关系；控制相关因素，高社会经济成分学校的
学生录取四年制大学的比例比低社会经济成分学校的学生高出 68%；
中介效应检测表明，学校社会经济成分和学生学业成就之间的关联
更多地归因于同伴的影响，而在低社会经济成分学校，这种影响往
往是负面的。③ 高利文利用"人口迁移与儿童发展的跟踪调查"2008
年第四轮数据，显示各类家长对于子女都有着较高的教育期望。具
体而言，当地学生家长对于孩子的教育期望高于公立学校的流动儿
童家长，公立学校的流动儿童家长的教育期望高于民办学校的流动
儿童家长，这在一定程度上反映了流动人口家长在子女教育期望方
面处于劣势。④ 杨威利用"人口迁移与儿童发展的跟踪研究"的基期
数据，选择北京某区 12 所公立学校和 7 所流动儿童学校的 1357 名学
生进行调查，显示公立学校中的本地儿童与流动儿童之间的教育期
望不存在显著差异，但是民办学校中的流动儿童教育期望明显低于
前两类儿童。⑤ 总而言之，在社会经济优势阶层学生比例较高的学校

① Coleman J. S. et al., Equality of Educational Opportunity. *Educational Leadership*, 1966, 6
(5): 19 – 28.

② Willms J. D., Social Class Segregation and Its Relationship to Pupils' Examination Results in
Scotland. *American Sociological Review*, 1986, 51 (2): 224 – 241.

③ Palardy G. J., High School Socioeconomic Segregation and Student Attainment. *American Educa-
tional Research Journal*, 2013, 50 (4): 714 – 754.

④ 高利文：《家庭背景因素对流动儿童教育期望的实证影响分析——以北京市石景山区为
例》，硕士学位论文，北京大学，2010 年。

⑤ 杨威：《流动儿童家庭教育期望的影响因素探析——基于北京市某区的问卷调查》，《西
北人口》2012 年第 2 期。

就读，能获得更好的教育期望、学业成绩和升学机会；而那些集中了大量社会底层学生的学校，则对其教育期望、学业成绩皆有负面影响。

2. 教师的期望与态度

有关教师期望（Teachers' Expectation）的研究可以从1968年美国心理学家罗森塔尔和雅各布森所做的著名的皮格马利翁课堂实验开始。该实验大致内容如下：教师对某些学生寄予厚望，总通过各种言语或非言语表达出来；学生受这些期望的激励和鼓舞，信心倍增，其自我期望和行为表现越来越接近教师期望，最终使期望得以实现，亦称罗森塔尔效应或期待效应。之后国内外的教育学家、心理学家纷纷针对教师期望与学生学业成绩影响的效果及其两者之间的相关性、教师期望的影响因素等方面做了不少的研究，当然也有学者怀疑这种效应是否真的存在。关于教师期望的定义，大致可以概括为教师在对学生认识的基础上产生的行为结果的某种预测性认知，是一种情感效应，通过激发学习动机会对学生的心理发展、行为养成产生深远的影响。

那么哪些因素会影响教师对学生的期望呢？布朗、罗杰斯等认为影响教师期望的因素主要有以下几个方面：学生的个性特征（例如性格内向的学生往往不容易引起教师的注意，但是一旦教师给予他们期望，他们会更敏感，更能体会教师期望，产生更好的期望效应）；学生的性别（例如教师普遍对男生的理科成绩抱有较高的期望）；教师的教学观念（认为"教师的作用是促进学生社会化"的教师，往往比较关注全体学生的各方面表现，容易对学生抱有良好的教育期望）；学生的家庭社会经济地位以及学生测试的结果，其中最重要的因素是测试的结果。[①] 教师对学生的期望在很大程度上取决于学生的学习成绩和行为能力。张阳阳和谢桂华利用CEPS数据，分析班级组织结构和班级氛围对学生教育期望的影响，发现班级班主任的学历达到本科的班级要比班主任学历为专科的班级，其学生的教

① 宋广文、王立军：《影响中小学教师期望的因素研究》，《心理科学》1998年第1期。

育期望高 0. 52 年；班主任的教龄则与学生的教育期望呈现先升后降的抛物线形状，这可能与教师职业倦怠有关。[①] 另外社会环境、教师待遇、学校氛围都会影响教师的期望。教师能够得到社会的尊重、获得良好的待遇都能使教师心情舒畅，能关心和爱护学生，能给每一个学生适当的教育期望，这种教育期望也能发挥最大的功效，促进学生形成良好的教育期望。

3. 同伴群体关系

根据国外的经验研究和同伴群体效应理论（Peer Group Effect），学校阶层和同伴关系对教育期望有显著效应。布朗（Brown）对同伴群体的定义是具有相似背景、年龄和兴趣的社会群体，可以是以荣誉和共同观念为基础进行活动的集群，也可以是以友谊为基础的群体。Donald 对美国加利福尼亚州的黑人和白人学生进行调查，发现同辈群体的组成状况会对其成员的成绩产生显著影响，提出同辈群体间的互动可以传递社会规范、价值观甚至是学习技能，并对互动者的认知发展、学习态度及教育期望产生影响。[②] Alessandra 和 Barban 调查居住在意大利的八年级移民儿童，研究其短期教育期望（short-run educational expectations）和长期教育愿望（long-term educational aspirations）的状况和影响因素，发现在一个学校中的大多数意大利本国学生有很高的教育期望，那么在该校就读的移民子女也会具有较高的教育期望。[③] 同时也有学者认为优势阶层的比例越高、阶层异质性越大的学校，其学生的教育期望越高。尚伟伟对郑州等地 3714 名中小学随迁子女进行调查，发现同伴关系显著影响随迁子女的学业水平（$\beta = 0.180$，$P < 0.01$），表明同伴关系每增加一个单

---

① 张阳阳、谢桂华：《教育期望中的班级效应分析》，《社会》2017 年第 6 期。

② Donald R. W. , Educational Achievement and School Peer Group Composition. *The Journal of Human* Resources，1975，10（2）：189 – 204.

③ Alessandra M. & Barban N. , The Education Expectations of Children of Immigrants in Italy. *The Annuals of the American Academy of Political and Social Science*，2012，643（1）：78 – 103.

位，其学业水平将提高 0.180 个单位。[1] 吴愈晓和黄超使用"中国教育追踪调查"2013—2014 年数据，以 7—9 年级学生为调查起点，探讨我国初中学校的阶层分割状况及其对学生教育期望的影响，分析认为阶层构成决定了其个体将与何种类型的同辈进行交往，即在优势阶层较多的学校中，其越有可能与同样优势阶层进行互动；相反，弱势阶层比较集中的学校，大多数人存在无心向学乃至不良行为，对其成员的教育期望和教育结果产生消极影响。[2] 总而言之，大量经验研究都已证明，同辈群体的阶层多样性或异质性越大，越能对群体成员产生较高的教育期望，这是一个非常稳健的规律。

三　宏观系统

除了上述微观系统和中观系统，随迁子女的教育期望还会受到相对更为宏观的系统影响。这一层次的教育期望往往出现在政策研究中，将教育作为某个国家、某个地区消灭贫困、提高人力资源的政策手段或目标。不同的文化背景、不同的时代要求、不同的教育政策都会影响随迁子女自身、父母和教师的教育期望。20 世纪 90 年代开始，加拿大、欧盟和拉丁美洲等国家和地区的国际组织开始关注促进移民教育程度提升的宏观社会政策分析。[3] 国内有关进城务工人员的社会政策很多，但是本书的研究对象是随迁子女教育期望，因此主要分析国内有关随迁子女教育的宏观社会结构、户籍制度、教育政策等影响因素。

（一）宏观社会结构

我国自改革开放以来，社会发生了全方位和多层次的变迁，进入快速变化的"社会结构转型"时代，出现了大量流动人口进入城

---

[1]　尚伟伟：《进城务工人员随迁子女的学业成就及其影响因素——基于多层次线性模型（HLM）的分析》，《基础教育》2015 年第 6 期。

[2]　吴愈晓、黄超：《基础教育中的学校阶层分割与学生教育期望》，《中国社会科学》2016年第 4 期。

[3]　悦中山、杜海峰、李树茁、费尔德曼：《当代西方社会融合研究的概念、理论及应用》，《公共管理学报》2009 年第 2 期。

市的现象。随着户籍制度改革的推进，有学者认为户籍壁垒日益松动，社会流动逐渐频繁，刚性的社会结构开始向弹性的社会结构转化，传统的二元社会结构理论已经很难解释当今社会出现的现实问题，提出了"三元社会结构"概念。所谓"三元社会结构"是指在传统的城市居民和农村居民之间出现了新的一元，即流动人口，他们既不同于城市居民，也不同于农村居民，且数量巨大。这个第三元群体的特质是，与农村居民相比，已经占有一定的城市资源，但是与城市居民相比，占有的资源又十分有限，属于被排斥在正式的城市居民之外的非正式城市群体。① 也有学者认为正是过去那种限制农民、歧视农民，并且从农民身上获取剩余的制度一直被变相地使用着，致使大量的农民工不能按照市场规律自然而又正常地转移到城市，从而导致社会上的三元结构。② 总而言之，这种宏观社会结构使得社会所能提供的成功机会和资源，与人们想要获得的教育期望之间产生一种不平和，出现了"结构紧张"。

（二）现有户籍制度

长期以来我国的户籍制度根据地理位置和血缘继承关系分为城镇户口和农村户口，这种被称为"城乡二元"的户籍制度，在城镇和农村之间犹如建立了一道高墙，隔离了城乡之间的关系，对公民身份进行了歧视性的等级分界，从而也造成了"城乡二元"的社会结构。李丁认为尽管目前进城务工人员有着强烈的城市化愿望，他们适应城市生产和生活的速度也很快，但是市民化的机会却不一定有所增长，其中的一个主要原因是升学（主要是读大学）这一最重要的途径受到了严重的限制。因此，高等教育学历对获得非农户籍的影响继续得到强化。③ 户籍制度带来的职业隔离以及升学机会影响着移民子女的教育期望。吴晓刚和张卓妮基于中国 2005 年 1% 人口

① 李强：《农民工与中国社会分层》，社会科学文献出版社 2004 年版，第 387—388 页。

② 徐明华、盛世豪、白小虎：《中国的三元社会结构与城乡一体化发展》，《经济学家》2003 年第 6 期。

③ 李丁：《有限机会的公平分配——中国农民子女市民化的水平与模式》，《社会》2014 年第 4 期。

抽样调查大样本数据，研究表明人们通常观察到的农民工收入低于城镇当地工人的现象主要可归因于以户口为基础的职业隔离，而非同工不同酬的劳动力市场中的直接歧视。[①] 魏勇和马欣根据 CEPS 2013—2014 学年基线的调查数据，研究发现中学生的自我教育期望在农业户口与非农业户口之间存在差异。[②] 总而言之，户籍制度在随迁子女高中和大学的升学机会上扮演重要"拦路虎"的角色，是影响他们教育期望的重要环境因素。

（三）相关教育政策

教育政策问题是有关随迁子女社会政策中比较关键的问题，对教育政策本身的完善和随迁子女的社会融入具有重要意义。在教育政策的限制或起始阶段，学者一般都认为这个阶段的教育政策体现了城市人的排斥、歧视以及傲慢，不利于进城务工人员及其随迁子女融入城市社会。在教育政策的发展或认可、重视阶段，学者一般认为尽管政策的价值取向开始转向外来人口，但是城市立法者仍然缺乏理性的思考，再加上对政策缺乏必要的监督、奖惩机制，随迁子女平等受教育权并没有得到很好地实现。同时，方巍还认为随迁子女的问题如果得不到很好的解决，今后有可能出现社会越轨行为、贫困代际传递，无疑给和谐社会带来重大挑战。国家教育政策应该是更加体现社会问题防范功能的发展型社会政策，关注促进随迁子女社会融入的各个领域，同时要重视民间力量与非政府组织在政策制定中的作用。[③] 国内学者杨春华调查乌鲁木齐市和长春市部分学校5—8 年级的学生及家长，两个城市在经济上、政治上的差异不大，但是统计数据显示两地父母对子女教育期望的差异较大，究其原因可能是两地高等教育录取数量上巨大的差异，1999 年的新疆高等教

---

① 吴晓刚、张卓妮：《户口、职业隔离与中国城镇的收入不平等》，《中国社会科学》2014年第 6 期，第 118—140 页。

② 魏勇、马欣：《中学生自我教育期望的影响因素研究——基于 CEPS 的实证分析》，《教育学术月刊》2017 年第 10 期。

③ 方巍：《农民工子女的城市社会融合——发展型社会政策视野下的杭州市个案分析》，《浙江工业大学学报》（社会科学版）2012 年第 4 期。

育录取率为 37.1%，而吉林省的则达到了 82.2%。① 吕慈仙研究显示异地高考政策显著影响着随迁子女的城市文化适应；调节效应检验显示异地高考政策在随迁子女歧视知觉与校园文化适应、社区文化适应、风俗习惯语言适应等维度之间起到调节作用。② 宋映泉等对北京市 1866 名流动儿童学生长期跟踪调查分析认为北京市以户籍为基础的高考政策造成了这一群体的低教育期望。③ 正是这些教育政策影响着移民子女的社会融入、教育期望以及城市文化适应等状况。在教育政策的完善阶段，国家需要从全局角度考虑弱势群体的教育问题，更多考虑他们的"发展型"需求，而不仅仅是"保障型"需求。

总而言之，从长远来看人力资源强国的建立不仅需要关注当地的户籍人口，更需要关注进城务工人员及其子女等移民子女在城市的融入状况以及是否建立起良好的教育期望，因为这些都将影响他们的最终教育获得。目前有关随迁子女教育期望的研究往往停留在表面的、阐释性的分析，缺少联系微观、中观以及宏观的生态系统，缺少大规模的访谈调查以及实证数据分析，缺少探究教育政策认同与教育期望的关联度。当然，这正是本书研究与探讨的价值所在。

第三节　随迁子女教育期望的概念与维度

美国社会心理学家查尔斯·库利（Charles Cooley）在 1902 年出版的《人类本性与社会秩序》中提出了"镜中我"概念，认为自我期望是在与社会他人的互动过程中形成的产物，个体对自己的认识

---

① 杨春华：《教育期望中的社会阶层差异：父母的社会地位和子女教育期望的关系》，《清华大学教育研究》2006 年第 4 期。

② 吕慈仙：《异地高考政策是否削弱了歧视知觉对随迁子女城市文化适应的负面影响？——基于国内若干个大中型城市的调查分析》，《教育发展研究》2016 年第 23 期。

③ 宋映泉、曾育彪、张林秀：《打工子弟学校学生初中毕业后流向哪里？——基于北京市 1866 名流动儿童学生长期跟踪调研数据的实证分析》，《教育经济评论》2017 年第 3 期。

和评价，其实质是反映他人对自己的看法。[①] 借用费孝通先生的话，每个人对自己的自我期望和认同就是通过"我看人看我"的方式形成的。随后，乔治·米德（George Mead）在此基础上提出了符号互动论（symbolic interactionistic perspective）。他认为个体离开了社会群体就不可能形成自我概念，而自我概念的形成是一个社会化的过程，是社会中"重要他人"对自己期望的内化过程。同时，他认为弱势群体更容易受积极教育期望的影响。这可能是因为给予那些总被贬低、污名的弱势群体积极的期望，就像突然给予新鲜空气，往往带给他们前所未有的触动。"镜中我"概念和符号互动论为我们揭示随迁子女的教育期望提供了借鉴。

一 随迁子女教育期望的概念和形成过程

教育期望通常指个人在社会地位取得过程中，建立在对未来事业成功之价值判断与期待，并内化成愿意投入精力与努力的主观认知，进而展现出实际的教育行动上。正如同"镜中我"的形成过程：（1）"自我设想"阶段：个体自我设想自己在他人心目中的形象；（2）自我定义阶段：个体自我定义他人心目中的自己形象会得到怎样的判断和评价；（3）"自我概念"阶段：由前两个阶段而形成的自我概念。[②] Rodman 和 Voydanoff 从心理学视角考察了底特律 436 名黑人家长的教育期望和职业抱负之间的关系，认为教育期望是指个人未来所期望达到的最高之教育目标，同时具备性情上的重要性和知性上的可能性。[③] 同年，Spenner 和 Featherman 从社会学视角认为教育期望是一个人在社会地位取得过程中，随着其所扮演的角色，依据其对未来事业成功的价值判断与期望，将其内化成为主观的认知，

---

① 严爽：《以微信朋友圈的自拍照为例剖析库利的"镜中我"的形成》，《科技风》2015年第 19 期。

② 同雪莉：《留守儿童抗逆力生成研究——整合定性和定量的多元分析》，博士学位论文，南京大学，2016 年。

③ Rodman H. & Voydanoff P. , Socioal Class and Parents's Range of Aspirations for Their Children. *Social Problems*, 1978, 25（3）: 333 – 344.

并且表现出实际的教育行动。[①] 胡咏梅和杨素红把教育期望定义为"个体基于过去经验和当前刺激而对本人或他人完成学校教育层级的预料或预想，既是一种认知变量，又是一种信念、价值或动机"。[②]

本书的"随迁子女教育期望"是指随迁子女基于客观现实条件以及自身或他人经验所形成的主观认知，对努力之后可能实现的某些教育结果的信念和愿望（包括学历、品德、人际关系、社会成就等）。而这些信念和愿望的形成过程一方面是通过在与父母、教师、同伴等重要他人的交互过程中，从语言、态度以及行为中直接或间接感知到；另一方面也受到了来自各个层面的影响，例如个体层面的学业成绩，中观层面的家庭社会资本和学校阶层隔离以及宏观层面的社会歧视知觉等。

二　随迁子女教育期望的维度

长久以来，中国的传统文化认为"万般皆下品，唯有读书高"。因此，早期对教育期望的探讨，基本集中在"学业成绩""未来学历"。林俊莹认为教育期望是一维的，主要集中在学业表现上，即未来学历上的最高期望。[③] 王甫勤等抽取了 1300 个家庭，把父母和个人的教育期望设定为学历期望，即"是否希望将来上大学"[④]。严骏夫（2014）对河南省 504 个 11—18 岁的农村留守儿童进行教育期望的研究，认为可以分为教育预期和教育期待两个维度，分别用"你希望自己在学业上达到什么程度？"和"你觉得自己能够在学业上达

---

① Spenner K. I. & Featherman D. L. , Achievement ambitions. *Annual Review of Sociology*, 1978, 4（4）: 373 –420.

② 胡咏梅、杨素红：《学生学业成绩与教育期望关系研究——基于西部五省区农村小学的实证分析》，《中天学刊》2010 年第 6 期。

③ 林俊莹：《国小学生家长的子女教育期望、民主参与态度与参与学校教育行为关联性之研究》，硕士学位论文，台东师范学院，2001 年。

④ 王甫勤、时怡雯：《家庭背景、教育期望与大学教育获得基于上海市调查数据的实证研究》，《社会》2014 年第 1 期。

到什么程度？"来测量。① 近些年来，越来越多的学者将品德、人际关系、社会地位等社会适应能力纳入教育期望的范畴。如侯世昌提出教育期望一方面体现为学业成就的期望（如学习成绩、最高学历等）以及未来社会成就的期望（如职业类型、社会地位等）；另一方面体现为品德修养的期望（如道德观念、行为习惯等）以及人际关系的期待（如在学校受欢迎程度）②。李春认为应该包括近期期望，如身心素质、学业成绩、生活自理、社会交往以及特长优势等；远期期望，如未来教育层次、未来职业地位以及价值观等。③ 杨大龙提出父母对孩子在学业上、社会成就上、品德表现及人际交流上等维度的期望；④ 纪淑玲认为教育期望包括学业成绩表现、未来社会成就、品德及人际关系等维度。⑤ 李璧伶提出生活适应、社会关系、学业成就、职业规划、品德表现等维度。⑥ 刘慧华认为教育期望包括学业表现、未来成就、人格发展、人际关系等维度。⑦ 黄凤珍也提出教育期望包括学业表现期望、未来成就期望、品德及人际关系期望。⑧

通常而言，每一位随迁子女的父母或教师对随迁子女的教育期望或高或低、或简单或复杂，没有绝对的统一的标准。考虑到随迁子女不同于城市同龄学生，其生存状况更加受到社会环境、政策环境

---

① 严骏夫：《文化生产视域下农村初中生教育期望研究——基于河南省调查数据的实证分析》，硕士学位论文，华东理工大学，2014 年。

② 侯世昌：《国民小学家长教育期望、参与学校教育与学校效能之研究》，博士学位论文，"国立"台湾师范大学，2002 年。

③ 李春：《父母对 3—7 岁儿童的期望及影响因素分析》，硕士学位论文，华南师范大学，2007 年。

④ 杨大龙：《台中市国小资优生家长教育期望及参与家庭学习之研究》，硕士学位论文，"国立"台湾师范大学，2009 年。

⑤ 纪淑玲：《国民小学家长教育期望、教育改革满意度及其子女补习行为关系之研究》，硕士学位论文，逢甲大学，2011 年。

⑥ 李璧伶：《中部地区国小资源班学生家长对子女教育期望与参与子女学习活动之相关研究》，硕士学位论文，"国立"嘉义大学，2011 年。

⑦ 刘慧华：《屏东县国小教师子女教育期望与才艺学习态度关系之研究》，硕士学位论文，"国立"屏东教育大学，2013 年。

⑧ 黄凤珍：《台中市国民小学家长教育期望与教育选择权之研究》，硕士学位论文，东海大学，2017 年。

的影响。除了学业和未来成就的期望，品德、人际关系等社会适应能力方面更是期望关注的焦点。因此，本书参考国内外文献把随迁子女教育期望分为四个维度，分别是学业表现、品德表现、人际交往、社会成就，具体说明如下：学业表现维度，一般指随迁子女在学习态度、学习成绩以及最高学历等方面的期望；品德表现维度，一般指随迁子女在公民行为习惯、思想品德、道德观念等方面的期望；人际交往维度，一般指随迁子女与当地人的人际互动、交友状况等方面的期望；社会成就维度，一般指对随迁子女在未来职业类别、职业地位以及社会地位等方面的期望。

第四节　异地高考政策认同与教育期望的关联

一　教育期望模式

（一）父母的教育期望模式

侯世昌（2002）提出的父母教育期望可以分为七个阶段，分别是：

（1）子女行为表现：学生因不同个体情况，比如性别、年龄、出生次序、智力水平、学业成绩，影响着他们各方面的行为表现。

（2）父母感知行为：子女的行为表现被其父母所感知。

（3）父母教育期望：对于子女的行为表现，父母会对子女形成一定的教育期望，但是期望往往受到父母自身经验、教育程度、职业类型以及社会地位等因素的影响。

（4）父母教育行为：父母因对其子女产生了教育期望而表现出一定的行为与态度，开始注重与子女、子女的教师以及子女同学的父母之间的互动。

（5）子女感知行为：当父母的态度、行为被子女所感知，并且认为与自己的教育期望相吻合，就会使得双方之间的互动更为频繁。

（6）子女教育期望：学生熟知父母对自己的教育期望后，会影响自己的自我概念、激励水平，逐渐形成自己的教育期望。

（7）父母教育期望的应验：父母的教育期望与学生的教育期望、实际行为表现或学业成就相吻合，即表示父母的教育期望应验了。

反之，若两者非常不相符，则表示家长需要重新考察其对子女的教育期望是否不切实际，是否需要调整。

（二）教师的教育期望模式

Darley 和 Fazio 提出教师—学生双层面的互动期望模式，[①] 分为六个阶段：

（1）学生行为表现：学生因不同的个体情况，如性别、年龄、智力水平等；不同的家庭背景，如父母受教育程度、父母教育期望等；不同的社会背景，如学校类型、教育政策等，影响着他们在学校的行为表现。

（2）教师教育期望：教师依据学生过去或目前的学校行为表现，对其产生一定的教育期望。

（3）教师教育行为：教师对学生产生良好的教育期望后，就会对学生产生相应教育态度和行为的改变。

（4）学生感知行为：学生察觉并了解教师教育态度与行为背后的含义后，会朝着教师教育期望的方向而努力，并且给予教师积极的行为回应。

（5）教师教育期望的检验：教师的教育期望与学生的教育期望、实际行为表现或学业成就相吻合，即表示教师的教育期望应验了。反之，若两者非常不相符，则需要重新考虑当初设定的期望是否太低或太高，是否需要调整。

（6）学生教育期望的检验：学生自我解读教师教育期望的意义，如果深信自己会实现教师的期望，就会继续随着教师的教育期望而努力，逐渐产生自我应验的效应。

（三）学生的教育期望模式

Finn 等对穷人、黑人和移民子女学生混合就读的市中心学校系统进行研究，提出了期望网理论模式，为我们揭示了自我的教育期

[①] Darley J. & Fazio R., Expectancy Confirmation Processes Arising in Thesocial Interaction Sequence. *American Psychologist*, 1980, 35 (35): 867 – 881.

望模式。① 他认为首先父母、教师和同伴与自我期望相互影响，形成了自我概念，然后在实践中不断对自我概念进行修正和调整，随后自我概念进一步影响自我期望。

（1）宏观环境影响：传统、文化以及需求等宏观环境因素的影响。

（2）个体特征影响：比如年龄、性别、能力、种族、表现等的影响。

（3）重要他人影响：父母、老师、同伴等重要他人的教育期望的影响。

（4）自我概念的形成：以上这些因素综合影响着自我概念的形成，并与自我教育期望交互作用，直接或间接地影响着他们的实际行为和态度。

（5）自我教育期望的检验：自身的教育期望与实际行为表现、学业成就相吻合，即自我教育期望应验了。反之，若两者非常不相符，则需要重新考虑当初设定的期望是否太低或太高，是否需要调整。

二　随迁子女的教育期望模式

本书参考 Finn 等的学生教育期望模式、Darley 和 Fazio 的教师教育期望模式以及侯世昌的父母教育期望模式，认为随迁子女的教育期望模式与以上教育期望模式有相同的地方，但是由于身份的特殊性，受到户籍制度、教育政策、家庭社会资本以及学校类型等影响会有不同。随迁子女的教育期望模式大致可以分为以下几个阶段。

第一步：随迁子女在学校的行为表现。不同的个体，如性别、年龄、性格特质、迁入城市的时间、智力水平等，影响着他们在学校的学业表现、学习态度。

第二步：父母、教师感知这些行为表现。随迁子女的学校表现和态度等行为被其父母、教师所感知。

第三步：父母、教师形成一定的教育期望。对于随迁子女在学校的行为表现，父母、教师会对他们形成一定的教育期望，但是这些期

---

① Finn J. E. , Gaier E. L. , Peng S. S. & Benks R. E. , Teacher Expectation and PublicAchievement: A Naturalistic Study. *Urban Education*, 1975, 10（2）: 175 – 197.

望往往受到家庭经济社会地位、自身受教育程度、亲子关系，以及学校类型（民工子弟学校、公办学校）、教师教育态度等因素的影响。

第四步：父母、教师产生良好的教育行为。父母、教师因对随迁子女产生了教育期望而表现出一定的行为与态度，开始更加注重与子女、子女的教师/父母之间的互动，逐渐提高的教育参与程度和代际闭合程度。

第五步：随迁子女感知这些教育期望和行为。当父母、教师良好教育期望、态度以及行为被子女所感知，并且认为这些期望与自己的理想相吻合，就会使得双方之间的互动更为频繁，朝着更好的学业成就而努力。

第六步：随迁子女形成自我教育期望。随迁子女结合父母、教师的教育期望，自身现有的学业成绩以及态度，同时也重点考虑是否能达到当地城市升学教育政策的要求。如果他们觉得通过自身的努力，不同群体的边界是可渗透的，那么就会逐步形成较高的教育期望，包括学业表现、品德表现、人际交往、社会成就等维度。如图2—5所示。

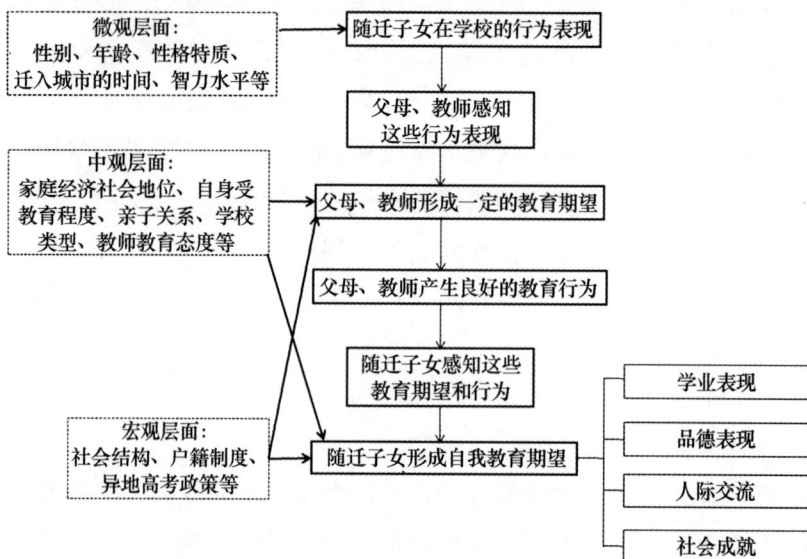

图2—5 随迁子女的教育期望模式

三　异地高考政策认同与教育期望的关联

从国际环境来看，移民子女的平等受教育权在发达国家受到广泛关注。美国对黑人和其他少数族裔实施补偿性教育政策，如《提前教育计划》《不让一个儿童掉队法》。德国宪法规定接受教育是人的基本权利，在政策上没有户籍的门槛，没有农村、城市的差别，只要农民进城工作，照章纳税，就跟城市居民一样享受同等教育。以色列专门制定了《长日制学校法》《鼓励高等院校学生参加长日制学校工作法》，为移民儿童举办常日制学校，在学校和社区对他们进行补充教育，使他们尽快在城市实现学习适应和文化适应。进城务工人员对城市建设的贡献有目共睹，并且也是合法纳税人，他们的子女理应与本地户籍学生一样享受接受义务教育和获得高等教育的权利。

从国内形势来看，随迁子女接受义务教育后的现实问题日趋凸显。如果异地高考这一问题解决不好，数以千万计的随迁子女将在迁入地失去接受高等教育的机会，要么选择初中毕业后进入底层社会，要么进入职业院校，要么回到户籍地重新沦为留守儿童，这些都将影响他们的教育期望，不利于人力资本积累。有教育部官员称"异地高考是教育公平的标志性事件，要集中力量打好这一仗"。值得庆幸的是全国有"率先突破型"省份实施低门槛、受益面广的异地高考政策，给予了随迁子女在异地参加高考、获得高等教育的希望。

那么，这些省份的异地高考政策及随迁子女的政策认同有助于他们建立良好的教育期望吗？笔者与课题组成员于2016年选取浙江、福建、江苏、山东、湖北、江西、河北等异地高考政策"率先突破型"省份当中随迁子女较为集中的杭州、宁波、福州、南京、青岛、武汉、南昌、石家庄等城市进行调研。通过调查问卷和数据分析异地高考政策认同在微观层面、中观层面和宏观层面对随迁子女教育期望的影响及作用机制，见图2—6。

如图2—6所示：首先，选取"个体学业成绩"这一重要变量，探究异地高考政策认同在个体层面对教育期望的影响机制，旨在解

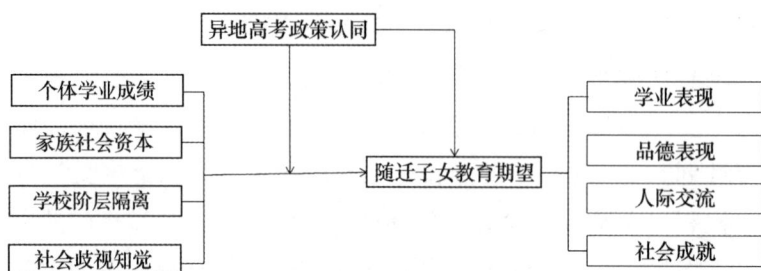

**图2—6 异地高考政策认同在各层面变量与教育
期望之间关系的模型**

析以往为什么出现高学业成绩、低教育期望的现象。其次，选取
"家庭社会资本"这一重要变量，探究异地高考政策认同在家庭层面
对教育期望的影响机制，旨在解析政策对促进父母教育参与的重要
作用。再次，选取"学校阶层隔离"这一重要变量，探究异地高考
政策认同在学校层面对教育期望的影响机制，旨在解析政策如何削
弱学校阶层隔离对教育期望的负面影响。最后，选取"社会歧视知
觉"这一重要变量，探究异地高考政策认同在社会层面对教育期望
的影响机制，旨在解释政策如何削弱社会歧视知觉对教育期望的负
面影响。

第 三 章

异地高考政策认同与教育
期望的现状分析

异地高考政策作为一项国家教育政策，是国家层面对随迁子女异地升学的政策话语体系。如何编制异地高考政策认同、教育期望、个体学业成绩、家庭社会资本、学校阶层隔离以及社会歧视知觉等的调查问卷，并实施科学调研？随迁子女的异地高考政策认同状况如何？他们在如此政策背景下的教育期望现状又如何？这些问题，我们都将在本章逐一讨论。

第一节　调查问卷的编制与调研

一　问卷编制与修订

（一）问卷编制与修订的流程

本书采用定量研究与定性研究相结合的研究方法，通过问卷调查及小规模访谈来获取研究数据和收集重要信息。为保证研究数据的真实可靠性，本书将依据调查问卷法的实施流程①（如图3—1所示）来进行问卷编制与修订。

首先，通过对与本书所涉及研究变量相关的文献进行梳理，找寻这些变量的测量工具，一般选择信度更高、效度更好的成熟量表和访谈问卷，这也是目前学术界问卷编制中普遍适用的一种方式。

---

① 马庆国：《管理统计》，科学出版社2002年版，第319—320页。

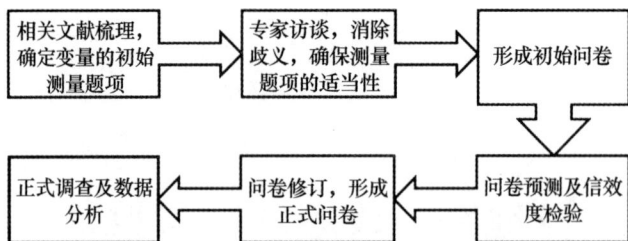

图3—1 问卷调查的实施流程

本书在相关研究领域中找寻适合的成熟量表，结合量表过往信效度情况，选用更契合本书主题的量表和访谈提纲进行相关变量的测量和观察。其次，组织本研究领域的 3 人访谈小组（分别来自厦门大学、宁波大学等高等教育研究领域的专家）对量表具体测量题项和访谈提纲进行商榷。由于大多成熟量表是西方学者结合西方情境编撰，无论是语言还是文化均存在一定的差异，所以需要讨论小组对每个测量题项的有效性和适当性进行考察。初始问卷形成以后，需要进行小样本的预调研，调研对象和正式调查对象须是同一对象。通过小样本调研数据的信度、效度分析对问卷进行修订，最终形成正式问卷，并进行大规模问卷实测。

（二）变量定义与测量

1. 异地高考政策认同

异地高考政策主要指国务院办公厅转发教育部等部门的《关于做好进城务工人员随迁子女接受义务教育后在当地参加升学考试工作的意见》，以及各省市区出台的相应具体实施方案的总和。政策认同是指社会公众对实施的政策在心理上的接受和认可，并实现趋同的过程。认同既表现为对政策精神和价值的信念，也表现为对此政策的忠诚与支持。

如何对异地高考政策认同进行测量？国外较少有异地高考现象，因此也较少有这方面的文献。国内学者较多从政策文本、实施状况、制度变迁、利益相关者等视角进行阐述，较少涉及政策认同视角；较多采用理论思辨方法，较少采用实证量化方法。因此，目前缺乏科学有效的异地高考政策认同测量量表。但是可以借鉴以往文献中的观察维度。刘东东对贵阳某中学的高中教师、高中学生（随迁子女、本地学生）、家长等群体进行了问卷调查。对问卷分析，可以分为以下几个维度[①]：一是对政策的认知程度，包括随迁子女在本地参加高考需要什么条件？随迁子女可以报考哪些类型高校？如何获得有关异地高考的信息？二是对政策的认同程度，包括觉得哪些异地高考条件是合理的？对在异地参加高考的态度？在政策实施过程中最担心什么问题？三是政策的影响程度，包括异地高考政策实施之后，学习态度如何、政策对学习成绩的影响状况、政策带来的心理变化情况。政策实施之后，是否会在流入地参加高考？吴霓和朱富言对 10 个城市的异地随迁子女高考政策进行调研，提出了政策的若干考察维度[②]：一是政策实施满意度，包括家长满意度、准入门槛合理性；二是政策知晓状况，包括政策知晓的群体差异性、政策知晓的渠道；三是政策接纳程度，包括本地学生家长、随迁子女家长；四是政策产生的影响，包括本地学生与非本地学生关系的融洽程度、对学习态度的影响、对学习成绩的影响。综合上述文献，我们参考并重新编制了随迁子女异地高考政策认同量表，具体题项如表 3—1 所示。

表 3—1　　　　　　　　　随迁子女异地高考政策认同量表

题项序号	题项内容
PM1	有关异地高考政策，父母和我进行了认真的解读
PM2	有关异地高考政策，老师给我们进行了详细的讲解
PM3	对当地城市高考政策已经有了基本了解

---

　　① 刘东东：《进城务工人员随迁子女异地高考实施情况研究——以贵阳市为例》，硕士学位论文，贵州师范大学，2015 年。

　　② 吴霓、朱富言：《随迁子女在流入地高考政策实施研究——基于 10 个城市的样本分析》，《教育研究》2016 年第 12 期。

续表

题项序号	题项内容
PM4	电视、网络、报纸、广播等媒介都报道了异地高考政策
PM5	自己符合异地高考政策所设置的条件
PM6	我认同异地高考政策是公平公正的政策
PM7	当地学生对异地高考政策持否定态度
PM8	身边大多数同学都认同异地高考政策是公平公正的政策
PM9	异地高考政策的出台让我更加安心地在城里学习
PM10	留在城里学习更有利于提高学习成绩
PM11	在当地参加高考更能发挥自己的学业水平
PM12	异地高考政策影响了我与当地同学的关系

2. 教育期望

教育期望通常指个人在社会地位取得过程中，建立对未来事业成功之价值判断与期待，并内化成愿意投入精力与努力的主观认知，进而展现为实际的教育行动。Buck 认为是个体根据过去经验和当前刺激对未来事的预料或构想，也是导致个体希望某种事件出现的一种态度[①]。胡咏梅和杨素红认为是个体基于过去经验和当前刺激而对本人或他人完成学校教育层级的预料或预想，既是一种认知变量，又是一种信念、价值或动机[②]。本书中随迁子女教育期望是指在与其父母、老师等重要他人的相处过程中通过语言、态度以及行为，直接或间接地感知到他人对自己学业、品德、人际关系等方面的表现以及未来成就的期望，逐渐确立自身的期望目标，并且内化到自身的日常行为模式当中的信念。

如何对随迁子女的教育期望进行测量？早期研究者认为教育期

---

① Buck D., Parental Expectations versus Child Performance: A Picture Graph Method. *Elementary School Guidance & Counseling*, 1991, 26 (2): 150 – 152.

② 胡咏梅、杨素红:《学生学业成绩与教育期望关系研究——基于西部五省区农村小学的实证分析》,《中天学刊》2010 年第 6 期。

望是一维的，如林俊莹的"未来学历上的最高期望"①。随着时代的变化，越来越多的学者将品德、人际关系等社会适应能力纳入了教育期望的范畴。例如，蔡添旺（2007）认为教育期望应该包括"品德、学业、健康与人际"等维度；纪淑玲提出学业成绩表现、未来社会成就、品德及人际关系等维度②。刘慧华认为教育期望包括学业表现、未来成就、人格发展、人际关系等维度③。黄凤珍提出教育期望包括学业表现期望、未来成就期望、品德及人际关系期望④。考虑到随迁子女不同于城市同龄学生，其生存状况更加受到社会环境、政策环境的影响。除了学业和未来成就的期望，品德、人际关系等社会适应能力更是期望的关注焦点。因此，我们借鉴国内外成熟的量表，从学业表现、社会成就、品德表现、人际交往等方面对随迁子女教育期望进行测量。刘慧华编制总量表的信度为0.864，学业表现期望层面为0.984，社会成就期望层面为0.740，品格表现期望层面为0.879，人际交往期望层面为0.861。量表题项间的内容一致性较好，信度较为良好。综合上述判断，我们采用刘慧华（2013）量表，编制随迁子女教育期望量表，具体题项如表3—2所示。

表3—2　　　　　　　　　　　　随迁子女教育期望量表

题项序号	题项内容
EE1	学习是目前最重要的事情
EE2	很在意每次考试的成绩

---

① 林俊莹：《国小学生家长的子女教育期望、民主参与态度与参与学校教育行为关联性之研究》，硕士学位论文，台东师范学院，2001年。

② 纪淑玲：《国民小学家长教育期望、教育改革满意度及其子女补习行为关系之研究》，硕士学位论文，逢甲大学，2011年。

③ 刘慧华：《屏东县国小教师子女教育期望与才艺学习态度关系之研究》，硕士学位论文，"国立"屏东教育大学，2013年。

④ 黄凤珍：《台中市国民小学家长教育期望与教育选择权之研究》，硕士学位论文，东海大学，2017年。

续表

题项序号	题项内容
EE3	希望成绩能不断进步
EE4	希望将来能考上大学
EE5	希望自己养成良好的生活习惯
EE6	将来能够继续热心帮助别人
EE7	将来能够继续遵守学校和社会的行为规范
EE8	将来的品德要比社会成就更重要
EE9	能与其他人分享自己的物品和心情
EE10	希望能有很多知心朋友
EE11	希望能成为班上人缘很好的人
EE12	希望能在这座城市结交更多的朋友
EE13	希望将来能留在这个城市工作
EE14	希望将来从事比父母更好的工作
EE15	希望将来能成为某个方面的专家
EE16	希望将来能够取得很大的成就

3. 个体学业成绩

目前国内外对个体学业成绩的测量分为两个部分。第一部分是针对具体科目的学业成绩测量。具体可以参照 Cheung 和 Pomerantz 对 825 名美国和中国青少年（平均年龄为 12.74 岁）学业成绩的测量方法[①]。刘桂荣等[②]、郭筱琳等[③]运用此方法对国内流动儿童学业成绩进行了相关的测量，量表信效度较好。我们的测量步骤如下：首先选取

---

① Cheung S. S., Pomerantz E. M., Parents' Involvement in Children's Learning in the United States and China: Implications for Children's Academic and Emotional Adjustment. *Child Development*, 2011, 82 (3): 932 –950.

② 刘桂荣、滕秀芹：《父母参与对流动儿童学业成绩的影响：自主性动机的中介作用》，《心理学探新》2016 年第 10 期。

③ 郭筱琳、周寰等：《父母教育卷入与小学生学业成绩的关系——教育期望和学业自我效能感的共同调节作用》，《北京师范大学学报》（社会科学版）2017 年第 2 期。

学生参加本调查时所在学期的期末统考语文、数学、英语成绩，三科的原始成绩评分均为 0—100 分；其次，以年级为单位分别将三科原始成绩转化为标准分，满分为 5 分；最后，取三科成绩的年级内标准作为该学生的学业成绩指标。每项科目得分越高表示个体学业成绩越好。第二部分，测量个体的学业成绩，除了具体科目的分数，还应该考虑其他因素，尤其是那些非认知性因素。正如李玉芝和赵裕春认为：从广义理解，学业成绩可以包括知识、技能、兴趣、态度、习惯等诸多方面。我国新课程标准提出的三维教学目标，即教育的过程也就是使学生在知识与技能、过程与方法、情感、态度、价值观等方面朝向一定的目标产生变化的过程。因此，我们认为随迁子女学业成绩不仅是指语文、数学、英语等主干课程的成绩，还应该包括学习能力、学习习惯、学习动机以及课外学习情况等方面，为此设置了以下 4 道测量题目。[①] 具体题项如表 3—3 所示。

表 3—3 　　　　　　　　　　个体学业成绩问卷

题项序号	题项内容
SA1	语文成绩（后期数据录入时折算成 5 分制的标准分）
SA2	数学成绩（后期数据录入时折算成 5 分制的标准分）
SA3	英语成绩（后期数据录入时折算成 5 分制的标准分）
SA4	能很快理解各个科目新的知识点
SA5	会制订科学的学习计划，并且严格执行
SA6	努力学习是为了获得高学历，有一个更好的未来
SA7	放学后或周末会努力复习功课或参加补习班

4. 家庭社会资本

布迪厄最早提出社会资本的概念，并将它定义为个体通过体制化的社会关系网络所能获得的实际或潜在资源的集合，个人社会资本的多寡取决于其网络规模的大小和网络成员靠自己权力所占有资

---

① 李玉芝、赵裕春：《评价学生成就的方法》，光明日报出版社 1987 年版，第 21 页。

源的多少，拥有较多社会资本的人能够更方便地获取各种利益。[①] 而科尔曼开辟了另外一条分析进路，他从社会功能的角度来界定社会资本，认为社会资本是行动者以实现自身利益为目的而开展的社会行动，并在这一过程中逐步形成持续性的社会关系。[②] 无论如何，国内外学者较为一致，认为家庭社会资本是社会资本的一个重要形式，并认为家庭社会资本对儿童教育期望和教育获得具有重要作用。

因此，我们在测量家庭社会资本的时候，应当体现家庭成员在目的性活动中所获取或动员的、嵌入在家庭社会网络中的各种资源。具体包括家庭经济资本、家庭文化资本等家庭内社会资本，也包括父母教育参与、父母与教师关系、父母与子女同学关系等家庭外社会资本。郑洁等对家庭内社会资本测量指标采用父母职业状况、受教育程度、家庭收入等。[③] 但是国内外学者认为家庭收入的测量很难客观准确，并且认为职业状况和受教育程度在很大程度上决定了家庭收入，因此倾向于只采用父母职业状况与受教育程度两个指标。在家庭外社会资本方面，借鉴科尔曼的定义、赵延东和洪岩璧[④]的具体测量方法，主要反映的是"父母教育参与"和"代际闭合"。在家庭内社会资本方面，本书采用由师保国和申继亮编制的问卷，[⑤] 由被试者报告其父母的职业和教育文化程度，依照有关职业分类的标准进行编码并转化为相应的分值，每个指标分别有五个选项对应的分值为1—5分。具体的测量题项如表3—4所示。

---

① Bourdieu P. , *The Forms of Capital.* Blackwell Publishers Ltd. , 1986：280 – 291.

② Coleman J. S. , *The Foundations of Social Theory.* Cambridge，MA：Belknap Press of Harvard University Press，1990：59.

③ 郑洁：《家庭社会经济地位与大学生就业——一个社会资本的视角》，《北京师范大学学报》（社会科学版）2004 年第 3 期。

④ 赵延东、洪岩璧：《社会资本与教育获得——网络资源与社会闭合的视角》，《社会学研究》2012 年第 5 期。

⑤ 师保国、申继亮：《家庭社会经济地位、智力和内部动机与创造性的关系》，《心理发展与教育》2007 年第 1 期。

表 3—4　　　　　　　　　　　　　家庭社会资本问卷

题项序号	题项内容
SC1	父亲职业类型： 1. 失业、临时工或农业劳动者；2. 普通工人、个体经营人员；3. 一般管理人员、一般技术人员；4. 中层管理人员、中级技术人员；5. 高层管理人员、高级技术人员、私营企业主
SC2	父亲受教育程度： 1. 小学及以下；2. 初中；3. 高中或中专；4. 专科或本科；5. 硕士及以上
SC3	经常与父母讨论有关学校或学习相关的事宜
SC4	父母经常指导我的功课
SC5	父母经常检查我的作业
SC6	父母认识很多我的好朋友的家长
SC7	父母经常主动联系我的老师

5. 学校阶层隔离

学校阶层隔离是指来自不同种族、阶层的学生聚集在不同的学校，从而导致学校间学生类型分布的均匀性不足，存在显著的阶层差异。学校的阶层隔离主要考察随迁子女就读学校的阶层隔离对他们教育期望的影响，同时考察异地高考政策认同在两者之间的关系，因此核心自变量是学校阶层隔离。但是学校阶层隔离是一个总体性的模糊概念，需要有一个可操作化的指标。我们参考 Massey 和 Denton 的"隔离五维度"[1]、吴愈晓和黄超的"学校阶层三变量构成"[2]、梁玉成和吴星韵的"户籍隔离系数"[3]，引入"学校阶层构成"来说明学校阶层隔离的状况（如表 3—5 所示）。

---

[1] Massey D. S. & Denton N. A. , The Dimensions of Residential Segregation. *Social Forces*, 1988, 67（2）：281 – 315.

[2] 吴愈晓、黄超：《基础教育中的学校阶层分割与学生教育期望》，《中国社会科学》2016年第 4 期。

[3] 梁玉成、吴星韵：《教育中的户籍隔离与教育期望——基于 CEPS 2014 数据的分析》，《社会发展研究》2016 年第 1 期。

表3—5　　　　　　　　　　学校阶层隔离问卷

题项序号	题项内容
SS1	学校的具体方位： 1. 城区；2. 县城；3. 城乡接结合部；4. 乡镇；5. 农村
SS2	班级中当地户籍同学的比例： 1. 绝大多数；2. 多于一半；3. 差不多各一半；4. 少于一半；5. 几乎没有
SS3	班级中家庭富有的同学比例： 1. 绝大多数；2. 多于一半；3. 差不多各一半；4. 少于一半；5. 几乎没有
SS4	班级中想读大学的同学比例： 1. 绝大多数；2. 多于一半；3. 差不多各一半；4. 少于一半；5. 几乎没有
SS5	我所知道的同学家长工作类型较多的是： 1. 管理类（国家机关、事业单位、企业的管理人员）；2. 技术类（教师、工程师、医生、律师等）；3. 一般管理人员和一般技术人员；4. 普通工人和个体经营人员；5. 失业、临时工或农业劳动者

6. 社会歧视知觉

歧视知觉是相对于客观歧视现象的一种主观体验，通常是指个体感受到由于自己所属的群体成员资格（如种族、性别或者户籍身份）而受到的不公正的消极性或者伤害性对待，这种不公正的对待可以是拒绝性的态度、行为动作，也可以是社会某些不合理的制度、政策等（Major et al. ;[1] Pascoe et al. ;[2] 刘霞等[3]）。

---

① Major B. , Quinton W. & McCoy S. , Antecedents and Consequences of Attributions to Discrimination: Theoretical and Empirical Advances. *Advances in Experimental Social Psychology*, 2002, 34 (2): 251 – 330.

② Pascoe E. A. & Richman L. S. , Perceived Discriminationand Health A Meta – Analytic Review. *Psychological Bulletin*, 2009, 135 (4): 531 – 554.

③ 刘霞、赵景欣、师保国：《歧视知觉的影响效应及其机制》，《心理发展与教育》2011 年第 2 期。

表3—6　　　　　　　　　　　　　　社会歧视知觉量表

题项序号	题项内容
SD1	这个城市似乎总不信任我们这个群体
SD2	感觉当地人总是刻意与我们保持距离
SD3	经常听到当地人对我们带有歧视性或负面性的评论
SD4	经常在公交车、超市、游乐场受到管理人员的不公正对待
SD5	这个城市的教育政策没有保障我们的权益
SD6	这个城市医疗卫生等制度没有考虑到我们
SD7	读的学校是这个区域内最差的学校之一
SD8	住的小区是这个城市里环境比较差的小区
SD9	当地同学不愿意跟我们外地随迁子女交朋友
SD10	学校老师总认为我们不如当地学生优秀
SD11	与当地学生相比，我们随迁子女犯了同样的错误往往会受到更加严苛的批评
SD12	作为一名随迁子女，经常感觉在学校受到不公正对待

　　社会歧视知觉问卷主要考察随迁子女在主观上感受到因为非户籍身份而受到歧视或者不公平对待的程度。调查问卷主要参考 Krahé 等[1]、刘霞[2]编制的"歧视知觉问卷"，根据随迁子女群体的特殊性，选用、修改及新增形成了 3 个方面的 12 项指标。第一方面，感知来自学校、教师和同学的歧视：如"与当地学生相比，我们随迁子女犯了同样的错误往往会受到更加严苛的批评"；第二方面，感知来自社区居民等群体的歧视，如"我经常听到当地人对我们带有歧视性或负面性的评论"；第三方面，感知来自各项制度、政策的歧视，如"这个城市的教育政策没有保障我们的权益"（如表 3—6 所示）。

———————————

①　Krahé B. , Abraham C. , Felber J. & Helbig M. K. , Perceived Discrimination of International Visitors to Universities in Germany and the UK. *British Journal of Psychology*, 2005, 96（3）：263 - 281.

②　刘霞：《流动儿童歧视知觉：特点、影响因素、作用机制》，博士学位论文，北京师范大学，2008 年。

7. 控制变量

国内外大量关于个体的研究均会选择性别、受教育水平、年收入等作为控制变量，但随迁子女作为未成年人，尚无法观测受教育水平和年收入等情况。随迁子女也不同于一般当地子女，由于搬迁的特殊性，他们存在户籍流动、迁入地城市中居住地人员结构、迁入地城市居住时间等问题，且这些因素对随迁子女的教育期望存在一定的影响。因此，本书选取性别、户籍流动类型、就读学校类型、居住地人员结构、现居住城市时间等作为控制变量。我们要把上述变量对因变量教育期望的影响加以控制，以进一步解释异地高考政策认同对教育期望的影响及其作用机制。

（三）正式问卷的形成

1. 小规模预测及其描述性分析

初始问卷形成以后，为保证正式调研数据的信效度，进行了小规模的预调研。本书选取杭州和宁波各一所随迁子女占总人数 1/3 以上的学校，其中杭州市下城区某九年一贯制公办学校，为全国千所流动人口子女示范家长学校，1999 年开始办学，目前有来自全国 28 个省份的近 3500 名学生。宁波市江北新城某民办中学（以招收随迁子女为主），创办于 2012 年，目前有来自全国 21 个省份的近 2300 名学生。笔者及课题组成员于 2016 年 3 月走访上述两所学校进行小规模预测，收回有效问卷 186 份，回收有效率 79.5%。小规模预测样本的描述性统计如表 3—7 所示。

表 3—7　　　　小规模预测样本的描述性统计分析（N = 186）　　单位：份,%

变量	选项	数量	频数
性别	1 = 女	91	48.9
	2 = 男	95	51.1
户籍流动类型	1 = "农村→城镇" 流动	106	56.9
	2 = "城镇→城镇" 流动	80	43.1

续表

变量	选项	数量	频数
就读学校类型	1 = 民办学校（随迁子女）	97	52.2
	2 = 当地公办学校	89	47.8
居住地人员结构	1 = 本地人多	60	32.3
	2 = 差不多	65	34.9
	3 = 外地人多	61	32.8
现居住城市时间	1 = 1—2 年	6	3.2
	2 = 3—4 年	79	42.5
	3 = 5—6 年	83	44.5
	4 = 7 年及以上	18	9.8

注：由于对数据四舍五入，故部分加总不一定等于 100%。下同。

如表 3—8 所示，克朗巴哈系数高于 0.7 表示信度可以接受，同时需要结合删除相应的项目后信度的变化情况（校正后与总分的相关系数、多元相关系数的平方、删除后的克朗巴哈系数）来筛选具体的测量指标。

表 3—8   **小规模预测样本信度分析结果**

量表名称		克朗巴哈系数	
异地高考政策认同		0.729	
教育期望	学业表现期望	0.821	0.725
	品德表现期望		0.773
	人际交往期望		0.787
	社会成就期望		0.705
个体学业成绩		0.923	
家庭社会资本		0.917	
学校阶层隔离		0.860	
社会歧视知觉		0.959	

异地高考政策认同量表的信度为 0.729（见表 3—8），删除相应

项目后信度的变化情况如表 3—9 所示，题项 PM4 与题项 PM7 的校正后与总分的相关系数分别为 0.229、0.237，说明这两个题项与异地高考政策认同的关系并不密切；题项 PM12 的多元相关系数的平方为 0.087，说明该题项与其他题项的关系不够密切，且删除以上三个题项后，异地高考政策认同量表的信度均有所提高。因此，在问卷修订时，我们将题项 PM4、PM7、PM12 均删除，仅保留余下 9 个题项作为异地高考政策认同的观测指标。

表 3—9　　　删除相应的项目后信度的变化（异地高考政策认同）

题项序号	校正后与总分的相关系数	多元相关系数的平方	删除后的克朗巴哈系数
PM1	0.642	0.667	0.668
PM2	0.626	0.655	0.723
PM3	0.605	0.521	0.698
PM4	0.229	0.181	0.748
PM5	0.699	0.724	0.703
PM6	0.625	0.649	0.718
PM7	0.237	0.235	0.747
PM8	0.599	0.615	0.632
PM9	0.678	0.694	0.712
PM10	0.636	0.695	0.697
PM11	0.678	0.686	0.648
PM12	0.255	0.087	0.752

教育期望量表的信度为 0.821，其中，学业表现期望的信度为 0.725，品德表现期望的信度为 0.773，人际交往期望的信度为 0.787，社会成就期望的信度为 0.705（见表 3—8）。删除相应项目后信度的变化情况如表 3—10 所示。校正后与总分的相关系数及多元相关系数的平方值均在 0.5 以上，且删除任何一个测量题项，教育期望

量表的克朗巴哈系数都会低于整体克朗巴哈系数 0.821。说明教育期望量表的整体信度较好。因此，保留所有测量题项。

表 3—10　　　　　删除相应的项目后信度的变化（教育期望）

题项序号	校正后与总分的相关系数	多元相关系数的平方	删除后的克朗巴哈系数
EE1	0.743	0.866	0.788
EE2	0.699	0.709	0.725
EE3	0.759	0.882	0.807
EE4	0.732	0.732	0.775
EE5	0.718	0.746	0.787
EE6	0.781	0.825	0.784
EE7	0.744	0.789	0.785
EE8	0.719	0.691	0.787
EE9	0.798	0.737	0.788
EE10	0.680	0.601	0.784
EE11	0.675	0.526	0.786
EE12	0.693	0.694	0.789
EE13	0.783	0.795	0.724
EE14	0.844	0.879	0.718
EE15	0.798	0.843	0.717
EE16	0.783	0.863	0.718

个体学业成绩问卷的信度为 0.923（见表 3—8），删除相应项目后信度的变化情况如表 3—11 所示。校正后与总分的相关系数及多元相关系数的平方值均在 0.5 以上，且删除任何一个测量题项，个体学业成绩问卷的克朗巴哈系数都会下降。因此，保留所有测量题项。

表3—11　　　　删除相应的项目后信度的变化（个体学业成绩）

题项序号	校正后与总分的相关系数	多元相关系数的平方	删除后的克朗巴哈系数
SA1	0.711	0.531	0.914
SA2	0.780	0.632	0.908
SA3	0.776	0.627	0.908
SA4	0.771	0.664	0.908
SA5	0.732	0.582	0.912
SA6	0.782	0.676	0.907
SA7	0.754	0.612	0.910

家庭社会资本问卷的信度为0.917（见表3—8），删除相应项目后信度的变化情况如表3—12所示。校正后与总分的相关系数及多元相关系数的平方值均在0.5以上，且删除任何一个测量题项，家庭社会资本问卷的克朗巴哈系数都会下降。因此，保留所有测量题项。

表3—12　　　　删除相应的项目后信度的变化（家庭社会资本）

题项序号	校正后与总分的相关系数	多元相关系数的平方	删除后的克朗巴哈系数
SC1	0.711	0.531	0.914
SC2	0.780	0.632	0.908
SC3	0.776	0.627	0.908
SC4	0.771	0.664	0.908
SC5	0.732	0.582	0.902
SC6	0.782	0.676	0.907
SC7	0.754	0.612	0.910

学校阶层隔离问卷的信度为0.860（见表3—8），删除相应项目后信度的变化情况如表3—13所示。校正后与总分的相关系数及多元相关系数的平方值均在0.5以上，且删除任何一个测量题项，学校阶层隔离问卷的克朗巴哈系数都会下降。因此，保留所有测量题项。

表3—13　　　删除相应的项目后信度的变化（学校阶层隔离）

题项序号	校正后与总分的相关系数	多元相关系数的平方	删除后的克朗巴哈系数
SS1	0.839	0.563	0.785
SS2	0.631	0.679	0.842
SS3	0.573	0.628	0.856
SS4	0.839	0.563	0.785
SS5	0.631	0.681	0.859

社会歧视知觉量表的信度为0.959（见表3—8），删除相应项目后信度的变化情况如表3—14所示。校正后与总分的相关系数及多元相关系数的平方值均在0.5以上，且删除任何一个测量题项，社会歧视知觉量表的克朗巴哈系数都会下降。因此，保留所有测量题项。

表3—14　　　删除相应的项目后信度的变化（社会歧视知觉）

题项序号	校正后与总分的相关系数	多元相关系数的平方	删除后的克朗巴哈系数
SD1	0.801	0.682	0.955
SD2	0.787	0.667	0.956
SD3	0.834	0.731	0.954
SD4	0.805	0.673	0.955
SD5	0.781	0.627	0.956
SD6	0.817	0.705	0.955
SD7	0.790	0.680	0.956
SD8	0.792	0.652	0.955
SD9	0.763	0.639	0.956
SD10	0.777	0.629	0.956
SD11	0.809	0.676	0.955
SD12	0.783	0.632	0.956

2. 小规模样本效度分析

一般在小规模预测时都会先进行探索性因素分析，以建立问卷的建构效度，在问卷各因素及其测量题项都已经确定时，再通过验证性因素分析检验因素结构模型是否与样本数据相契合。因此，在预测样本的效度分析时，本书通过探索性因素分析和验证性因素分析来进行检验。

异地高考政策认同的 12 个题项的 KMO 值为 0.934，Bartlett 球形检验统计量显著异于 0 （P＜0.05），说明该量表可以进行探索性因子分析，结果显示 12 个测量题项以特征根大于 1 为标准抽取了 1 个公共因子，解释了总体方差变异的 72.404%，因子载荷在 0.579 至 0.792 之间，以 12 个测量题项构建一阶单因子验证性因子模型，PM4、PM7、PM12 三个题项的标准化因素符合量均低于 0.7，且此时平均方差提取量为 0.475，小于 0.5，我们删除 PM4、PM7、PM12 三个题项，重新进行运算，验证性因素分析结果如表 3—15 所示。删除以上 3 个题项后，余下 9 个测量题项的标准化因素负荷量均在 0.7 以上，且组合信度为 0.952，平均方差提取量为 0.690，同时，比较两个模型的拟合情况，12 个题项的模型的 CD 为 5.195，大于 3，RMSEA 为 0.085，大于 0.08；9 个题项的模型的 CD 为 2.855，介于 1 至 3 之间，RMSEA 为 0.036，小于 0.08，且其余适配指数均在 0.9 左右，说明由异地高考政策认同的 9 个测量题项构建的结构模型内在质量更理想，建构信度和结构效度更加理想。

表 3—15　　　　　异地高考政策认同的验证性因素分析结果

测量题项	标准化因素负荷量		测量误差		组合信度	平均方差提取量
PM1	0.781	(0.880)	0.223	(0.225)		
PM2	0.795	(0.796)	0.368	(0.366)		
PM3	0.814	(0.848)	0.284	(0.280)		
PM4	0.293[#]		0.292			
PM5	0.782	(0.782)	0.388	(0.388)		
PM6	0.747	(0.841)	0.263	(0.292)	0.907	0.475
PM7	0.264[#]		0.478		(0.952)	(0.690)
PM8	0.811	(0.860)	0.243	(0.260)		
PM9	0.722	(0.726)	0.257	(0.472)		
PM10	0.787	(0.872)	0.845	(0.239)		
PM11	0.763	(0.862)	0.784	(0.257)		
PM12	0.306[#]		0.744			

续表

模型拟合情况					
CD	RMSEA	GFI	CFI	NFI	IFI
5. 195	0. 085	0. 797	0. 869	0. 844	0. 870
(2. 855)	(0. 036)	(0. 892)	(0. 947)	(0. 931)	(0. 948)

注: #表示未达标准值, 即标准化因子负荷量 < 0.7, 括号内数据表示删除 PM4、PM7、PM12 三个题项后的模型数据。

教育期望量表的 16 个题项的 KMO 值为 0.970, Bartlett 球形检验统计量显著异于 0 (P < 0.05), 说明该量表可以进行探索性因子分析, 结果显示 16 个测量题项以特征根大于 1 为标准抽取了 4 个公共因子, 解释了总体方差变异的 73.784%, 因子载荷在 0.627 至 0.839 之间。以探索性因子分析结果构建二阶四因子结构方程模型, 验证性因素分析结果如表 3—16 所示。所有测量题项的标准化因素负荷量均在 0.7 以上, 四个维度的组合信度分别为 0.908、0.899、0.916、0.910, 平均方差提取量分别为 0.712、0.692、0732、0.717, 均大于 0.5, 说明数据的建构信度和结构效度均比较理想, 和研究预设基本一致, 并将四个维度命名为: 学业表现期望、品德表现期望、人际交往期望、社会成就期望。模型的 CD 为 2.318, 介于 1 至 3 之间, RMSEA 为 0.070, 小于 0.08, 且其余适配指数均在 0.9 左右, 说明该模型内在质量比较理想。

表 3—16　　　　　　　教育期望的验证性因素分析结果

测量题项	标准化因素负荷量	测量误差	组合信度	平均方差提取量
EE1	0. 883	0. 220		
EE2	0. 834	0. 304	0. 908	0. 712
EE3	0. 779	0. 393		
EE4	0. 876	0. 232		

续表

测量题项	标准化因素负荷量	测量误差	组合信度	平均方差提取量
EE5	0.818	0.408		
EE6	0.829	0.179	0.899	0.692
EE7	0.769	0.306		
EE8	0.906	0.282		
EE9	0.833	0.239		
EE10	0.847	0.243	0.916	0.732
EE11	0.872	0.282		
EE12	0.870	0.299		
EE13	0.847	0.243		
EE14	0.837	0.304	0.910	0.717
EE15	0.870	0.408		
EE16	0.834	0.179		

模型拟合情况

CD	RMSEA	GFI	CFI	NFI	IFI
2.318	0.070	0.863	0.958	0.928	0.958

个体学业成绩问卷的 7 个题项的 KMO 值为 0.915，Bartlett 球形检验统计量显著异于 0（P<0.05），说明该量表可以进行探索性因子分析，结果显示 7 个测量题项以特征根大于 1 为标准抽取了 1 个公共因子，解释了总体方差变异的 68.409%，因子载荷在 0.790 至 0.850 之间。以探索性因子分析结果构建一阶单因子结构方程模型，验证性因素分析结果如表 3—17 所示。所有测量题项的标准化因素负荷量均在 0.7 以上，其组合信度分别为 0.922，平均方差提取量分别为 0.631，均大于 0.5，说明数据的建构信度和结构效度均比较理想，和研究预设基本一致。模型的 CD 为 2.491，介于 1 至 3 之间，RM-SEA 为 0.048，小于 0.08，且其余适配指数均在 0.9 左右，说明该模型内在质量比较理想。

表 3—17　　　　　　　个体学业成绩的验证性因素分析结果

测量题项	标准化因素负荷量	测量误差	组合信度	平均方差提取量
SA1	0.750	0.437		
SA2	0.826	0.317		
SA3	0.795	0.368		
SA4	0.824	0.321	0.922	0.631
SA5	0.753	0.433		
SA6	0.835	0.302		
SA7	0.775	0.399		

模型拟合情况

CD	RMSEA	GFI	CFI	NFI	IFI
2.491	0.048	0.894	0.943	0.928	0.943

家庭社会资本问卷的 7 个题项的 KMO 值为 0.906，Bartlett 球形检验统计量显著异于 0（$P < 0.05$），说明该量表可以进行探索性因子分析，结果显示 7 个测量题项以特征根大于 1 为标准抽取了 1 个公共因子，解释了总体方差变异的 67.119%，因子载荷在 0.619 至 0.803 之间。以探索性因子分析结果构建一阶单因子结构方程模型，验证性因素分析结果如表 3—18 所示。所有测量题项的标准化因素负荷量均在 0.7 以上，其组合信度分别为 0.915，平均方差提取量均为 0.610，大于 0.5，说明数据的建构信度和结构效度均比较理想，和研究预设基本一致。模型的 CD 为 2.970，介于 1 至 3 之间，RMSEA 为 0.039，小于 0.08，且其余适配指数均在 0.9 左右，说明该模型内在质量比较理想。

表3—18   家庭社会资本的验证性因素分析结果

测量题项	标准化因素负荷量	测量误差	组合信度	平均方差提取量
SC1	0.850	0.277		
SC2	0.741	0.450		
SC3	0.701	0.568		
SC4	0.751	0.436	0.915	0.610
SC5	0.844	0.287		
SC6	0.761	0.420		
SC7	0.844	0.287		

模型拟合情况					
CD	RMSEA	GFI	CFI	NFI	IFI
2.970	0.039	0.876	0.965	0.949	0.966

学校阶层隔离问卷的 5 个题项的 KMO 值为 0.888，Bartlett 球形检验统计量显著异于 0 （P < 0.05），说明该量表可以进行探索性因子分析，结果显示 5 个测量题项以特征根大于 1 为标准抽取了 1 个公共因子，解释了总体方差变异的 75.113%，因子载荷在 0.706 至 0.778 之间。以探索性因子分析结果构建一阶单因子结构方程模型，验证性因素分析结果如表 3—19 所示。所有测量题项的标准化因素负荷量均在 0.7 以上，其组合信度均为 0.917，平均方差提取量均为 0.689，大于 0.5，说明数据的建构信度和结构效度均比较理想，和研究预设基本一致。模型的 CD 为 2.383，介于 1 至 3 之间，RMSEA 为 0.022，小于 0.08，且其余适配指数均在 0.9 以上，说明该模型内在质量比较理想。

表 3—19　　　　　　　　学校阶层隔离的验证性因素分析结果

测量题项	标准化因素负荷量	测量误差	组合信度	平均方差提取量
SS1	0.856	0.267		
SS2	0.847	0.282		
SS3	0.844	0.287	0.917	0.689
SS4	0.785	0.383		
SS5	0.817	0.332		

模型拟合情况					
CD	RMSEA	GFI	CFI	NFI	IFI
2.383	0.022	0.974	0.989	0.981	0.989

社会歧视知觉量表的 12 个题项的 KMO 值为 0.964，Bartlett 球形检验统计量显著异于 0（P < 0.05），说明该量表可以进行探索性因子分析，结果显示 12 个测量题项以特征根大于 1 为标准抽取了 1 个公共因子，解释了总体方差变异的 68.998%，因子载荷在 0.643 至 0.750 之间。以探索性因子分析结果构建一阶单因子结构方程模型，验证性因素分析结果如表 3—20 所示。所有测量题项的标准化因素负荷量均在 0.7 以上，其组合信度均为 0.959，平均方差提取量为 0.661，均大于 0.5，说明数据的建构信度和结构效度均比较理想，和研究预设基本一致。模型的 CD 为 1.803，介于 1 至 3 之间，RM-SEA 为 0.027，小于 0.08，且其余适配指数均在 0.9 以上，说明该模型内在质量比较理想。

表 3—20　　　　　　　　社会歧视知觉的验证性因素分析结果

测量题项	标准化因素负荷量	测量误差	组合信度	平均方差提取量
SD1	0.822	0.324		
SD2	0.810	0.343	0.959	0.661
SD3	0.856	0.267		
SD4	0.825	0.319		

续表

测量题项	标准化因素负荷量	测量误差	组合信度	平均方差提取量
SD5	0.798	0.363		
SD6	0.833	0.306		
SD7	0.806	0.350		
SD8	0.807	0.348	0.959	0.661
SD9	0.779	0.393		
SD10	0.794	0.369		
SD11	0.827	0.316		
SD12	0.802	0.356		

模型拟合情况					
CD	RMSEA	GFI	CFI	NFI	IFI
1.803	0.027	0.917	0.976	0.949	0.976

3. 问卷修订

在小规模样本信效度检验的基础上，对问卷各变量的测量题项进行了修订，形成了本书的最终调查问卷。异地高考政策认同量表在原12个题项的基础上，删除题项 PM4、PM7、PM12，最终保留余下9个题项作为异地高考政策认同的测量题项。教育期望、个体学业成绩、家庭社会资本、学校阶层隔离、社会歧视知觉等量表或问卷通过信效度检验，所以保留原测量题项。为便于后期的数据统计，在问卷设计环节已经给各个题项进行了编码，各题项设有变量名及变量值标签。

二 正式问卷调研与分析

(一) 正式调研过程

调查问卷和量表正式形成后，笔者与课题组成员进行了有关社会调查专业要求和规范的培训。要求访谈时采取平视的态度，说明来意、消除顾虑，营造宽松的氛围，采用无记名方式，尽可能了解随迁子女的日常生活、朋友交际、家庭氛围，尽可能接近学生的内心世界和真实感受。在指导填写问卷时，要求学生细致读题，理解题目的意思，填写后注意检查问卷，避免重复作答或漏题，以求获取高质量的研究数据。

本书采用分层抽样的方法，在 10 个"率先突破型"异地高考政策省份中，选择随迁子女较为集中的浙江省杭州市、浙江省宁波市、福建省福州市、江苏省南京市、山东省青岛市、安徽省合肥市、江西省南昌市、湖北省武汉市、湖南省长沙市、河北省石家庄市、河南省郑州市 11 个地区中的 15 所学校的 8 至 11 年级的若干学生进行了调研。2016 年 5 月笔者与课题组成员对浙江省杭州市下城区某九年一贯制公办学校、宁波市江北新城某九年一贯制民办学校以及宁波市慈溪某公办完全中学进行问卷访谈和调查。2016 年 6 月课题组走访了福建省福州市仓山区某公办中学，江苏省南京市建邺区某九年一贯制实验学校，山东省青岛市李沧区某民办中学、四方区某公办中学。2016 年 9 月课题组走访了安徽省合肥市包河区某公办中学、江西省南昌市东湖区某九年一贯制公办学校。2016 年 10 月课题组走访了湖北省武汉市江夏区某民办学校（以招收随迁子女为主）、湖南省长沙市雨花区某办公中学。2016 年 11 月课题组走访了河北省石家庄市某公办完全中学，河南省郑州市中原区某公办中学、某九年一贯制民办学校（以招收随迁子女为主）。在以上调研的学校当中，有 11 所学校为九年一贯制公办学校或公办中学，4 所为民办学校或民办中学。研究小组对调查问卷进行现场筛查，后期采用表列删除法再次筛查，回收有效问卷总量为 1770 份。

调研小组在每个调研学校，根据不同省份区域、不同户籍类型、不同家庭背景、不同学校类型、不同现居住城市时间等因素随机选取部分随迁子女、家长以及任课教师进行深入访谈。汇总后，共收集 312 份的随迁子女访谈问卷、89 份随迁子女家长问卷以及 35 份任课教师问卷。另外，共收集到 293 份命题作文《他乡的学习经历与未来期望》。

（二）正式调研的描述性统计分析

正式调研的描述性统计如表 3—21 所示：在所调查的样本中，男生占54.1%。"户籍流动类型"中"农村→城镇"户籍流动的样本占79.4%，大约是"城镇→城镇"流动学生的4倍，这与教育部、国家卫计委统计的全国范围内两类人员的比例基本一致。"就读学校类型"方面，在当地公办学校就读的样本占75.1%，这与全国义务教育阶段随迁子女入读公办学校80%的比例相当。"居住地人员结构"，样本的分布大致相当，选择居住地"外地人多"和"差不多"的样本比例稍高。"就读年级分布"，样本较多集中在初中阶段，这也符合全国的基本状况。"现居住城市时间"，选择"3—4年"及以上的样本累计达到88.6%，可见绝大多数的随迁子女是长期在迁入地城市生活和学习。由此可见，进城务工人员随迁子女不同于一般意义上的"高考移民"。

表3—21　　　　　　　　　正式调研的描述性统计结果　　　　　单位：人，%

变量	选项	总数	频数	政策"率先突破型"省份样本分布									
				浙江	福建	江苏	山东	安徽	江西	湖北	湖南	河北	河南
性别	女	813	45.9	131	79	89	81	67	75	76	65	71	79
	男	957	54.1	152	86	104	105	70	96	85	71	81	107
户籍流动类型	"农村→城镇"流动	1405	79.4	218	125	160	156	98	133	129	103	118	165
	"城镇→城镇"流动	365	20.6	65	40	33	30	39	38	32	33	34	21
就读学校类型	民办学校（随迁子女）	441	24.9	65	30	55	39	36	58	59	30	31	38
	当地公办学校	1329	75.1	218	135	138	147	101	113	102	106	121	148
居住地人员结构	本地人多	481	27.2	66	40	31	34	45	78	36	39	39	73
	差不多	683	38.6	111	72	65	80	55	41	72	58	62	67
	外地人多	606	34.2	106	53	97	72	37	52	53	39	51	46
就读年级分布	8年级	532	30.1	83	27	30	46	34	66	101	38	54	53
	9年级	618	34.9	115	23	69	82	53	105	60	20	35	56
	10年级	312	17.6	47	57	51	25	22	0	0	43	31	36
	11年级	308	17.4	38	58	43	33	28	0	0	35	32	41

续表

变量	选项	总数	频数	政策"率先突破型"省份样本分布									
				浙江	福建	江苏	山东	安徽	江西	湖北	湖南	河北	河南
现居住城市时间	1 年以下	0	0	0	0	0	0	0	0	0	0	0	0
	1—2 年	201	11.4	24	22	27	17	12	34	26	6	16	17
	3—4 年	864	48.8	145	41	75	109	64	113	108	52	74	83
	5—6 年	500	28.2	96	67	60	45	39	15	21	58	41	58
	7 年及以上	205	11.6	18	35	31	15	22	9	6	20	21	28
合计	—	1770	—	283	165	193	186	137	171	161	136	152	186

（三）正式样本的信度分析

1. 异地高考政策认同

如表 3—22 所示，异地高考政策认同量表的信度为 0.965，校正后与总分的相关系数及多元相关系数的平方值均在 0.5 以上，且删除任何一个测量题项，异地高考政策认同量表的克朗巴哈系数都会低于整体克朗巴哈系数。说明异地高考政策认同量表的整体信度较好。

表 3—22 异地高考政策认同的信度检验结果

题项序号	校正后与总分的相关系数	多元相关系数的平方	删除后的克朗巴哈系数	整体克朗巴哈系数
PM1	0.884	0.776	0.959	
PM2	0.823	0.672	0.962	
PM3	0.896	0.726	0.959	
PM5	0.868	0.672	0.961	
PM6	0.877	0.719	0.960	0.965
PM8	0.870	0.752	0.960	
PM9	0.741	0.538	0.964	
PM10	0.908	0.790	0.958	
PM11	0.862	0.721	0.961	

2. 教育期望

如表3—23所示，教育期望量表的信度为0.968，其中，学业表现期望的信度为0.930，品德表现期望的信度为0.872，人际交往期望的信度为0.901，社会成就期望的信度为0.867。校正后与总分的相关系数及多元相关系数的平方值均在0.5以上，且删除任何一个测量题项，教育期望量表的克朗巴哈系数都会低于整体克朗巴哈系数。说明教育期望量表的信度较好。

表3—23   教育期望的信度检验结果

题项序号	校正后与总分的相关系数	多元相关系数的平方	删除后的克朗巴哈系数	整体克朗巴哈系数	
EE1	0.894	0.773	0.924	0.930	
EE2	0.887	0.671	0.924		
EE3	0.804	0.565	0.925		
EE4	0.842	0.773	0.925		
EE5	0.762	0.692	0.866	0.872	0.968
EE6	0.763	0.702	0.866		
EE7	0.720	0.598	0.867		
EE8	0.897	0.846	0.864		
EE9	0.872	0.802	0.900	0.901	
EE10	0.812	0.713	0.869		
EE11	0.815	0.785	0.896		
EE12	0.777	0.759	0.899		
EE13	0.758	0.673	0.866	0.867	
EE14	0.716	0.660	0.865		
EE15	0.761	0.709	0.865		
EE16	0.710	0.711	0.864		

3. 个体学业成绩

如表3—24所示，个体学业成绩问卷的信度为0.940。校正后与总分的相关系数及多元相关系数的平方值均在0.5以上，且删除任何一个测量题项，个体学业成绩问卷的克朗巴哈系数都会低于整体克朗巴哈系数。说明个体学业成绩问卷的信度较好。

表3—24　　　　　　　　个体学业成绩的信度检验结果

题项序号	校正后与总分的相关系数	多元相关系数的平方	删除后的克朗巴哈系数	整体克朗巴哈系数
SA1	0.804	0.544	0.930	
SA2	0.778	0.570	0.933	
SA3	0.813	0.670	0.930	
SA4	0.826	0.688	0.928	0.940
SA5	0.791	0.628	0.931	
SA6	0.821	0.697	0.929	
SA7	0.784	0.580	0.932	

4. 家庭社会资本

如表3—25所示，家庭社会资本问卷的信度为0.929。校正后与总分的相关系数及多元相关系数的平方值均在0.5以上，且删除任何一个测量题项，家庭社会资本问卷的克朗巴哈系数都会低于整体克朗巴哈系数。说明家庭社会资本问卷的信度较好。

表3—25　　　　　　　家庭社会资本的信度检验结果

题项序号	校正后与总分的相关系数	多元相关系数的平方	删除后的克朗巴哈系数	整体克朗巴哈系数
SC1	0.796	0.543	0.919	
SC2	0.807	0.567	0.915	
SC3	0.777	0.671	0.918	
SC4	0.806	0.687	0.916	0.929
SC5	0.746	0.633	0.921	
SC6	0.776	0.695	0.919	
SC7	0.752	0.581	0.921	

5. 学校阶层隔离

如表 3—26 所示，学校阶层隔离问卷的信度为 0.852。校正后与总分的相关系数及多元相关系数的平方值均在 0.5 以上，且删除任何一个测量题项，学校阶层隔离问卷的克朗巴哈系数都会低于整体克朗巴哈系数。说明学校阶层隔离问卷的信度较好。

表3—26   学校阶层隔离的信度检验结果

题项序号	校正后与总分的相关系数	多元相关系数的平方	删除后的克朗巴哈系数	整体克朗巴哈系数
SS1	0.709	0.673	0.811	
SS2	0.584	0.656	0.842	
SS3	0.707	0.673	0.811	0.852
SS4	0.718	0.606	0.807	
SS5	0.615	0.623	0.835	

6. 社会歧视知觉

如表 3—27 所示，社会歧视知觉量表的信度为 0.961。校正后与总分的相关系数及多元相关系数的平方值均在 0.5 以上，且删除任何一个测量题项，社会歧视知觉量表的克朗巴哈系数都会低于整体克朗巴哈系数。说明社会歧视知觉量表的信度较好。

表3—27   社会歧视知觉的信度检验结果

题项序号	校正后与总分的相关系数	多元相关系数的平方	删除后的克朗巴哈系数	整体克朗巴哈系数
SD1	0.805	0.686	0.958	
SD2	0.799	0.684	0.958	0.961
SD3	0.829	0.732	0.957	
SD4	0.818	0.695	0.958	

续表

题项序号	校正后与总分的相关系数	多元相关系数的平方	删除后的克朗巴哈系数	整体克朗巴哈系数
SD5	0.801	0.651	0.958	
SD6	0.825	0.715	0.957	
SD7	0.821	0.711	0.958	
SD8	0.806	0.668	0.958	0.961
SD9	0.793	0.674	0.958	
SD10	0.772	0.621	0.959	
SD11	0.808	0.680	0.958	
SD12	0.791	0.645	0.959	

（四）正式样本的效度分析

在小规模预测样本的信效度检验后，本书所使用的问卷各因素和题项已经确定，因此在正式样本的效度检验时，将只通过验证性因素分析来探究问卷的因素结构模型是否与正式样本数据相契合，判断指标变量能否有效作为潜在变量的测量变量。主要通过组合信度、平均方差提取量、模型拟合指标等来反映问卷或量表的效度问题。

1. 异地高考政策认同

构建异地高考政策认同的一阶单因子验证性因子模型，验证性因素分析结果如表 3—28 所示。该模型的组合信度为 0.967，大于 0.6；平均方差提取量为 0.768，大于 0.5，且各测量题项的标准化因素负荷量介于 0.761 至 0.918 之间，均在 0.7 以上。说明模型的内在质量佳，且各题项可以有效反映异地高考政策认同这一共同因素构念的潜在特质。从结构方程模型的各项拟合指标来看，CD 为 2.263，介于 1 至 3 之间，RMSEA 为 0.069，小于 0.08，且其余适配指数均在 0.9 左右，说明该模型与正式样本数据相契合。

表3—28　　　　　　　　异地高考政策认同的验证性因素分析结果

测量题项	标准化因素负荷量	测量误差	组合信度	平均方差提取量
PM1	0.909	0.173		
PM2	0.844	0.287		
PM3	0.918	0.157		
PM5	0.879	0.227		
PM6	0.891	0.206	0.967	0.768
PM8	0.886	0.215		
PM9	0.761	0.420		
PM10	0.915	0.162		
PM11	0.878	0.229		

模型拟合情况					
CD	RMSEA	GFI	CFI	NFI	IFI
2.263	0.069	0.900	0.894	0.896	0.897

2. 教育期望

构建教育期望的二阶四因子验证性因子模型，验证性因素分析结果如表 3—29 所示。各维度的组合信度分别为 0.933、0.873、0.912、0.879，均大于 0.6；平均方差提取量分别为 0.779、0.635、0.723、0.647，均大于 0.5，且各测量题项的标准化因素负荷量介于 0.709 至 0.922 之间，均在 0.7 以上。说明模型的内在质量佳，且各题项可以有效反映教育期望这一共同因素构念的潜在特质。从结构方程模型的各项拟合指标来看，CD 为 2.253，介于 1 至 3 之间，RM-SEA 为 0.052，小于 0.08，且其余适配指数均在 0.9 左右，说明该模型与正式样本数据相契合。

表3—29 　　　　　　　　教育期望的验证性因素分析结果

测量题项	标准化因素负荷量	测量误差	组合信度	平均方差提取量
EE1	0.922	0.149		
EE2	0.919	0.155	0.933	0.779
EE3	0.822	0.324		
EE4	0.865	0.251		
EE5	0.768	0.410		
EE6	0.771	0.405	0.873	0.635
EE7	0.724	0.475		
EE8	0.913	0.166		
EE9	0.904	0.182		
EE10	0.852	0.274	0.912	0.723
EE11	0.855	0.269		
EE12	0.786	0.382		
EE13	0.709	0.537		
EE14	0.769	0.408	0.879	0.647
EE15	0.898	0.193		
EE16	0.855	0.269		

模型拟合情况					
CD	RMSEA	GFI	CFI	NFI	IFI
2.253	0.052	0.912	0.908	0.899	0.908

3. 个体学业成绩

构建个体学业成绩的一阶单因子验证性因子模型，验证性因素分析结果如表3—30所示。该模型的组合信度为0.940，大于0.6；平均方差提取量为0.692，大于0.5，且各测量题项的标准化因素负荷量介于0.802至0.863之间，均在0.7以上。说明模型的内在质量佳，且各题项可以有效反映个体学业成绩这一共同因素构念的潜在特质。从结构方程模型的各项拟合指标来看，CD为2.606，介于1至3之间，RMSEA为0.077，小于0.08，且其余适配指数均在0.9以上，说明该模型与正式样本数据相契合。

表3—30　　　　　　　　个体学业成绩的验证性因素分析结果

测量题项	标准化因素负荷量	测量误差	组合信度	平均方差提取量
SA1	0.837	0.299		
SA2	0.802	0.356		
SA3	0.848	0.280		
SA4	0.863	0.255	0.940	0.692
SA5	0.814	0.337		
SA6	0.853	0.272		
SA7	0.807	0.348		

模型拟合情况					
CD	RMSEA	GFI	CFI	NFI	IFI
2.606	0.077	0.962	0.985	0.976	0.985

4. 家庭社会资本

构建家庭社会资本的一阶单因子验证性因子模型，验证性因素分析结果如表3—31所示。该模型的组合信度为0.931，大于0.6；平均方差提取量为0.660，大于0.5，且各测量题项的标准化因素负荷量介于0.762至0.861之间，均在0.7以上。说明模型的内在质量佳，且各题项可以有效反映家庭社会资本这一共同因素构念的潜在特质。从结构方程模型的各项拟合指标来看，CD为2.030，介于1至3之间，RMSEA为0.061，小于0.08，且其余适配指数均在0.9左右，说明该模型与正式样本数据相契合。

表3—31　　　　　　　家庭社会资本的验证性因素分析结果

测量题项	标准化因素负荷量	测量误差	组合信度	平均方差提取量
SC1	0.841	0.707		
SC2	0.861	0.741		
SC3	0.801	0.642		
SC4	0.848	0.719	0.931	0.660
SC5	0.762	0.581		
SC6	0.797	0.635		
SC7	0.774	0.599		

模型拟合情况					
CD	RMSEA	GFI	CFI	NFI	IFI
2.030	0.061	0.895	0.931	0.923	0.932

5. 学校阶层隔离

构建学校阶层隔离的一阶单因子验证性因子模型，验证性因素分析结果如表 3—32 所示。该模型的组合信度为 0.881，大于 0.6；平均方差提取量为 0.599，大于 0.5，且各测量题项的标准化因素负荷量介于 0.740 至 0.792 之间，均在 0.7 以上。说明模型的内在质量佳，且各题项可以有效反映学校阶层隔离这一共同因素构念的潜在特质。从结构方程模型的各项拟合指标来看，CD 为 1.944，介于 1 至 3 之间，RMSEA 为 0.049，小于 0.08，且其余适配指数均在 0.9 以上，说明该模型与正式样本数据相契合。

表 3—32　　　　　　学校阶层隔离的验证性因素分析结果

测量题项	标准化因素负荷量	测量误差	组合信度	平均方差提取量
SS1	0.782	0.388		
SS2	0.740	0.452		
SS3	0.784	0.385	0.881	0.599
SS4	0.792	0.372		
SS5	0.771	0.405		

模型拟合情况					
CD	RMSEA	GFI	CFI	NFI	IFI
1.944	0.049	0.993	0.988	0.991	0.989

6. 社会歧视知觉

构建社会歧视知觉的一阶单因子验证性因子模型，验证性因素分析结果如表 3—33 所示。该模型的组合信度为 0.961，大于 0.6；平均方差提取量为 0.677，大于 0.5，且各测量题项的标准化因素负荷量介于 0.786 至 0.849 之间，均在 0.7 以上。说明模型的内在质量佳，且各题项可以有效反映社会歧视知觉这一共同因素构念的潜在特质。从结构方程模型的各项拟合指标来看，CD 为 2.651，介于 1 至 3 之间，RMSEA 为 0.078，小于 0.08，且其余适配指数均在 0.9 以上，说明该模型与正式样本数据相契合。

表3—33　　　　　　　　社会歧视知觉的验证性因素分析结果

测量题项	标准化因素负荷量	测量误差	组合信度	平均方差提取量
SD1	0.824	0.321		
SD2	0.820	0.327		
SD3	0.849	0.279		
SD4	0.838	0.297		
SD5	0.818	0.330		
SD6	0.842	0.291	0.961	0.677
SD7	0.839	0.296		
SD8	0.822	0.324		
SD9	0.809	0.345		
SD10	0.786	0.382		
SD11	0.822	0.324		
SD12	0.808	0.347		

模型拟合情况

CD	RMSEA	GFI	CFI	NFI	IFI
2.651	0.078	0.915	0.969	0.951	0.969

第二节　异地高考政策认同的现状分析

国务院办公厅转发教育部等部门的《关于做好进城务工人员随迁子女接受义务教育后在当地参加升学考试工作的意见》（简称《意见》），全文一共 1452 个文字，主要内容一共五段，分别涉及随迁子女升学考试工作的重要性、主要原则、各地因地制宜制定具体政策、统筹随迁子女和流入地学生升学考试以及组织领导和协调配合，是国家有关随迁子女异地升学考试的纲领性文件。

一 异地高考政策的内容分析

（一）有关城市发展需求准许条件

《意见》提出各地可以根据功能定位、产业结构以及资源承载能力确定具体条件。按照各省市公布的实施方案分析，有些省份对城市发展需求准许条件有明确说明，有些有简要说明，有些没有提及。北京方案"充分考虑北京市作为特大城市的人口、资源、环境和教育资源承载能力，整体规划未来北京市各级各类教育的发展，逐步构建以常住人口为对象的社会管理体制和公共教育服务体系"。陕西方案"充分考虑高等教育资源、特别是优质高等教育资源紧张现状"。而政策"率先突破型"省份则较少提及有关城市发展需求准许条件。

（二）有关监护人准许条件的规定

各地对监护人的准许条件一般包括：居住证（暂住证）、住所、职业、社保等方面。上海市提出"来沪人员持有《上海市居住证》且积分达到标准分值，且已连续持有《上海市居住证》3 年及以上"，积分与居住证直接挂钩，一般人很难达到规定的积分。广西则要求"父母的其中一方（或法定监护人）在我区流入地具有合法稳定职业、合法稳定住所（含租赁）三年以上（含）"。而相比较而言，异地高考政策"率先突破型"省份对"父母或其他法定监护人"准入条件要求较低，甚至有些是零门槛。

（三）有关学生准许条件的规定

总体而言，有关学生准许条件主要涉及学籍和就读年限。新疆提出"非新疆籍学生要有小学、初中和高中的 12 年完整学籍"。云南规定"考生户籍在云南，本人具有在云南初中、高中六年学籍。"而政策"率先突破型"省份通常只要求学生具有三年连续高中学籍，如福建"有三年完整学习经历"、安徽"有高中阶段完整学籍"。根据统计（如图 3—2 所示），所有省份都对学籍提出要求，22 个省份对父母职业提出要求，20 个省份对住所提出要求。而学籍也正是判断异地高考而非高考移民的重要依据，可以视为合理的异地高考准入门槛。

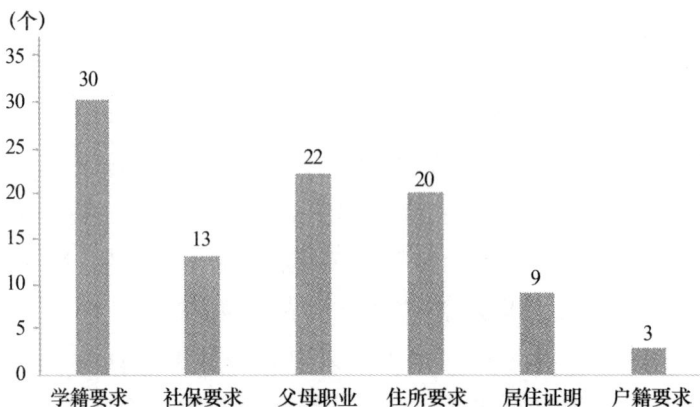

图3—2　30个省份在异地高考准入条件上的分布

（四）有关报考高等院校类型的规定

根据各地政策对考生可以报考高等院校的类型，可分为完全开放、半开放和未开放三种类型。上海就属于未开放类型，在初中阶段结束后只能报考当地的中职，然后允许报考高职。云南属于半开放类型，只允许学生报考第三批本科院校或专科院校。而政策"率先突破型"省份通常属于完全开放型，不仅可以参加当地的异地中高考，而且可以同当地学生一样报考各类型的高等院校。

（五）有关政策执行时间及步骤的规定

各地异地高考方案的执行时间及步骤也有所不同。"分步落实型"省份往往考虑到无法在短时间内完全实现"异地高考"，只能采用过渡性政策，随着城市承载能力等外在条件的逐步成熟，在户籍和学籍等条件的要求上逐渐放松。广东省要求"从2016年起，在当地参加中考并具有高中阶段三年完整学籍的随迁子女可以报名参加高考"。而政策"率先突破型"省份通常一步到位，从2013年开始实现与本地学生享受同等待遇。

二　异地高考政策的利益博弈

美国学者丹尼尔·布罗姆利（Bromley）认为制度变迁最根本的

动力机制在于利益的驱动，即当一个地方的社会和经济条件发生巨大变化时，这个地方现存的制度将会变得不合时宜。相关利益者会尽力修正相应的制度以应对新的挑战。① 政策网络中利益相关者的利益博弈比较复杂，本书着眼中央政府与地方政府、当地子女及其家庭与政府部门、随迁子女及其家庭与政府部门、随迁子女及其家庭与当地子女及其家庭四对利益关系进行分析。

（一）中央政府与地方政府

各地方政府要维护中央政府的统一与权威，中央政府也要给予各地方政府一定的自治权，以便充分调动它们的积极性。"异地高考"问题成因非常复杂，既有历史发展原因，又有区域发展不平衡原因，短时间内不可能得到圆满解决。但是在人大代表和政协委员、专家学者、大众媒体以及大量的随迁子女家庭等施压下，中央政府为了安抚舆论、维护社会稳定，不得不做出宏观改革方向和基本思路，同时将改革涉及的所有难题一并抛给地方政府。因此此次中央政府出台的异地高考纲领性文件，仅对相应要求做了宏观部署，将权力下放到地方政府，由地方政府制定具体方案。② 有些改革阻力很大的地方政府明知不可能拿出令人满意的方案，但慑于中央权威和舆论压力，只能为自己争取更长的缓冲时间，出现了"分步落实型"省份。这种"中央统领和规划、地方执行和变通"的互动模式对于推进异地高考改革有利也有弊，但是总体而言还是利大于弊。

（二）随迁子女家庭与政府部门

在政策网络环境中随迁子女家庭与政府部门的关系，既包括与直接接触的地方政府之间的关系，也包括与中央政府之间的关系。首先，随迁子女及其家长通过媒体、人大代表、政协委员以及专家学者向中央政府表达自己的利益诉求，无形中给中央政府施压，期待从国家层面出台相应的政策。其次，随迁子女及其家庭也会寻求地

---

① ［美］丹尼尔·W. 布罗姆利：《经济利益与经济制度》，陈郁、郭宇峰译，上海三联书店 2012 年版，第 128 页。

② 周楠：《公共政策过程理论视阈下中国异地高考问题研究》，博士学位论文，中国科技大学，2015 年。

方政府的支持与帮助。但他们往往会遭到百般推诿，因为地方政府毕竟是占主体地位的当地子女家庭的代表和利益维护者。冯帮等对北京市大兴区 200 名农民工的调查发现 69% 的被调查者表示"会尽一切努力使孩子留在北京参加高考"，但是有 60.1% 的被调查者对"异地高考"政策表现出了消极情绪，绝大多数农民工并不认为政策能够很好地解决教育公平问题，主要担心地方政府会拖延。① 地方政府既要维护当地子女的利益，又要考虑当地教育的实际承载力，确实难以抉择，因此往往会设置苛刻条件、拖延实施时间等措施。

（三）当地子女家庭与政府部门

在政策网络中当地子女及其家庭主要与地方政府之间形成互动和利益捆绑关系，基本不涉及中央政府。作为异地高考改革最主要的反对群体，当地子女及其家庭必然会采取相应措施联合地方政府一起保护自身的既得利益。例如当北京的随迁子女家庭不断呼吁允许他们在北京参加高考的同时，当地家长称这些非京籍人士为"异闹"，不仅在贴吧上进行唇枪舌剑，而且在教委门前针锋相对，表达了他们反对异地高考的决心。② 究其原因，一个地区的高等教育资源是有限的，尤其是优质高等教育，而且每年各高校的招生计划也是有限的。如果全国大量的随迁子女涌入当地参加升学考试，势必增加当地学生的高校录取压力。因此，地方政府作为当地子女家庭的利益代表，难免制定出更倾向于维护和满足当地子女利益的政策方案。

（四）随迁子女及其家庭与当地子女及其家庭

随迁子女和当地子女是"异地高考"关系中最紧密的、互动最强的一对主体，也是最直接的利益相关者。随迁子女家庭努力争取在流入地参加高考，并且获得享受优质高等教育的机会，但是这种诉求势必会损害到当地子女的部分权益。这种利益冲突尤其表现在高考竞争压力小、录取比例高、优质教育资源丰富的省份，例如北

---

① 冯帮、崔梦川：《关于农民工对异地高考政策反响的调查报告》，《上海教育科研》2013年第 1 期。

② 王琦：《"把习惯当特权"考验异地高考决定》，《甘肃教育》2013 年第 1 期。

京、上海等地，另外就是"高考洼地"，例如西藏、新疆等。2012 年上海的"占海特"事件，引起了非沪籍人士与沪籍人士的激烈争论，使得这对矛盾冲突受到了社会各界的广泛关注。[①] 矛盾双方争论的焦点主要是教育权、社会歧视、学生利益、贡献度、资源环境等。其中教育权的争论最为激烈，随迁子女家庭认为教育权是公民基本权利，理应在当地享受平等教育的权利；但是当地子女家长则认为受教育权是跟户籍挂钩的，公民应该在户籍所在地享有教育权。其次，随迁子女家长认为"异地高考"有利于孩子健康成长，限制会产生更多的留守儿童，让孩子心里产生仇恨情绪；但是当地子女家长认为"异地高考"会引发更多高考移民，会对当地教育资源、公共服务资源以及环境造成很大冲击。

总体而言，异地高考政策的出台和实施是众多利益主体的博弈过程。既得利益者（最为显著的是当地子女及其家庭）出于自身利益的考量会阻碍政策的实施，而随迁子女及其家庭则尽其所能地追求实现异地高考。由此，双方决定了政策在实施过程中必然会遇到各种矛盾和冲突。但是，本书认为异地高考政策的利益博弈终究不是"零和博弈"，有可能实现相关利益者的合作与共赢。

三　异地高考政策的类型分析

本书收集了全国各地的异地高考政策文本，分析发现尽管各文本的价值观念不同、阐述方式不同，但是几乎都包括了三个主要内容，分别是政策实施的外部条件、政策实施的门槛要求以及政策实施的时间步骤。然后根据各地文本对以上三个方面进行分析，我们比较赞同习勇生（2013）的"三类型"法，即可以分为"率先突破型""分步落实型"以及"严防死守型"。[②] "率先突破型"的政策呈现出外部条件好、门槛要求低、实施时间早等特点，仅对实施对象的

---

① 孙玮、李梦颖：《可见性：社会化媒体与公共领域——以"占海特"异地高考事件为例》，《西北师范大学学报》（社会科学版）2014 年第 2 期。

② 习勇生：《进城务工人员随迁子女异地高考政策分析：政策内容的视角》，《教育发展研究》2013 年第 13—14 期。

学籍和就读年限做了要求，如浙江、福建、江西、山东、安徽等地。"分步落实型"的文本呈现出政策外部条件欠成熟、门槛条件适中、实施时间适中等特点，对实施对象的住所、职业、学籍和年限都做了要求，并且设置了缓冲期，如广东、广西、云南等地。"严防死守型"的文本呈现出外部条件很严峻、门槛条件严苛、实施时间待定等特点，对政策实施对象要么实行"积分入户"政策，要么要求从小学开始就必须有当地学籍，如北京、上海、新疆等地。

总体而论，无论是有限度的开放，还是彻底的开放，其功效在于宣告单纯"行政性堵截"政策的失效。接下来，各地政策制定者面临的问题正如李涛和邬志辉所言，是政策的 2.0 版本，即如何破解政策各方的利益纠葛问题。①

四 "率先突破型"省份异地高考政策认同的现状分析

本书根据各省的异地高考政策内容，参考其他学者的意见，把浙江、福建、江苏、河北、山东、江西、安徽、湖北、湖南、河南列为异地高考政策"率先突破型"省份。相比其他省份对进城务工人员在职业、住所、社保方面的要求，这些省份更强调对随迁子女学籍的要求。

（一）"率先突破型"异地高考政策的主要内容

根据《全国教育事业发展统计公报》和《全国农民工监测调查报告》，各省的教育统计数据、统计公报数据等，同时参考杨东平2016 年的报告数据。② 10 个异地高考政策"率先突破型"省份 2016 年义务教育阶段随迁子女总人数达到了 756.74 万人，分别是浙江 147.32 万人、江苏 150.12 万人、福建 95.8 万人、河北 47.33 万人、山东 73.02 万人、江西 32.98 万人、安徽 46.23 万人、湖北 38.34 万人、湖南 54.73 万人、河南 70.87 万人，约占全国义务教育阶段随迁

---

① 李涛、邬志辉：《中国实施"异地高考"政策后亟待预防的三重风险》，《教育发展研究》2013 年第 13—14 期。

② 杨东平：《中国流动儿童教育发展报告（2016）》，社会科学文献出版社 2016 年版，第 210 页。

子女总人数的54%，超过了总人数的一半。

　　这10个"率先突破型"省份异地高考政策内容的主要特征如下：（1）对父母或其他法定监护人准许门槛不高，如只需要提供就业失业登记证、居住证（河北），如有合法稳定职业、合法稳定住所（江苏、湖南、河南），而对社会保险年限不做要求；（2）对随迁子女本身的条件，一般是高中学籍和学习经历的要求，如浙江，要求随迁子女进入浙江省高中阶段学校学习，并取得在浙江完整的高中阶段连续3年学习经历和学籍；也有只需要随迁子女1年以上高中学习经历且取得学籍；（3）允许随迁子女报考任何类型的高校；（4）政策执行的时间和步骤，一般是2013年（或2014年）开始实施，且一步到位。具体情况见表3—34。

表3—34　　　　"率先突破型"省份异地高考政策的主要内容

省份	父母或其他法定监护人准许条件	学生准许条件	报考院校类型	执行时间及步骤
浙江	无	有完整的高中学籍且连读3年	可以报考任何类型的高校	2013年开始实施，且一步到位
福建	无	有完整的高中阶段，且有连续3年学习经历和学籍	可以报考任何类型的高校	2013年开始实施，且一步到位
江苏	有合法稳定职业、合法稳定住所	有完整的高中学籍且连读3年	可以报考任何类型的高校	2013年开始实施，且一步到位
河北	就业失业登记证、居住证	有高中学籍且连读2年	可以报考任何类型的高校	2014年开始实施，且一步到位
山东	无	有高中学籍、3年完整学习经历	可以报考任何类型的高校	2013年开始实施，且一步到位
江西	无	读1年以上高中且取得学籍	可以报考任何类型的高校	2014年开始实施，且一步到位
安徽	无	高中阶段完整学籍及3年学习经历	可以报考任何类型的高校	2013年开始实施，且一步到位

续表

省份	父母或其他法定监护人准许条件	学生准许条件	报考院校类型	执行时间及步骤
湖北	有合法稳定职业、在现居住地有合法稳定住所（含租赁）	高中阶段完整学籍及3年学习经历	可以报考任何类型的高校	2013年开始实施，且一步到位
湖南	当地1年期以上的居住证（含就业状况信息、房产证或租赁合同等）	高中阶段完整学籍及3年学习经历	可以报考任何类型的高校	2013年开始实施，且一步到位
河南	父母一方有合法职业和稳定住所（含租赁）	有高中学籍	可以报考任何类型的高校	2013年开始实施，且一步到位

（二）"率先突破型"省份异地高考政策认同的数据分析

"率先突破型"省份的异地高考实质是政府调整教育利益的分配格局，使得绝大部分随迁子女享有与本地户籍子女同等的教育资源。那么，这些省份的随迁子女以及家长对异地高考政策的认同程度如何？我们进行相关的问卷测量和半结构式访谈。

1. 异地高考政策认同的总体状况

表3—35　　　　异地高考政策认同正式问卷的描述性统计结果　　　单位:%

选项	非常不认同	有些不认同	一般	比较认同	非常认同	均值	标准差
有关异地高考政策，父母和我进行了认真解读（PM1）	6.3	23.9	40.8	24.6	4.4		
有关异地高考政策，老师给我们进行了详细讲解（PM2）	4.7	20.6	30.6	37.1	7.0	3.09	0.87
对当地城市高考政策已经有了基本了解（PM3）	4.0	25.0	33.5	33.3	4.2		
自己符合异地高考政策所设置的条件（PM5）	0.4	20.2	30.9	40.1	8.5		

续表

选项	非常不认同	有些不认同	一般	比较认同	非常认同	均值	标准差
我认同异地高考政策是公平公正的政策（PM6）	9.6	25.0	14.0	42.3	9.2		
身边大多数同学都认同异地高考政策是公平公正的政策（PM8）	12.1	28.3	18.8	32.4	8.5		
异地高考政策的出台让我可以更加安心地在城里学习（PM9）	1.5	16.9	32.0	34.6	15.1	3.09	0.87
留在城里学习更有利于提高学习成绩（PM10）	10.3%	25.9	25.5	32.0	6.2		
在当地参加高考更能发挥自己的学业水平（PM11）	21.0	14.0	25.7	33.8	5.5		

从描述性统计表 3—35 来看，PM1 题项，选择"比较认同"的有 24.6% 和"非常认同"的有 4.4%，合计仅为 29%；PM2 题项，选择"比较认同"的有 37.1% 和"非常认同"的有 7.0%，合计为 44.1%。两题比较分析显示，随迁子女从学校和老师那里获得的异地高考政策信息，远高于来自父母的信息，这可能与随迁子女父母的工作性质、文化程度以及教育参与程度有关。而我们在与随迁子女家长访谈时，听到最多的声音是："让孩子在城市读书，只是想留在自己身边好管教""我们平时很忙，孩子也没有跟我们说什么当地高考政策""我们工作很忙，孩子学校的老师也不认识""现在国家出台的政策很多，但我们感觉没有多大变化"。总之，随迁子女家长相对狭小的社会交际圈、相对较低的教育参与程度，是造成对政策认知障碍的重要原因。

PM3 题项，选择"比较认同"的有 33.3% 和"非常认同"的有 4.2%，合计为 37.5%；PM5 题项，选择"比较认同"的有 40.1% 和"非常认同"的有 8.5%，合计为 48.6%；PM6 题项，选择"比较认

同"的有 42.3% 和"非常认同"的有 9.2%，合计为 51.5%；PM8
题项，选择"比较认同"的有 32.4% 和"非常认同"的有 8.5%，
合计为 40.9%。而我们在与随迁子女家长访谈时，"我孩子不用回老
家参加高考了，我一个亲戚回老家参加高考程序很麻烦""我们在这
里居住了这么多年，应该跟这里的人一样参加高考""我孩子成绩挺
好的，如果不能参加高考，太可惜了""我们到城里打工，就是为了
让孩子在城里上好学校""我们就是想让孩子留在城里上大学""现
在好了，我们可以在这里参加高考了，孩子学习比以前更加努力
了"。可见，异地高考政策利益相关者的认同对教育政策执行有重大
意义，教育政策在执行上自然更加顺利，执行偏差会更小。访谈结果
显示随迁子女及其家长对异地高考政策公平性方面的认同相对比较
高，他们的行为选择更加倾向于积极应对。

PM9 题项，选择"比较认同"的有 34.6% 和"非常认同"的有
15.1%，合计为 49.7%，加上选择"一般"的 32%，合计达到了
81.7%，可见异地高考政策的出台毫无疑问让随迁子女可以在城市安
心学习，不必担心面临转学、回老家远离父母成为留守儿童。PM10 题
项，选择"比较认同"的有 32.0% 和"非常认同"的有 6.2%，合计
为 38.2%，但是选择"有些不认同"的有 25.9% 和"非常不认同"
的有 10.3%，合计为 36.2%。PM11 题项，选择"比较认同"的有
33.8% 和"非常认同"的有 5.5%，合计为 39.3%，但是选择"有些
不认同"的有 14.0% 和"非常不认同"的有 21.0%，合计为 35%。

命题作文《他乡的学习经历与未来期望》中一项内容为"会在
流入地城市参加中考或高考吗？这样选择的理由是什么？"初三学生
W-2 写道，"我已经下决心在这里参加中考和高考，因为我从小在
此生长，对这片土地的依赖要大于家乡，在此地有许多自己熟识的
朋友，而家乡却让我觉得人生地不熟，在短时间内无法找到真正谈
天说地的知己。"高一学生 J-1 写道，"这里的教育质量比家乡更高，
家乡的教材跟这里不同，我在这里参加考试能够取得更好的成绩，
未来的工作也更有着落。"初三学生 T-3 写道，"我已经了解了这里
的中考规定，而且已经习惯了××市的教育方式，而且父母都在这

里，毕竟待在父母身边总是会更幸福一些。"高一学生 C－2 写道，"虽然这里不是我的故乡，但是我出生在这里，甚至可以说是比我故乡还亲的地方。现在这里的升学政策放开了，我才可以有机会考上高中，而不用必须回到老家。作为一个外地人，我想我会更加努力，小心翼翼地在这条升学小路上走，生怕赶不上其他人的步伐。"初二学生 S－1 写道，"如果不能在这里参加中考，我就要回到老家了，一个人孤苦伶仃，远不如在父母身边好。"高一学生 J－3 写道，"以前不允许我们在这里参加中考的时候，真不知道自己今后能做啥？可能也就跟亲戚去打工。现在我已经是高一学生了，有了自己的想法和主见，也愿意为自己的人生付出努力。古今中外，那些伟人都是珍惜时间、把握机会的人。所以，我也要努力学习，把握机会去追求属于我的诗和远方"。可见，随迁子女选择留在当地参加升学考试，除了当地的政策允许之外，更多考虑的因素是有当地的教育质量、生活方式的熟悉、父母的关爱以及朋辈的友谊。而那些已经在异地升学考试上获得成功的随迁子女，表现出更加努力的学习劲头和对未来更加积极的渴望。

2. 异地高考政策认同的差异性分析

（1）在性别上的差异

独立样本 T 检验结果如表 3—36 所示，异地高考政策认同在性别上存在显著差异（P＜0.05）。图 3—3 更为直观地表现出男生和女生的异地高考政策认同的差异，男生异地高考政策认同的均值显著低于女生异地高考政策认同的均值，二者的误差线长度差不多，说明离散情况差不多。

表 3—36　　　异地高考政策认同在性别上的独立样本 T 检验结果

变量	分组	N	M	SD	均值方程的 T 检验	
					t 值	P 值
异地高考政策认同	女	813	3.31	0.83	4.098	0.000
	男	957	2.89	0.85		

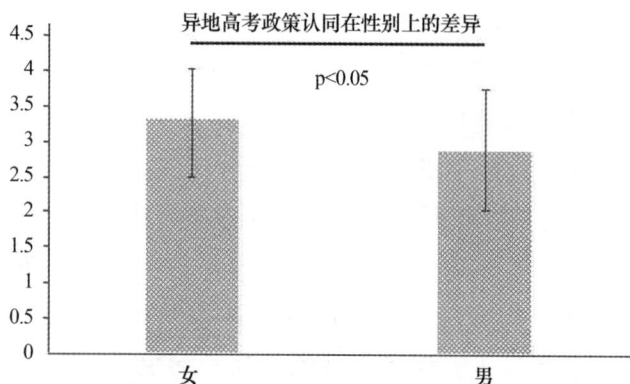

图3—3   异地高考政策认同在性别上的均值—误差线情况

（2）在户籍流动类型上的差异

独立样本 T 检验结果如表3—37 所示，异地高考政策认同在户籍流动类型上存在显著差异（P＜0.05）。图3—4 更为直观地表现出"农村→城镇"户籍流动和"城镇→城镇"户籍流动的差异，"农村→城镇"户籍流动的随迁子女对异地高考政策认同的均值显著低于"城镇→城镇"户籍流动的均值，且"农村→城镇"户籍流动的随迁子女对异地高考政策认同的误差线更长，说明"农村→城镇"户籍流动的随迁子女对异地高考政策认同的离散度更大，"城镇→城镇"户籍流动的随迁子女对异地高考政策认同相对稳定。

表3—37   异地高考政策认同在户籍流动类型上的独立样本 T 检验结果

变量	分组	N	M	SD	均值方程的 T 检验	
					t 值	P 值
异地高考政策认同	农村→城镇	1405	2.90	0.87	－5.761	0.000
	城镇→城镇	365	3.54	0.70		

异地高考政策认同在户籍流动类型上的差异

p<0.05

农村→城镇　　　　城镇→城镇

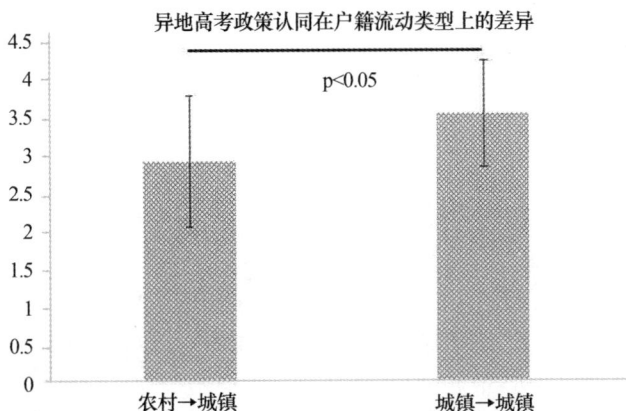

图3—4　异地高考政策认同在户籍流动类型上的均值—误差线情况

（3）在就读学校类型上的差异

表3—38　异地高考政策认同在就读学校类型上的独立样本T检验结果

变量	分组	N	M	SD	均值方程的T检验	
					t值	P值
异地高考政策认同	民办学校	441	3.02	0.88	−2.131	0.034
	当地公办学校	1329	3.29	0.80		

独立样本T检验结果如表3—38所示，异地高考政策认同在就读学校类型上存在显著差异（P<0.05）。图3—5更为直观地表现出就读民办学校的随迁子女异地高考政策认同均值显著低于就读公办学校随迁子女的均值，二者的误差线差不多，说明离散情况差不多。

（4）在居住地人员结构上的差异

由表3—39可知，随迁子女对异地高考政策认同在居住地人员结构上的方差分析通过F检验（P<0.05）。之后通过LSD法进行事后检验，多重对比后发现，居住地人员结构的三个分组中，三个组两两

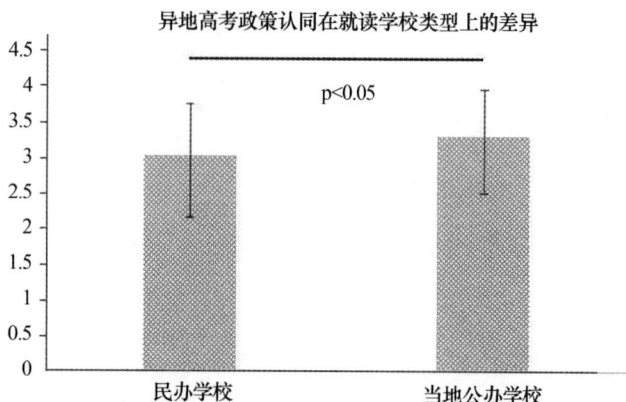

异地高考政策认同在就读学校类型上的差异

p<0.05

图3—5　异地高考政策认同在就读学校类型上的均值—误差线情况

之间均具有显著性差异，第一组居住在"本地人多"的地区的随迁子女对异地高考政策认同度最高，第二组居住在"差不多"的地区的次之，"外地人多"的第三组随迁子女对异地高考政策认同度最低。

表3—39　　　异地高考政策认同在居住地人员结构上的差异比较

变量	分组	N	M	SD	均值方程的F检验		事后检验
					F值	P值	
异地高考政策认同	A 本地人多	481	3.63	0.65	144.961	0.000	A>B>C
	B 差不多	683	3.01	0.85			
	C 外地人多	606	2.52	0.72			

（5）在现居住城市时间上的差异

由表3—40可知，随迁子女对异地高考政策认同在现居住城市时间上的方差分析通过F检验（P<0.05）。之后通过LSD法进行事后检验，多重对比后发现，异地高考政策认同的均值差异分组检验中，第四组和第五组的均值不具有显著性差异，其余组两两之间均具有

显著差异。说明在流入地居住5—6年、7年及以上的异地高考政策认同差异不显著，在流入地居住1—2年的异地高考政策认同显著低于在流入地居住3年及以上的随迁子女的异地高考政策认同，在流入地居住3—4年的异地高考政策认同显著低于在流入地居住5年及以上的随迁子女的异地高考政策认同。

表3—40　　　　异地高考政策认同在现居住城市时间上的差异比较

| 变量 | 分组 | N | M | SD | 均值方程的F检验 | | 事后检验 |
					F值	P值	
异地高考政策认同	B 1—2年	201	2.75	0.89	58.212	0.000	D>C>B
	C 3—4年	864	2.84	0.83			
	D 5—6年	500	3.19	0.86			E>C
	E 7年及以上	205	3.58	0.65			

（三）异地高考政策认同现状的讨论与小结

本节主要对异地高考政策的内容、类型和利益博弈进行了梳理，并通过实地访谈和问卷调查的方式显示了随迁子女异地高考政策认同的现状。

根据全国各省异地高考政策的文本内容，从父母或其他法定监护人的准许条件、考生准许条件、允许报考院校类型、执行时间及步骤四个方面执行的宽严程度，将异地高考政策划分为"严防死守型""分步落实型"和"率先突破型"三种类型。就具体的内容来看，各项准入条件虽然出于各地合理的动机，符合法定的行政程序，但是依然在政策的制定和执行上存在不合理之处。总体而论，全国各省份出台的异地高考政策逐步呈现了由当地"民众利益视角"转向"教育平权视角"。无论这种开放是有限的还是彻底的，都说明单纯的行政性政策"堵截"是无效的，"逐步开放"的价值导向才是可行的。正如李涛等所言由以前"堵"与"开"的二元对立式价值性问题讨论过渡到"如何开"的具体性问题破解。① 在周楠关于异地高考政策的网络理论研究的基础上，对各层利益相关者的利益博弈进行分析。总体而言，随迁子女异地高考政策出台和实施过程是众多利益群体博弈的过程，既得利益者出于自身利益的考量会阻碍政策的有效实施，由此决定了政策在实施过程中必然会遇到各种矛盾和问题。但是异地高考政策的博弈终究不是"零和博弈"，将会实现相关利益者的合作与共赢。过往关于随迁子女与异地高考政策的研究多从政策本身及政策执行情况等方面探讨，较少关注随迁子女对异地高考政策究竟是怎样的认知情况及对政策的认同程度。

从性别、户籍流动类型、就读学校类型、居住地人员结构、现居住城市时间等方面来看，随迁子女的异地高考政策认同具有显著差异。男生异地高考政策认同的均值显著低于女生的均值，但是离散情况差不多；"农村→城镇"户籍流动的地方的随迁子女异地高考政策认同的均值显著低于"城镇→城镇"户籍流动的均值，并且离散度更大；就读民办学校的随迁子女异地高考政策认同均值显著低于就读公办学校的均值，但是离散情况差不多；在居住地人员结构方面，居住在"本地人多"地区的随迁子女异地高考政策认同最高，居住在"差不多"地区的次之，最后是居住在"外地人多"地区的；在现居住城市时间方面，总体而言随迁子女异地高考政策认同与居住时间呈正相关，但是居住时间5—6年与居住时间在7年及以上的样本不存在显著性差异。

本书通过访谈和问卷调查相结合的方式，随迁子女异地高考政策认同的总体状况一般。究其原因，随迁子女及其家庭由于信息相对闭塞、父母文化水平相对比较低以及相对较低的教育参与程度，对异地高考政策的认知程度相对比较低。但是，大多数随迁子女家长对异地高考政策的价值认同是正面的。究其原因，虽然"率先突破型"省份异地高考的准入条件不同，但是总体而言方便了他们的

---

① 李涛、邬志辉：《中国实施"异地高考"政策后亟待预防的三重风险》，《教育发展研究》2013年第13—14期。

异地升学，同时给了他们努力的方向和前进的动力。如果离开这一切，正如一位初三学生 S-3 所言，"离开当地重返老家，失去父母的陪伴，孤身一人在陌生的环境，失去了精神支柱，学习肯定没有兴趣，总想着早点回到城市，哪怕回来打工也好。"熊易寒认为在那些没有开放异地升学政策的省份，随迁子女在与外界的互动过程中，仿佛有一块天花板封住了向上流动的空间，对自身前途产生了较低水平的预期，主动放弃了学业上的努力。[①] 因此，原有的升学政策就如同"天花板"，在异地升学严苛限制的状态下，随迁子女不可能形成良好的教育期望。

第三节　随迁子女教育期望的现状分析

异地高考政策实施以前，随迁子女遭遇着户籍制度和教育政策的双重阻碍，群体边界的不可渗透性严重挫伤了他们的心理资本，也不可能形成良好的教育期望。"率先突破型"省份的异地高考政策无疑增强了群际边界的可渗透性，向随迁子女传递着"只要我努力，就有机会进入另一个群体"的信念，为他们建立良好的教育期望和教育获得创造了机会。那么，如此政策背景下随迁子女的教育期望现状如何？

一　随迁子女学业表现期望的现状分析

（一）学业表现期望的总体状况

随迁子女学业表现期望的现状统计如表 3—41 所示。关于题项 EE1，选择比较认同的占 26.1%、非常认同的占 26.8%，合计 52.9%；关于题项 EE2，选择比较认同的占 23.5%、非常认同的占 12.1%，合计 35.6%；关于题项 EE3，选择比较认同的占 39.1%、非常认同的占 21.9%，合计 61%；关于题项 EE4，选择比较认同的

---

① 熊易寒：《城市化的孩子：农民工子女的身份生产与政治社会化》，上海世纪出版社 2010 年版，第 123 页。

占21.7%、非常认同的占31.2%，合计52.9%。从均值来看，学业表现期望的均值为3.86，标准差为0.98。综合上述数据可见，随迁子女学业表现期望良好。

表3—41　　　　　　　　　学业表现期望的统计　　　　　　　单位:%

选项	非常不认同	有些不认同	一般	比较认同	非常认同	均值	标准差
学习是目前最重要的事情（EE1）	6.2	10.7	30.1	26.1	26.8	3.86	0.98
很在意每次考试的成绩（EE2）	11.8	18.8	33.8	23.5	12.1		
希望成绩能不断进步（EE3）	4.0	15.0	20.0	39.1	21.9		
希望将来能考上大学（EE4）	6.2	15.0	25.0	21.7	31.2		

在访谈问题"你觉得自己学习努力吗？还可以更努力吗？"时，大部分受调查者的回答如下："自己觉得还可以更努力""一般，还可以更努力""不够努力，晚上复习预习花的时间不够""还不够努力，上课容易走神""自己比较粗心，需要改掉这个毛病，可以更努力""还可以更努力，我打算找课外辅导老师""我可以更努力，目前已经有科学、数学课外辅导老师""还可以更努力，目前我在手机上购买了在线课程，讲得可以，但是不能代替教师"。在命题作文《他乡的学习经历与未来期望》中的有关"想读到什么程度？""将来想从事什么样的工作？""想取得怎样的社会成就？"初三学生 G – 2 写道："我想读到博士，因为学习对我来说很重要，努力越大，收获会越大。学习也可以给枯燥的生活增添些色彩。我的梦想是当一名教师，因为教师是一个令人敬佩的职业。他们辛勤认真，用知识浇灌学生。我以后会更加努力，扎根在这座美丽的城市，生根发芽。"高二学生 L – 1 写道："对于未来没有过高的期望，只希望努力学习能够考上本科，学一个自己喜欢的专业，找一份喜欢的工作，不再被别人瞧不起，没有那种在异乡的漂泊感。"可见，这个年龄段的随迁子女基本已经认识到学习的重要性，建立起了对学业表现的较高期望，

希望减轻家庭负担，能够真正融入当地城市，同时也认识到自身的
欠缺，正在积极寻求帮助。

　　对有关学习动机的访谈问题"这么努力读书主要是为什么？"，
调查者的回答如下："为了更好地照顾家人""为了将来找到好的工
作，报答父母""为了工作更好一些，为了生活更好一些""为了挣
钱改善生活""为了将来有一个好的发展""为了维持目前靠前的学
习名次""为了高考""为了考取理想的大学"。在命题作文当中，初
二学生 Y－1 写道，"我想努力考上本科，这样才能对得起母亲十几
年来对我的教育之恩。从小母亲辛苦地把我养大，她这一生尝遍了
人生的苦涩，却从来没有尝过人生中的甜蜜。所以我想以后长大要
赚很多很多钱，给母亲买一套大房子，再把外公外婆接过来，让他们
一起享受天伦之乐。"可见，感恩父母、改善生活是随迁子女的主要
学习动力。家庭较低的社会地位和拮据的经济状况，使得随迁子女
想通过学习改变现状。同时他们已经意识到了升学考试的重要性，
与"读书无用论"不同，他们普遍坚信读书，尤其是获得高等教育
是实现社会流动和改变命运的重要途径。

　　（二）学业表现期望的差异性分析

　　1. 在性别上的差异

表 3—42　　　　　　学业表现期望在性别上的独立样本 T 检验结果

变量	分组	N	M	SD	均值方程的 T 检验	
					t 值	P 值
学业表现期望	女	813	3.29	0.97	3.806	0.000
	男	957	2.94	1.13		

　　独立样本 T 检验结果如表 3—42 所示，学业表现期望在性别上存
在显著差异（P＜0.05）。图 3—6 更为直观地表现出男生和女生的学
业表现期望的差异，男生学业表现期望的均值显著低于女生均值，
且男生的学业表现期望的误差线更长，说明男生的学业表现期望的
离散度更大，女生的学业表现期望更为稳定。

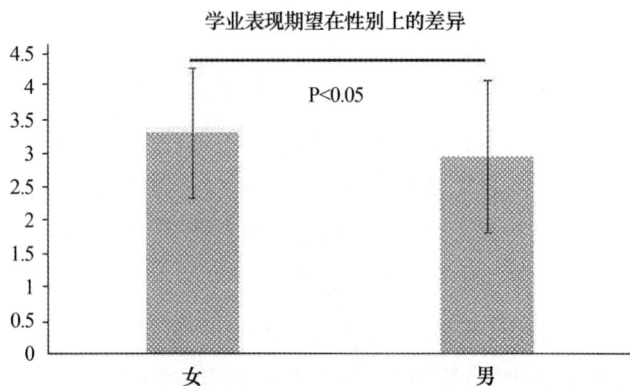

学业表现期望在性别上的差异

图3—6　学业表现期望在性别上的均值—误差线

2. 在户籍流动类型上的差异

独立样本 T 检验结果如表3—43 所示，学业表现期望在户籍流动类型上存在显著差异（P < 0.05）。图3—7 更为直观地表现出"农村→城镇"户籍流动的随迁子女和"城镇→城镇"户籍流动的随迁子女学业表现期望的差异，"农村→城镇"户籍流动的随迁子女学业表现期望的均值显著低于"城镇→城镇"户籍流动的随迁子女均值，且"农村→城镇"户籍流动的随迁子女学业表现期望的误差线更长，说明他们学业表现期望的离散度更大，"城镇→城镇"户籍流动的随迁子女学业表现期望更为稳定。

表3—43　学业表现期望在户籍流动类型上的独立样本 T 检验结果

变量	分组	N	M	SD	均值方程的 T 检验	
					t 值	P 值
学业表现期望	农村→城镇	1405	2.88	1.08	−7.606	0.000
	城镇→城镇	365	3.88	0.69		

3. 在就读学校类型上的差异

独立样本 T 检验结果如表3—44 所示，学业表现期望在就读学校类型上不存在显著差异（P > 0.05）。从图3—8 上可以看出民办学校

学业表现期望在户籍流动类型上的差异

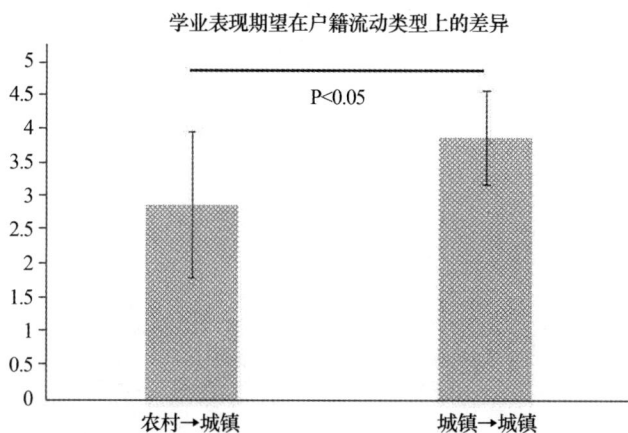

图3—7　学业表现期望在户籍流动类型上的均值—误差线

就读的随迁子女和当地公办学校就读的随迁子女学业表现期望均值比较接近，差异并不明显。

表3—44　　学业表现期望在就读学校类型上的独立样本 T 检验结果

变量	分组	N	M	SD	均值方程的 T 检验	
					t 值	P 值
学业表现期望	民办学校	441	3.34	1.03	1.504	0.111
	当地公办学校	1329	3.11	1.10		

4. 在居住地人员结构上的差异

由表3—45 可知，随迁子女学业表现期望在居住地人员结构上的方差分析通过 F 检验（P＜0.05）。之后通过 LSD 法进行事后检验，多重对比后发现，居住地人员结构的三个分组中，三个组两两之间均具有显著性差异，第一组居住在"本地人多"的地区的随迁子女学业表现期望最高，第二组居住在"差不多"的地区的次之，最后是"外地人多"的第三组随迁子女学业表现期望最低。

学业表现期望在就读学校类型上的差异

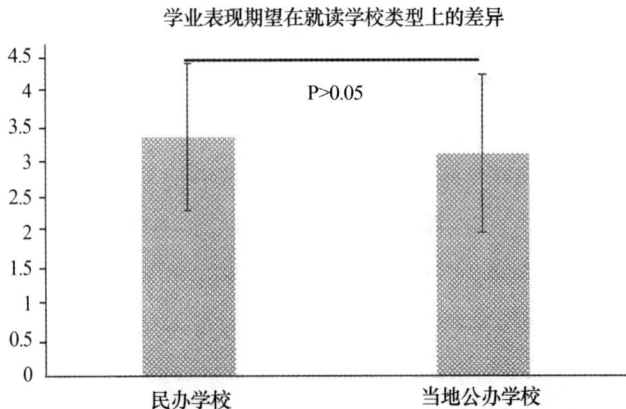

图3—8 学业表现期望在就读学校类型上的均值—误差线

表3—45 学业表现期望在居住地人员结构上的差异比较

变量	分组	N	M	SD	均值方程的 F 检验		事后检验
					F 值	P 值	
学业表现期望	A 本地人多	481	3.96	0.65	73.570	0.000	A > B > C
	B 差不多	683	3.04	1.08			
	C 外地人多	606	2.33	0.78			

5. 在现居住城市时间上的差异

由表3—46可知，随迁子女学业表现期望在现居住城市时间上的方差分析通过 F 检验（P < 0.05）。之后通过 LSD 法进行事后检验，多重对比后发现，学业表现期望的均值差异分组检验中，第二组和第三组、第四组和第五组的均值不具有显著性差异，其余组两两之间均具有显著差异。说明在流入地居住 2—3 年、5 年及以上的随迁子女对学业表现期望差异不明显，在流入地居住 4 年左右的随迁子女对学业表现期望差异显著，且在流入地居住 4 年及以下的随迁子女对学业表现期望显著低于在流入地居住 5 年以上的随迁子女对学业表现期望。

表3—46　　　　　学业表现期望在现居住城市时间上的差异比较

变量	分组	N	M	SD	均值方程的F检验		事后检验
					F值	P值	
学业表现期望	B 1—2年	201	2.70	1.14	88.255	0.000	E > D > B
	C 3—4年	864	2.84	1.06			
	D 5—6年	500	3.33	1.02			D > C
	E 7年及以上	205	3.69	0.95			

二　随迁子女品德表现期望的现状分析

(一)品德表现期望的总体状况

随迁子女品德表现期望的描述性统计如表3—47所示。关于题项EE5，选择比较认同的占26.1%、非常认同的占7.0%，合计33.1%；关于题项EE6，选择比较认同的占24.3%、非常认同的占21.0%，合计45.3%；关于题项EE7，选择比较认同的占25.7%、非常认同的占19.9%，合计45.6%；关于题项EE8，选择比较认同的占27.9%、非常认同的占21.5%，合计49.4%。从均值来看，品德表现期望的均值为3.37，标准差为1.02。综合上述数据可见，随迁子女品德表现期望良好。

表3—47　　　　　　　　品德表现期望的统计　　　　　单位:%

选项	非常不认同	有些不认同	一般	比较认同	非常认同	均值	标准差
希望自己养成良好的生活习惯（EE5）	11.4	24.3	31.3	26.1	7.0	3.37	1.02
将来能够继续热心帮助别人（EE6）	6.9	19.9	27.9	24.3	21.0		
将来能够继续遵守学校和社会的行为规范（EE7）	2.5	17.3	34.6	25.7	19.9		
将来的品德要比社会成就更重要（EE8）	9.5	19.8	21.3	27.9	21.5		

关于访谈问题"你觉得在现在这个社会行为品德好坏重要吗?",几乎所有受调查者的回答如下:"品德也重要""获得利益的人也是暂时的,不会长久""品德不好的人走不远""品德不好的人没有朋友"。可见,与"反学校文化"现象截然不同,受访对象对品德的总体认知还是积极和正面的。关于问题"你对自己行为品德有什么期望?",调查者的回答如下:"做个诚实友善的人""遵纪守法""诚实、守约、不撒谎""有礼貌、尊重他人""严格约束自己"。在命题作文当中,有一位初三的 H-3 写道,"我想今后会经常去做志愿者,因为看到敬老院那些爷爷奶奶,想念自己的儿女感觉特别心疼。还有那些留守儿童,父母都不在身边,感受不到家庭的温暖,我想去给予他们爱,让他们笑。"可见,随迁子女对自己的品德表现期望比较朴实,比较贴近生活。

(二) 随迁子女品德表现期望的差异性分析

1. 在性别上的差异

独立样本 T 检验结果如表 3—48 所示,品德表现期望在性别上存在显著差异($P < 0.05$)。图 3—9 更为直观地表现出男生和女生品德表现期望的差异,男生品德表现期望的均值显著低于女生均值,且男生的品德表现期望的误差线更长,说明男生品德表现期望的离散度更大,女生品德表现期望更为稳定。

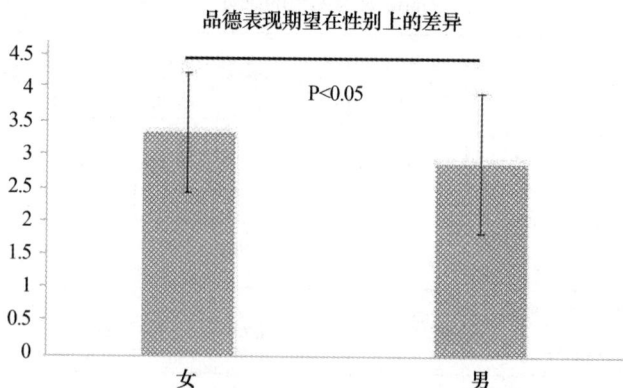

图 3—9 品德表现期望在性别上的均值—误差线

表 3—48   品德表现期望在性别上的独立样本 T 检验结果

变量	分组	N	M	SD	均值方程的 T 检验	
					t 值	P 值
品德表现期望	女	813	3.32	0.89	3.802	0.000
	男	957	2.87	1.03		

2. 在户籍流动类型上的差异

表 3—49   品德表现期望在户籍流动类型上的独立样本 T 检验结果

变量	分组	N	M	SD	均值方程的 T 检验	
					t 值	P 值
品德表现期望	农村→城镇	1405	2.83	1.01	−7.167	0.000
	城镇→城镇	365	3.70	0.60		

独立样本 T 检验结果如表 3—49 所示，品德表现期望在户籍流动类型上存在显著差异（P < 0.05）。图 3—10 更为直观地表现出"农村→城镇"户籍流动随迁子女和"城镇→城镇"户籍流动随迁子女的品德表现期望的差异，"农村→城镇"户籍流动随迁子女的品德表现期望的均值显著低于"城镇→城镇"户籍流动的值，且"农村→城镇"户籍流动随迁子女的品德表现期望的误差线更长，说明他们品德表现期望的离散度更大，而"城镇→城镇"户籍流动的随迁子女更为稳定。

3. 在就读学校类型上的差异

表 3—50   品德表现期望在就读学校类型上的独立样本 T 检验结果

变量	分组	N	M	SD	均值方程的 T 检验	
					t 值	P 值
品德表现期望	民办学校	441	3.23	0.94	1.420	0.157
	当地公办学校	1329	3.03	1.00		

品德表现期望在户籍流动类型上的差异

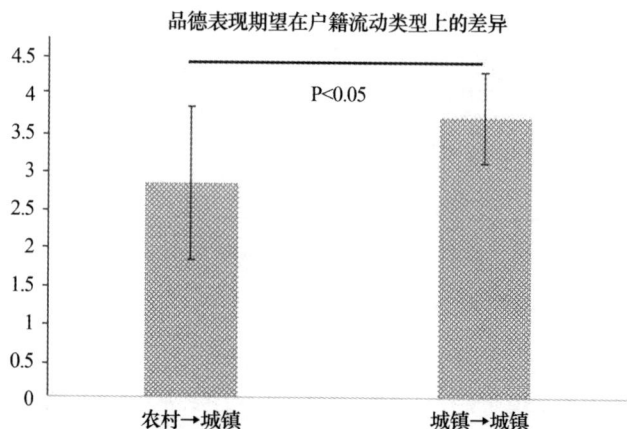

图3—10 品德表现期望在户籍流动类型上的均值—误差线

品德表现期望在就读学校类型上的差异

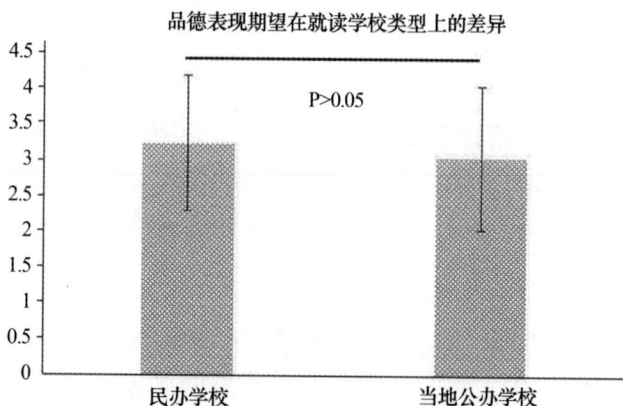

图3—11 品德表现期望在就读学校类型上的均值—误差线

独立样本 T 检验结果如表 3—50 所示，品德表现期望在就读学校类型上不存在显著差异（P＞0.05）。从图 3—11 中可以看出民办学校就读随迁子女和当地公办学校就读随迁子女的品德表现期望均值比较接近，差异并不明显。

4. 在居住地人员结构上的差异

由表 3—51 可知，随迁子女品德表现期望在居住地人员结构上的方差分析通过 F 检验（P＜0.05），之后通过 LSD 法进行事后检验，多重对比后发现，居住地人员结构的三个分组中，三个组两两之间均具有显著性差异，第一组居住在"本地人多"的地区的随迁子女品德表现期望最高，第二组居住在"差不多"的地区的次之，最后是"外地人多"的第三组随迁子女品德表现期望最低。

表3—51　　　　品德表现期望在居住地人员结构上的差异比较

变量	分组	N	M	SD	均值方程的 F 检验		事后检验
					F 值	P 值	
品德表现期望	A 本地人多	481	3.77	0.59	69.341	0.000	A > B > C
	B 差不多	683	3.01	1.01			
	C 外地人多	606	2.30	0.68			

5. 在现居住城市时间上的差异

由表3—52可知，随迁子女品德表现期望在现居住城市时间上的方差分析通过 F 检验（$P < 0.05$），之后通过 LSD 法进行事后检验，多重对比后发现，第二组和第三组的均值不具有显著性差异，其余组两两之间均具有显著差异。说明在流入地居住在4年以下的随迁子女的品德表现期望差异并不明显，且均显著低于在流入地居住5—6年、7年及以上的随迁子女，在流入地居住5—6年的随迁子女的品德表现期望显著低于在流入地居住7年及以上的随迁子女。

表3—52　　　　品德表现期望在现居住城市时间上的差异比较

变量	分组	N	M	SD	均值方程的 F 检验		事后检验
					F 值	P 值	
品德表现期望	B 1—2 年	201	2.64	1.00	88.288	0.000	E > D > B
	C 3—4 年	864	2.77	0.97			
	D 5—6 年	500	3.25	0.93			E > D > C
	E 7 年及以上	205	3.50	0.91			

三 随迁子女人际交往期望的现状分析

（一）人际交往期望的总体状况

随迁子女人际交往期望的描述性统计如表3—53所示。关于题项EE9，选择比较认同的占38.6%、选择非常认同的占6.3%，合计44.9%；关于题项EE10，选择比较认同的占25.7%、选择非常认同的占20.2%，合计45.9%；关于题项EE11，选择比较认同的占24.3%、选择非常认同的占27.6%，合计51.9%；关于题项EE12，选择比较认同的占29.4%、选择非常认同的占12.9%，合计42.3%。从均值来看，人际交往期望的均值为3.10。标准差为1.19。综合上述数据可见，随迁子女人际交往期望良好。

表3—53　　　　　　　　人际交往期望的统计　　　　　单位:%

选项	非常不认同	有些不认同	一般	比较认同	非常认同	均值	标准差
能与其他人分享自己的物品和心情（EE9）	19.5	21.0	14.7	38.6	6.3		
希望能有很多知心朋友（EE10）	10.3	26.1	17.6	25.7	20.2	3.10	1.19
希望能成为班上人缘很好的人（EE11）	17.3	18.8	12.1	24.3	27.6		
希望能在这座城市结交更多的朋友（EE12）	11.4	26.8	19.5	29.4	12.9		

关于访谈问题"你目前与老师、同学的人际关系怎样？你觉得现在以及将来工作以后与同事、老板的人际关系重要吗？"，受调查者的回答如下："现在跟大家关系挺融洽，人际关系非常重要""现在的关系挺好，不管现在和将来都很重要""现在关系一般，因为我不爱说话，但是人际关系很重要""能与老师同学和谐相处，人际关系很重要，因为意味着更多的资源""关系挺好，但是有些人不太好相处，不过我会对他们微笑，人际关系很重要"。可见，受访谈的随

迁子女普遍与老师、班级同学关系融洽，也普遍认同人际关系的重要性。关于访谈问题"怎样才能维持更好的人际关系？"，受访者的回答如下："多帮助他人""多交流、多向他们学习和请教""一定要诚信，一诺千金""互帮互助""有责任心，有时间观念""在别人困难的时候，及时帮助他人""态度谦和、文明礼貌、宽容大度""多从别人的角度考虑"。

随迁子女较好的人际关系现象究其原因可能与访谈问题紧密相关，即"你感觉自己在这个学校有没有被歧视的经历"，95.3%的受访谈者选择了"从来没有碰到"，3.5%的受访谈者选择"很少"。另外关于访谈问题"父母平时如何教导你跟当地同学相处？"，12.5%的受访谈者选择"友好相处就可以"、79.6%的受访谈者选择"多与他们结交朋友"，只有不到8%的受访者选择"不要和他们交往""和他们保持距离""无所谓"。可见，随迁子女目前在学校的学生生活受到教师和同学的平等对待，以及父母正确的人际交往教导，促成了他们对现有人际关系的融洽，并且对未来形成了更好的人际交往期望。

（二）人际交往期望的差异性分析

1. 在性别上的差异

独立样本 T 检验结果如表 3—54 所示，人际交往期望在性别上存在显著差异（P < 0.05）。图 3—12 更为直观地表现出男生和女生的人际交往期望的差异，男生人际交往期望的均值显著低于女生的均值，且男生人际交往期望的误差线更长，说明男生人际交往期望的离散度更大，女生人际交往期望更为稳定。

表 3—54　　　　人际交往期望在性别上的独立样本 T 检验结果

变量	分组	N	M	SD	均值方程的 T 检验	
					t 值	P 值
人际交往期望	女	813	3.62	0.72	4.601	0.000
	男	957	3.13	0.96		

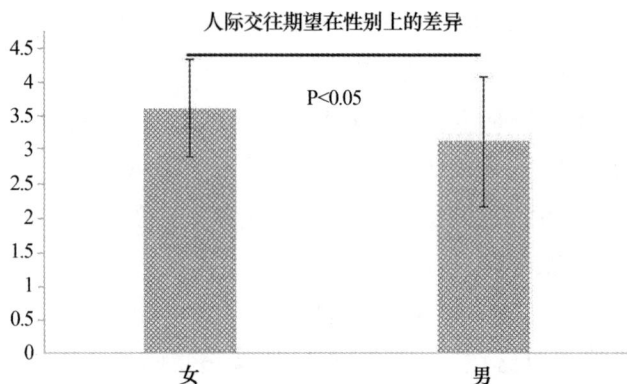

图 3—12　人际交往期望在性别上的均值—误差线

2. 在户籍流动类型上的差异

独立样本 T 检验结果如表 3—55 所示，人际交往期望在户籍流动类型上存在显著差异（P < 0.05）。图 3—13 更为直观地表现出"农村→城镇"户籍流动随迁子女和"城镇→城镇"户籍流动随迁子女的差异，"农村→城镇"户籍流动的随迁子女的人际交往期望的均值显著低于"城镇→城镇"户籍流动随迁子女的均值，且"农村→城镇"户籍流动随迁子女的人际交往期望的误差线更长，说明他们人际交往期望的离散度更大，"城镇→城镇"户籍流动随迁子女更为稳定。

表 3—55　人际交往期望在户籍流动类型上的独立样本 T 检验结果

变量	分组	N	M	SD	均值方程的 T 检验	
					t 值	P 值
人际交往期望	农村→城镇	1405	3.12	0.89	−7.716	0.000
	城镇→城镇	365	3.95	0.56		

人际交往期望在户籍流动类型上的差异

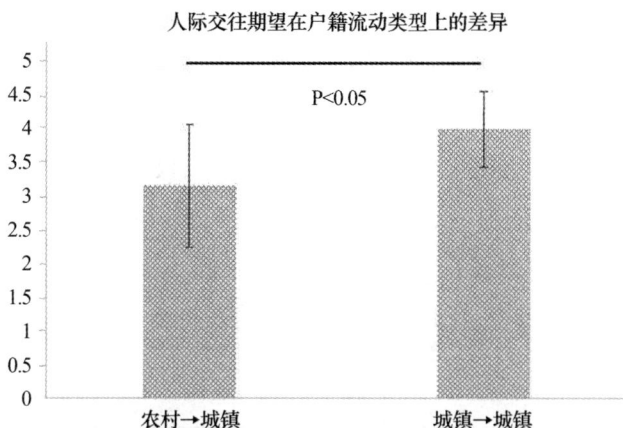

图3—13　人际交往期望在户籍流动类型上的均值—误差线

3. 在就读学校类型上的差异

表3—56　　　　人际交往期望在就读学校类型上的独立样本 T 检验结果

变量	分组	N	M	SD	均值方程的 T 检验	
					t 值	P 值
人际交往期望	民办学校	441	3.50	0.86	1.419	0.157
	当地公办学校	1329	3.32	0.90		

独立样本 T 检验结果如表3—56所示，人际交往期望在就读学校类型上不存在显著差异（P > 0.05）。从图3—14中可以看出民办学校就读的随迁子女和当地公办学校就读的随迁子女的人际交往期望均值比较接近，差异并不明显。

4. 在居住地人员结构上的差异

由表3—57可知，随迁子女人际交往期望在居住地人员结构上的方差分析通过 F 检验（P < 0.05），而后通过 LSD 法进行事后检验，多重对比后发现，居住地人员结构的三个分组中，三个组两两之间均具有显著性差异，第一组居住在"本地人多"的地区的随迁子女人际交往期望最高，第二组居住在"差不多"的地区的次之，最后是"外地人多"的第三组随迁子女人际交往期望最低。

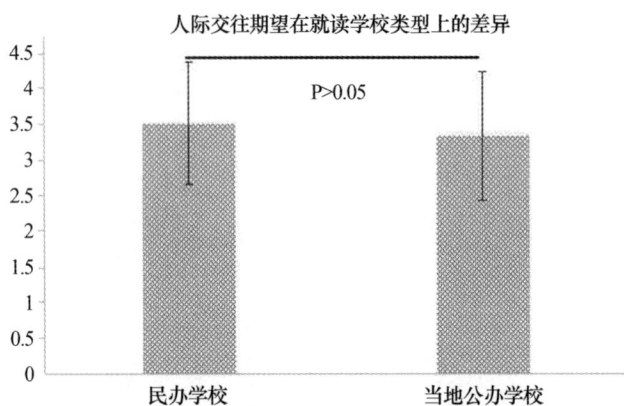

图3—14 人际交往期望在就读学校类型上的均值—误差线

表3—57 人际交往期望在居住地人员结构上的差异比较

变量	分组	N	M	SD	均值方程的 F 检验		事后检验
					F 值	P 值	
人际交往期望	A 本地人多	481	4.05	0.47			
	B 差不多	683	3.28	0.89	93.925	0.000	A > B > C
	C 外地人多	606	2.59	0.56			

5. 在现居住城市时间上的差异

由表3—58可知，随迁子女人际交往期望在现居住城市时间上的方差分析通过 F 检验（$P < 0.05$），之后通过 LSD 法进行事后检验，多重对比后发现，第二组和第三组的均值不具有显著性差异。在流入地居住在 4 年以下的随迁子女的人际交往期望差异并不明显，且均显著低于在流入地居住 5—6 年、7 年及以上的随迁子女，在流入地居住 5—6 年的随迁子女的人际交往期望显著低于在流入地居住 7 年及以上的随迁子女。

表3—58　　　　　　　人际交往期望在现居住城市时间上的差异比较

变量	分组	N	M	SD	均值方程的 F 检验		事后检验
					F 值	P 值	
人际交往期望	B 1—2 年	201	2.87	0.86	89.862	0.000	E > D > B
	C 3—4 年	864	3.09	0.88			
	D 5—6 年	500	3.54	0.84			E > D > C
	E 7 年及以上	205	3.72	0.77			

四　随迁子女社会成就期望的现状分析

（一）社会成就期望的总体状况

随迁子女社会成就期望的描述性统计如表3—59所示。关于题项EE13，选择比较认同的占29.8%、选择非常认同的占9.2%，合计39%；关于题项EE14，选择比较认同的占15.8%、选择非常认同的占8.8%，合计24.6%；关于题项EE15，选择比较认同的占31.3%、选择非常认同的占8.5%，合计39.8%；关于题项EE16，选择比较认同的占34.9%、选择非常认同的占5.9%，合计40.8%。从均值来看，人际交往期望的均值为2.95，标准差为0.99。综合上述数据可见，随迁子女社会成就期望一般。

表3—59　　　　　　　　社会成就期望的统计　　　　　　　单位:%

选项	非常不认同	有些不认同	一般	比较认同	非常认同	均值	标准差
希望将来能留在这个城市工作（EE13）	6.3	21.3	33.5	29.8	9.2	2.95	0.99
希望将来从事比父母更好的工作（EE14）	25.4	22.1	27.9	15.8	8.8		
希望将来能成为某个方面的专家（EE15）	14.7	24.3	21.3	31.3	8.5		
希望将来能够取得很大的成就（EE16）	6.3	25.0	27.9	34.9	5.9		

关于访谈问题"你希望以后从事什么样的工作?",受访者的回答如下:"我想当一个厉害的技工""想做模具方面的工作""想在高楼大厦里工作""当个服务员就行""想从事跟体育有关的工作""想从事技术类的工作""想成为一名教师、律师或者会计师""不论什么工作,只要自己喜欢就行"。另外将近1/5左右的受访谈者回答:"还没有考虑过""感觉还早"。关于访谈问题"你觉得自己将来能取得怎样的社会成就?",受调查者的回答如下:"努力学习、考上好的大学""想通过努力学习,掌握一技之长""通过学习,做个非常有名的面点师""找一个好工作,减轻家里的负担""能够学习好,工作好,收入高,改善生活""能够展示自己的特长"。也有1/5左右的受访谈者回答:"没有考虑过该问题,目前的任务就是好好学习"。可见,接受访谈的随迁子女对未来的打算比较贴近实际生活,希望通过好成绩、好工作,减轻家庭负担,改善现有生活。受访谈者比较认同掌握一技之长,以便在流入地城市获得稳定的经济收入和较高的社会地位。

在命题作文当中,初二学生 X-4 写道,"对于未来我想先考上高中,当地是允许我们考的。如果没有考上,大多数外地同学都不愿意去读职高,可能会去找工作。因为大多数外地同学都不是独生子女,家庭条件也不是很好。"高一学生 H-1 写道,"未来是美好的,是多彩的,但是也需要自己的拼搏和奋斗。想要未来在自己掌控之中,必须要靠自己。我现在每天鞭策自己努力学习,想考上大学,读硕士,甚至博士,但是觉得困难很多,因为毕竟家里亲戚当中还没有人能达到这一水平。"较大比例的随迁子女虽然表达了对未来成就的渴望和努力,但是也感受到了家庭、学校等现实条件的制约。可见,随迁子女较为欠缺的家庭社会资本,相对边缘化的学校教学质量以及宏观政策环境都造成了他们较低的社会成就期望。

(二)社会成就期望的差异性分析

1. 在性别上的差异

独立样本 T 检验结果如表3—60所示,社会成就期望在性别上存在显著差异($P < 0.05$)。图3—15更为直观地表现出男生和女生社

会成就期望的差异，男生社会成就期望的均值显著高于女生的均值，且男生与女生的社会成就期望的误差线比较接近。

表 3—60　　　　　社会成就期望在性别上的独立样本 T 检验结果

变量	分组	N	M	SD	均值方程的 T 检验	
					t 值	P 值
社会成就期望	女	813	2.76	0.89	−4.092	0.000
	男	957	3.21	0.90		

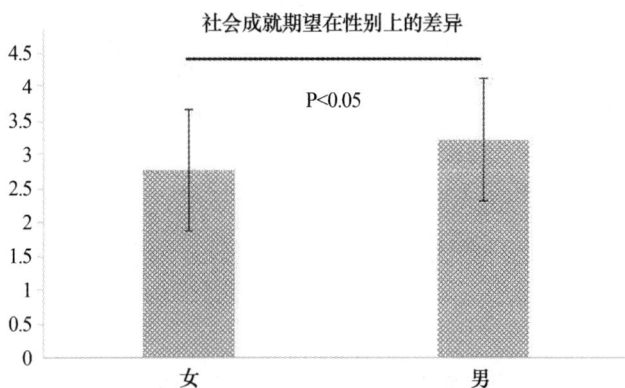

图 3—15　社会成就期望在性别上的均值—误差线

2. 在户籍流动类型上的差异

独立样本 T 检验结果如表 3—61 所示，社会成就期望在户籍流动类型上存在显著差异（P < 0.05）。图 3—16 更为直观地表现出"农村→城镇"户籍流动随迁子女和"城镇→城镇"户籍流动随迁子女的社会成就期望的差异，"农村→城镇"户籍流动随迁子女的社会成就期望的均值显著低于"城镇→城镇"户籍流动的均值，且"农村→城镇"户籍流动随迁子女的社会成就期望的误差线更长，说明他们的社会成就期望离散度更大，"城镇→城镇"户籍流动的随迁子女更为稳定。

表3—61   社会成就期望在户籍流动类型上的独立样本 T 检验结果

变量	分组	N	M	SD	均值方程的 T 检验	
					t 值	P 值
社会成就期望	农村→城镇	1405	2.75	0.89	−6.764	0.000
	城镇→城镇	365	3.52	0.76		

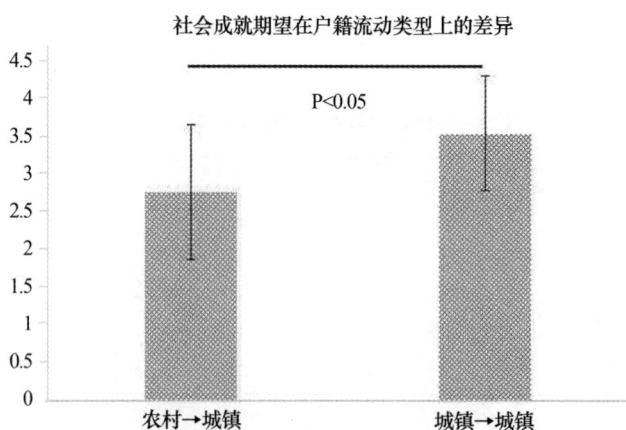

图3—16   社会成就期望在户籍流动类型上的均值—误差线

3. 在就读学校类型上的差异

独立样本 T 检验结果如表3—62 所示,社会成就期望在就读学校类型上不存在显著差异（ $P > 0.05$ ）。从图3—17 中可以看出在民办学校就读的随迁子女和在当地公办学校就读的随迁子女的社会成就期望均值比较接近,差异并不明显。

表3—62   社会成就期望在就读学校类型上的独立样本 T 检验结果

变量	分组	N	M	SD	均值方程的 T 检验	
					t 值	P 值
社会成就期望	民办学校	441	3.15	0.86	1.820	0.070
	当地公办学校	1329	2.91	0.93		

社会成就期望在就读学校类型上的差异

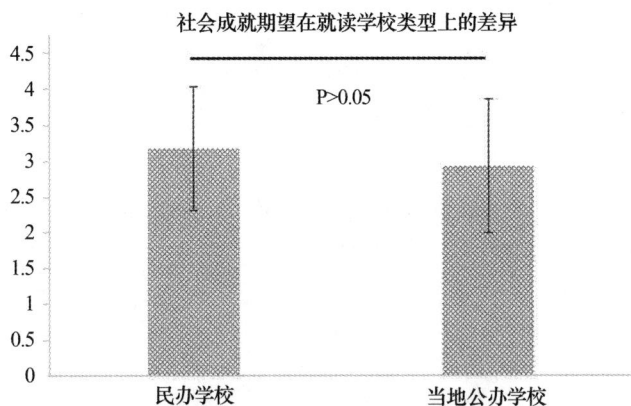

图3—17 社会成就期望在就读学校类型上的均值—误差线

4. 在居住地人员结构上的差异

由表3—63可知，随迁子女社会成就期望在居住地人员结构上的方差分析通过 F 检验（P＜0.05），之后通过 LSD 法进行事后检验，多重对比后发现，居住地人员结构的三个分组中，三个组两两之间均具有显著性差异，第一组居住在"本地人多"的地区的随迁子女社会成就期望最高，第二组居住在"差不多"的地区的次之，最后是"外地人多"的第三组随迁子女社会成就期望最低。

表3—63 社会成就期望在居住地人员结构上的差异比较

变量	分组	N	M	SD	均值方程的 F 检验		事后检验
					F 值	P 值	
社会成就期望	A 本地人多	481	3.57	0.68			
	B 差不多	683	2.87	0.91	52.396	0.000	A＞B＞C
	C 外地人多	606	2.34	0.69			

5. 在现居住城市时间上的差异

由表3—64可知，随迁子女社会成就期望在现居住城市时间上的方差分析通过 F 检验（P＜0.05）。之后通过 LSD 法进行事后检验，多重对比后发现，第四组和第五组的均值不具有显著性差异，在流入地居住 5—6 年与 7 年及以上的随迁子女的社会成就不具有显著性差异，在流入地居住 5—6 年的随迁子女的社会成就期望显著高于在流入地居住 3—4 年或 1—2 年的随迁子女。

表3—64　　　　　　社会成就期望在现居住城市时间上的差异比较

| 变量 | 分组 | N | M | SD | 均值方程的 F 检验 | | 事后检验 |
					F 值	P 值	
社会成就期望	B 1—2 年	201	2.64	0.91	46.273	0.000	E > C > B
	C 3—4 年	864	2.73	0.89			
	D 5—6 年	500	3.08	0.91			D > C > B
	E 7 年及以上	205	3.39	0.78			

五　随迁子女教育期望状况的讨论与小结

从整体上来看，随迁子女教育期望水平较为良好；从各类别期望的均值比较来看，学业表现期望和品德表现期望的均值较高，其次是人际交往期望，最后是社会成就期望。从性别、户籍流动类型、就读学校类型、居住地人员结构、现居住城市时间等方面来看，随迁子女教育期望具有显著性差异。

性别上的教育期望差异。统计数据显示：男生的学业表现期望、品德表现期望和人际交往期望等维度的均值都低于女生的均值，但是社会成就期望的均值却显著高于女生的均值。这可能与他们所处的年龄阶段有关，初中阶段的男生出现两极分化现象要显著高于女生，同时部分男生感知到了自身的社会角色期待，表现出与其性别角色相一致的行为模式。

户籍流动类型上的教育期望差异。统计数据显示："农村→城镇"户籍流动的学生，其学业表现期望、品德表现期望、人际交往期望和社会成就期望等维度均值都显著低于"城镇→城镇"户籍流动学生的均值。这可能与两类人群本身所持有的社会资本差异有关，"城镇→城镇"户籍流动的随迁子女，其家庭往往具有相对较高的社会经济资本，能够较快地适应城市教育和生活。另外就如同刘易斯·芒福德①所言，"城镇→城镇"户籍流动的随迁子女家庭在流入地城市对生活和教育的期待会更高。

就读学校类型上的教育期望差异。统计数据显示：民办学校学生的学业表现期望、品德表现期望、人际交往期望和社会成就期望等维度与公办学校学生差异不显著。调查也显示目前的公办学校和民办学校的校风也不是如熊易寒所描绘的情况："进入公办学校与民办学校的教室，一个最大的分别就是前者秩序井然，而后者明显缺乏纪律性。"②这可能与这几年地方政府加大了对民办学校在内的学校的教育投入力度，使得学校的软件和硬件都得到了较大幅度改善，缩小了两种类型学校之间的教育资源差距有关。

居住地人员结构上的教育期望差异。统计数据显示："外地人多"的地区的随迁子女，其学业成绩期望、品德表现期望、人际交往期望和社会成就期望等维度的水平都低于"差不多"和"本地人多"的地区的随迁子女。可能正如威尔逊所言，弱势群体的聚集居住，往往会产生一种"集中效应"和"社会孤立"，而这种现象压缩了他们"文化库存"的多样性，减少了与主流群体的文化交流，造成他们难以形成与主流价值规范相一致的良好教育期望。

现居住城市时间上的教育期望差异。统计数据显示：随迁子女的学业成绩期望、品德表现期望和人际交往期望等维度的若干组，随着现居住城市时间增加，其均值也呈现升高。但是在社会成就期望维度并没有显著差异。可能的原因正如杨菊华认为，流动人员在城市居住的时间越长，越有可能习得当地的文化；③他们长期居住的本身，或许暗示着对流入地城市文化和教育的接纳和认可。

熊易寒调查异地高考政策"严防死守型"的上海地区，认为社会环境和"初中后"无法升学的制度"瓶颈"，注定了绝大多数随迁

---

① ［美］刘易斯·芒福德：《城市发展史——起源、演变和前景》，宋俊岭、倪文彦译，中国建筑工业出版社2005年版，第123页。

② 熊易寒：《城市化的孩子：农民工子女的身份生产与政治社会化》，上海世纪出版社2010年版，第171页。

③ 杨菊华：《中国流动人口的社会融入研究》，《中国社会科学》2015年第2期。

子女即便付出更多的努力，也难以取得与城市同龄人一样的学业成就。[①] 因此，教育政策造成了他们对未来产生较低的期望，自动放弃学业上的追求。根据笔者的调查，异地高考政策"率先突破型"省份的随迁子女则表现出相对较高的教育期望。究竟是什么原因造成了不同政策类型省份随迁子女教育期望如此之大的差别？异地高考政策在此过程中起到了怎样的作用？正如访谈过程中，有家长提到"原来这些地方不允许小孩子初中毕业后报考普高，老乡当中有些成绩较好的孩子不得不回到老家参加考试，父母不在身边，学习成绩也越来越不行，最后没有几个想考大学了"。那么，这一过程中高考政策认同对教育期望到底存在怎样的影响？本书接下来将从微观、中观和宏观等维度，分析随迁子女异地高考政策认同对其教育期望的影响状况。

---

① 熊易寒：《底层、学校与阶级再生产》，《开放时代》2010 年第 1 期。

第 四 章

异地高考政策认同在微观
个体层面的影响机制

一个国家人力资本的积累，宏观层面上依赖政府部门有效的教育制度与政策、公共教育投入规模以及管理能力。在微观层面上依赖广大家庭形成积极的教育期望，愿意去投入时间、精力和财力让子女接受更高的教育。不论是家长、老师还是随迁子女自身，要想形成良好的教育期望，首先取决于现有的学业成绩。那么，学业成绩与教育期望之间是否存在稳定的相关性？在异地高考政策出台之前为什么有些学习成绩较好的随迁子女却没有较高的教育期望？具有"牵一发而动全身"作用的异地高考政策，在随迁子女学业成绩和教育期望之间又产生怎样的影响？本章我们将重点探讨以上问题。

第一节 学业成绩与自证效应

青少年的学业成绩一直是家庭、学校、社会关注的焦点，在对其建立教育期望、最终教育获得以及整个社会化过程中都起着重要作用。在国内外教育领域，学业成就通常作为评估教育制度、教育政策、教学方法的基本工具。一般是指学生在一定时间段，在他人指导和帮助下所获得的文化基础、言语信息、动作技能、情境态度、策略技能等的学习结果，其中学业成绩是测量学业成就最简便、有效、公正的指标。①

一　有关学业成绩的调查与现状

学业成绩既是衡量学习效果的重要指标，也是决定学生能否继续升学或深造的主要标准、影响他们教育期望的关键因素。目前，世界范围内对学业成绩进行大规模调研的主要有两大组织和项目，分别是国际教育成就评估协会（IEA）和经济合作与发展组织（OECD）的 PISA 项目。IEA 于 1962 年起开展国际学生学业成就的调查，内容涵盖知识、技能和态度，强调国家认同、社会团结和凝聚力。PISA 项目是抽取各国家 4500—10000 名 9—10 年级的 15 岁青少年作为调查样本，测试内容涉及阅读、数学及科学，强调灵活运用学科知识与认知技能，针对情境化的问题自行建构答案，以考察学生的知识面、综合分析和创新素养。

目前国内外还没有专门针对移民子女学业成绩的调查项目与机构。但是国内外研究都表明移民子女身上或多或少存在学习困难问题。Adair 和 Pastori 对意大利、德国、法国、英国和美国的移民子女教育状况数据研究表明，移民子女的教育效果正在被边缘化。② 国内诸多学者调查发现，绝大多数随迁子女的学业成绩普遍低于同校同班当地户籍学生的学业成绩。例如周序对北京地区 181 户农民工家庭的 2005 年夏季期末考试成绩进行调查并运用软件分析，发现农民工子女的学业成绩普遍偏低，影响其学业成绩的因素很多，其中家庭文化资本是一个主要因素。③ 李红婷对湖南省长沙市 6 所农民工子女定点学校进行调查，发现农民工子女的学业成绩普遍低于城市其他

①　赵红霞：《影响初中生学业成绩差异的机制研究——回顾分析模型的探讨》，博士学位论文，华东师范大学，2011 年。

②　Adair J. K. & Pastori G. , Developing Qualitative Coding Frameworksfor Educational Research: Immigration, Education and Thechildren Crossing Borders Project. *International Journal of Research & Method in Education*, 2011, 34 (1): 31 – 47.

③　周序：《文化资本与学业成绩——农民工家庭文化资本对子女学业成绩的影响》，《国家教育行政学院学报》2007 年第 2 期。

社会阶层子女。[①] 胡宏伟等对武汉市中心城区和远城区农民工相对集中的中小学 30 所进行调查，显示成绩较好的农民工子女仅为 19.4%，普遍在中下等水平，状况不容乐观。[②] 尚利芳在北京市昌平区南七家村实验学校的调查显示农民工随迁子女的多次期末成绩的语文、数学、英语、物理和化学的平均分都远远低于及格分，尤其是英语平均分在十几分到三十几分之间。[③] 可见，国内外移民子女的学业成绩普遍不容乐观，科尔曼的解释是流动使得移民子女需要重新适应学校环境、同伴关系，高流动率对他们的学业成绩具有显著负面影响。但是，影响移民子女学业成绩的因素很多，且不是孤立存在的，而是彼此联系。

二　移民子女学业成绩的影响因素

　　根据生态系统理论，我们可以把影响学业成绩的因素分为微观因素、中观因素以及宏观因素。微观因素主要有个人的智力因素和非智力因素。国内外研究表明，学生的智力因素与学业成绩差异存在显著的相关性，相关程度在 0.34—0.51。[④] 李洪玉和阴国恩发现成就动机、好胜心和非智力因素总量表分数与学习成绩都有着非常显著的正相关，相关系数在 0.25 以上。[⑤] 更多的研究表明学业成绩在微观层面是受到智力因素和非智力因素的共同影响。家庭因素对学业成绩强势的解释力得到国内外学者的一致认同。家庭背景不仅包

[①] 李红婷：《城区学校农民工子女文化适应的人类学阐释》，《湖南师范大学教育科学学报》2009 年第 2 期。

[②] 胡宏伟、童玉林、杨帆、胡祖明：《母亲受教育水平与农民工子女学业成绩：基于农民工家庭的实证调查》，《农林经济管理学报》2012 年第 3 期。

[③] 尚利芳：《农民工随迁子女低学业成绩的教育人类学研究》，硕士学位论文，首都师范大学，2013 年。

[④] 司继伟、张庆林：《试论学生学业成就的个体因素》，《教育理论与实践》1999 年第 9 期。

[⑤] 李洪玉、阴国恩：《中小学生学业成就与非智力因素的相关研究》，《心理科学》1997 年第 5 期。

括经济社会状况、文化资本、家庭结构等客观因素,[①] 也包括父母是否参与子女教育活动、对子女的教育期望等代际闭合状况。[②] 父母对子女学习介入、教育期望、子女学习动机等还会中介或调节家庭背景与学业成绩之间的关联。[③] 在学校层面,学校的办学质量、区域位置、师生关系、学生知觉的教师期望等对学业成绩均具有正向影响。[④]

国内外关于移民子女学业成绩影响因素方面的研究并不多。美国国家统计局 1994 年的统计显示移民子女中 41% 的学业成绩差,而流动越频繁对学业成绩构成的威胁越大。Biernat 和 Jax 对流动频繁的移民子女学业成绩差的解释是频繁流动使有规律的学业中断;师生和同伴的关系中断等。[⑤] 国内学者周序研究发现家庭文化资本是影响农民工子女学业成绩的主要因素,其中母亲文化程度的影响极显著($\beta = 0.307$,$P < 0.01$),教育期望和职业期望对他们的学业成绩有显著影响,回归系数分别是 0.311 和 0.396。[⑥] 霸雨辰和魏利调查认为影响随迁子女学业成绩的潜变量因素有外部环境因素(家庭流动性、亲子关系、父母期望和师生关系)、内部心理因素(学习兴趣、自我认知、学习焦虑、学习动机和学习态度) 等。[⑦] 尚利芳认为,频繁流动造成他们文化中断与学业中断;打工子弟学校的教育资源短缺及其教师的流动性;家庭教育的缺失以及异地升学政策的漠视,以上

---

① White S. B. , Reynolds P. D. , Thomas M. M. & Gitzlaff N. J. , Socioeconomic Status and Achievement Revisited. *Urban Education*, 1993, 28 (3): 328 – 343.

② Sirin S. , Socioeconomic Status and Academic Achievement: A Meta-Analytic Review of Research. *Review of Educational Research*, 2005, 75 (3): 417 – 453.

③ Milne A. & Plourde L. A. , Factors of a Low – SES Household: What Aids Academic Achievement? *Journal of Instructional Psychology*, 2006, 33 (3): 183 – 193.

④ 赵必华:《影响学生学业成绩的家庭与学校因素分析》,《教育研究》2013 年第 3 期。

⑤ Biernat L. & Jax C. , Limiting Mobility and Improving Student Achievement. *Hamline Law Review*, 2011, 23 (1): 231 – 252.

⑥ 周序:《文化资本与学业成绩——农民工家庭文化资本对子女学业成绩的影响》,《国家教育行政学院学报》2007 年第 2 期。

⑦ 霸雨辰、魏利:《影响农民工随迁子女学业成绩的潜变量因素及回归分析》,《数学实践与认识》2016 年第 7 期。

三个因素影响随迁子女的学业成绩。① 总之，迁移的频繁程度、家庭文化资本、学校教育适应状况以及教育政策等都会影响移民子女的学业成绩。

三　移民子女学业成绩的自证效应

学业成绩与教育期望之间是否存在一定的自证效应（self-fulfilling prophecy）？高明华对哈尔滨市南岗区与香坊区交界处的一所80%以上都是外来务工人员子女的公立小学进行调查，研究认为子女的学习成绩和父母教育期望之间存在自证效应，即过往学业成绩影响着教育期望，调节父母与子女之间互动关系，教育期望进而影响子女的学业成绩。② 教师的教育期望自证效应往往更加准确，因为通常是建立对学生现有学业成绩的标准化测试以及对学习习惯长期观察的基础上形成的。对于随迁子女父母而言，城市的生存压力、忙碌的工作安排以及自身的认知水平，使得他们很少有时间与子女、教师进行互动和交流，其期望的正确性低。

总体而言，国内外文献普遍认同学业成绩与教育期望之间存在一定的相关性。但是对于随迁子女而言，除了自身和家庭携带的社会资本、所处学校的教育质量，有没有其他因素影响他们的学业成绩与教育期望之间的关系？以下我们将理清三者之间的研究思路，并且建立理论假设。

第二节　研究思路与理论假设

一　随迁子女学业成绩与其教育期望的关系

个体的学业成绩状况始终是教育期望的逻辑起点。根据社会心理学的"镜中我"理论，个体的自我评价是以他人对自己评价作为

---

① 尚利芳：《农民工随迁子女低学业成绩的教育人类学研究》，硕士学位论文，首都师范大学，2013年。

② 高明华：《父母期望的自证预言效应——农民工子女研究》，《社会》2012年第4期。

"镜子",个人通过这面"镜子"认识和把握自己。经常性的学业失败,会使个体感受到来自父母、教师、同伴的否定性评价,这种否定性评价会进一步强化他们对学业方面的自卑,降低其自我教育期望的水平。[1] 国外文献已有如此结论,例如 Goyette 和 Xie 分析亚裔美国高中生教育期望的影响因素,发现学业成绩较好的学生在与教师、父母和其他同伴的交往中得到更加正向的强化,从而促进他们产生较高的教育期望;而成绩较差的学生在与他人的互动过程中,经常接受负面反馈,更加丧失信心,一般只持有较低的教育期望。[2] Sanders 等对 80 名高中毕业生进行生活行为和心理方面的调查问卷,通过实证分析得出了他们的学业成绩与教育期望的相关系数(r = 0.60)。[3] Rutchick 等对 884 名儿童进行 5 年随访调查,发现他们的学业成绩与教育期望之间具有显著的独立影响(substantial independent effects)。[4] 国内文献也表明个体学业成绩与教育期望之间存在正向关系。例如,胡咏梅和杨素红在广西、宁夏、云南等省区的部分中小学收集了 2006 年和 2008 年两期数据,Logistic 模型分析表明学生的学业成绩与教育期望是相互影响的。[5] 由此可见,学业成绩与教育期望存在显著相关性,即自我教育期望高的学生,其学习动机越强、学习积极性越高,进而有利于促进其学业成绩,而学业成绩越好,其自我教育期望也越高。

根据文化适应理论,作为弱势群体的随迁子女,尽管他们的家庭文化背景或早期的文化习得与城市学校文化之间存在异质性和不

---

① Mickelson R. A. , The Attitude-Achievement Paradox among Black Adolescents. *Sociology of Education*, 1990, 63 (1): 44–61.

② Goyette K. & Xie Y. , Educational Expectations of Asian-American Youth: Determinants and Ethnic Differences. Research Reports. *Ability*, 1997, 72 (1): 32.

③ Sanders C. E, Field T. M. & Diego M. A. , Adolescents' Academic Expectations and Achievement. *Adolescence*, 2001, 36 (4): 795–802.

④ Rutchick A. M. , Smyth J. M. , Lopoo L. M. & Dusek J. B. , Great Expectations: the Biasing Effects of Reported Child Behavior Problems on Educational Expectancies and Subsequent Academic Achievement . *Journal of Social & Clinical Psychology*, 2009, 28 (3): 392–413.

⑤ 胡咏梅、杨素红:《学生学业成绩与教育期望关系研究——基于西部五省区农村小学的实证分析》,《中天学刊》2010 年第 6 期。

连续性，但是他们的学业成绩与教育期望之间仍然存在一定的相关性。杨威（2012）分析了北京某区 1357 名流动儿童的学习情况，调查显示个体学业成绩这一变量在分别控制个人特征、家长特征和家庭特征 3 个模型中均显著（分别是 $\beta = 0.0209$，$P < 0.001$、$\beta = 0.0193$，$P < 0.001$、$\beta = 0.0191$，$P < 0.001$）；显示了子女的学业成绩显著影响教育期望。[1] 尚伟伟对河南省郑州等城市 3714 名中小学进城务工人员随迁子女进行调查并用多层线性模型分析，发现随迁子女自我教育期望与学业成绩存在显著正相关（$\beta = 0.139$，$P < 0.001$）。[2] 文化模式理论认为绝大多数弱势群体成员相信只要努力提高学业成绩，就会有接受更好、更高教育的机会，就会有增加向社会上层流动的机会，就会有摆脱弱势地位和免受歧视的机会。基于此，本章我们将进一步探讨随迁子女个体学业成绩与教育期望的关系并提出以下假设，H11a：随迁子女现有的学业成绩对其学业表现期望有显著影响；H11b：随迁子女现有的学业成绩对其品德表现期望有显著影响；H11c：随迁子女现有的学业成绩对其人际交往期望有显著影响；H11d：随迁子女现有的学业成绩对其社会成就期望有显著影响。

二　异地高考政策认同与教育期望的关系

随着国家"两为主""两纳入"教育政策在全国范围内的有效实施，随迁子女在流入地城市接受义务教育的问题基本得到解决。但是，他们的义务教育与义务教育后阶段的衔接出现了"中梗阻"，即在流入地城市升入高中或大学的通道受到严重阻碍。因此，正如有学者所言异地中考、异地高考政策成为当前考量教育是否公平的一

---

① 杨威：《流动儿童家庭教育期望的影响因素探析——基于北京市某区的问卷调查》，《西北人口》2012 年第 2 期。

② 尚伟伟：《进城务工人员随迁子女的学业成就及其影响因素——基于多层次线性模型（HLM）的分析》，《基础教育》2015 年第 6 期。

个关键变量。[①] 值得庆幸的是，经过社会各界多年努力，2012 年终于成为异地高考政策的"破冰之年"，国务院出台《关于做好进城务工人员随迁子女接受义务教育后在当地参加升学考试工作意见的通知》，其后各省纷纷出台相应实施细则。但是各省政策的宽严程度不同、门槛高低迥异，同时存在各地诸多"门槛"集中在进城务工人员家长身上，而让随迁子女来承担家长自身的责任，这在某种意义上成为对随迁子女一种新的不公平。

异地高考政策以及随迁子女政策的认同对教育期望会产生影响吗？熊易寒在仍然没有向随迁子女开放异地中高考的上海等地进行调研，发现老师和当地户籍同学视随迁子女为"不存在"，针对升学的讲课、做题和辅导都不会把他们考虑在内，比如课堂经常出现"不参加中考的同学就不要购买这些资料了，反正也没有用"这类的话语。[②] 这种刻板印象极大削弱了随迁子女的学习积极性，阻断了他们建立良好教育期望的可能性。Wu 对一项全国代表性调查的数据分析表明，即使在控制了其他变量后，不同户籍的人存在着显著的教育差距，不能在当地参加升学考试的非户籍人口在受教育年限期望上稳定地处于劣势。[③] 梁玉成和吴星韵对中国人民大学中国调查与数据中心（NSRC）采集的"中国教育追踪调查"（CEPS）数据进行分析，显示非户籍学生中户籍隔离程度与学生教育期望呈倒"U"形曲线关系；同时与七年级的学生相比，九年级的学生具有更低的教育期望。[④] 可能的原因是越接近高考时间，越能感知到异地高考政策的压力，对他们的教育期望产生不利影响。杨东平对河北省张家口 12 所中学中回流到家乡继续学习的随迁子女进行调查，发现城乡两地

---

① 褚宏启：《城镇化进程中的户籍制度改革与教育机会均等——如何深化异地中考和异地高考改革》，《清华大学教育研究》2015 年第 6 期。

② 熊易寒：《城市化的孩子：农民工子女的身份生产与政治社会化》，上海世纪出版社2010 年版，第 122 页。

③ Wu X. G., The Household Registration System and Rural-Urban Educational Inequality in Contemporary China. *Chinese Sociological Review*, 2011, 44 (2): 31 – 51.

④ 梁玉成、吴星韵：《教育中的户籍隔离与教育期望——基于 CEPS 2014 数据的分析》，《社会发展研究》2016 年第 1 期。

断裂的升学体系使得那些原本成绩很好、有上进心的随迁子女对是否考取大学表现出信心不足。[1] 叶静怡等也提出我国各省的高考政策（分省命题和招生），各省的考生数量和录取比例等因素会影响子女的教育期望。[2] 宋映泉等对北京市1866名流动儿童学生长期跟踪调查发现，只有56.12%样本的教育期望是大学及以上（包括大专、本科和研究生以上），分析认为以户籍为基础的高考政策是造成这一低教育期望的体制性因素。[3]

由此可见，在当前我国的社会生活中，以户籍为核心的高考制度仍然是国家对流动人口的主要调控手段，同时也是制约他们在异地参加高考的主要障碍，因此从根本上影响着他们的教育期望。基于此，本书将异地高考政策认同这一变量引入到随迁子女的教育期望研究中，提出假设：H12a：随迁子女异地高考政策认同对其学业表现期望有显著影响；H12b：随迁子女异地高考政策认同对其品德表现期望有显著影响；H12c：随迁子女异地高考政策认同对其人际交往期望有显著影响；H12d：随迁子女异地高考政策认同对其社会成就期望有显著影响。

三　异地高考政策认同在个体学业成绩与教育期望之间的调节作用

从前面论述可知，个体的学业成绩对其教育期望有显著正向影响。但是异地高考政策出台之后的若干调研显示，有些学业成绩优秀的随迁子女，却并不具有较高的教育期望。为什么会出现这样的情况？中间存在什么因素影响了两者之间的关系？近年来国内外有些研究致力于辨识自证关系的调节变量，即在哪些群体中或在什么条件下，自证效应的影响力更强。Madon等对某公立学校的98名教

① 杨东平：《中国流动儿童教育发展报告（2016）》，社会科学文献出版社2016年版，第210页。

② 叶静怡、张睿、王琼：《农民进城务工与子女教育期望——基于2010年中国家庭追踪调查数据的实证分析》，《经济科学》2017年第1期。

③ 宋映泉、曾育彪、张林秀：《打工子弟学校学生初中后流向哪里？——基于北京市1866名流动儿童学生长期跟踪调研数据的实证分析》，《教育经济评论》2017年第3期。

师和 1539 名随迁子女进行调查，发现教师的教育期望对后进生的自证效应更强烈。[1] Rist 认为自证效应受到子女就读年级的影响，最强的自证效应发生在一年级、二年级和七年级。[2] 为此，我们结合 Jussim 的"反应—建构模型"（Reflection-Construction Model），[3] 绘制个体学业成绩与教育期望的反应—建构模型，以探索个体学业成绩与教育期望的自证效应的调节变量（见图4—1）。

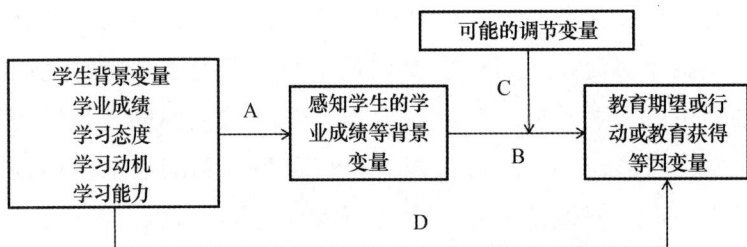

图4—1 个体学业成绩与教育期望的反应—建构模型

由 4—1 可知，路径 A 表示感知者（父母、教师、学生自身）基于学业成绩、学习态度、学习动机、学习能力等背景信息，路径 B 表示感知者形成期望，并改变态度、采取行为以及可能的结果，而路径 C 表示在两者关系之间可能存在一定的调节变量。路径 D 表示在独立于感知者影响的前提下，目标人的背景信息在一定程度上能够预测未来的特征或结果。在"反应—建构模型"中路径 C 代表了加强或弱化背景变量与教育期望之间关系的潜在的调节变量。吕慈仙选取了杭州、福州等 9 个城市，对初中二年级的随迁子女进行问卷调查，探究异地高考政策对随迁子女网络资源、社会闭合与社会融合

① Madon S., Jussim L. & Eccles J., In Search of the Powerful Self-fulfilling Prophecy. *Journal of Personality and Social Psychology*, 1997, 72 (4): 791–809.

② Rist R. C., *Student Social Class and Teacher Expectations: The Self-Fulfilling Prophecy in Ghetto Education*. Cambridge: The Harvard Educational Publishing Group, 2007: 123.

③ Jussim L., Social Perception and Social Reality: A Reflection-construction Model. *Psychological Review*, 1991, 98 (1): 54–73.

水平之间的调节关系。将"异地高考政策"加入回归模型，调节效应显示政策认知程度对随迁子女具有显著的正向影响（β＝0.488，P＜0.01）、政策公平感知程度对随迁子女具有显著的正向影响（β＝0.462，P＜0.01），而原先"家庭网络资源""教育参与程度"和"代际闭合程度"的回归系数有所下降，显著度也有所降低。[①] 数据表明异地高考政策因素一旦进入随迁子女"反应—建构"分析模型，它所起的作用要大于其他非政策性因素。

国内外众多研究表明，移民之所以不辞辛苦、千里迢迢选择到另一个国家、城市重新开始生活，很大程度上是因为他们相信那里有更好的教育、更高的收入或者人身安全、健康能够得到更好的保障（Lewis，1982）[②]。Watkins 等调查了澳大利亚 1352 名越南籍移民也证实了这一观点。[③] 而在中国，影响进城务工人员及其子女迁移到另一座城市生活的因素中，"获得更好的教育"始终是最重要的考量因素之一。何雪松等分析数据也证实了这一观点。[④] 正是因为进城务工人员随迁子女的学习成绩较好，更加驱动父母对其产生更高的教育期望，并可能驱动父母为了实现这一期望，创造更好的学习环境和升学机会，做出选择更好的城市进行务工的决策。如果因为异地高考政策，随迁子女不得不回到已经不熟悉的老家重新沦为留守儿童，将对他们的教育期望带来极大的负面影响。褚宏启也认为随迁子女的受教育权受到了极大影响，主要表现在异地中考、异地高考等问题上。[⑤] 正如 Dika 和 Singh 所提出的影响个体教育获得的三个维

---

① 吕慈仙：《异地高考政策对进城务工人员随迁子女社会融合的调节效应分析》，《清华大学教育研究》2017 年第 2 期。

② Lewis G. J. , *Human Migration.* London：Groom Helm，1982.

③ Watkins R. , Plant A. J. , Sang D. et al. , Research Note Individual Characteristics and Expectations about Opportunities in Australia among Prospective Vietnamese Migrants. *Journal of Ethnic & Migration Studies*，2003，29（1）：157–166.

④ 何雪松、黄富强、曾守锤：《城乡迁移与精神健康：基于上海的实证研究》，《社会学研究》2010 年第 1 期。

⑤ 褚宏启：《城镇化进程中的户籍制度改革与教育机会均等——如何深化异地中考和异地高考改革》，《清华大学教育研究》2015 年第 6 期。

度，分别是教育机会（升学等）、个体学业成绩以及相关心理因素（教育期望等）。[①]　基于此，本章我们将异地高考政策认同这一变量引入到个体学业成绩与教育期望的关系并提出以下假设，H13a：异地高考政策认同在个体学业成绩与学业表现期望之间产生调节作用；H13b：异地高考政策认同在个体学业成绩与品德表现期望之间产生调节作用；H13c：异地高考政策认同在个体学业成绩与人际交往期望之间产生调节作用；H13d：异地高考政策认同在个体学业成绩与社会成就期望之间产生调节作用。

四　理论模型构建

综上所述，本书将基于随迁子女现有学业成绩与其教育期望的关系，重点探讨异地高考政策认同在二者关系间的调节作用。以随迁子女个体的学业成绩为自变量，以教育期望为因变量，以异地高考政策认同为调节变量，构建如图4—2所示的理论逻辑框架。

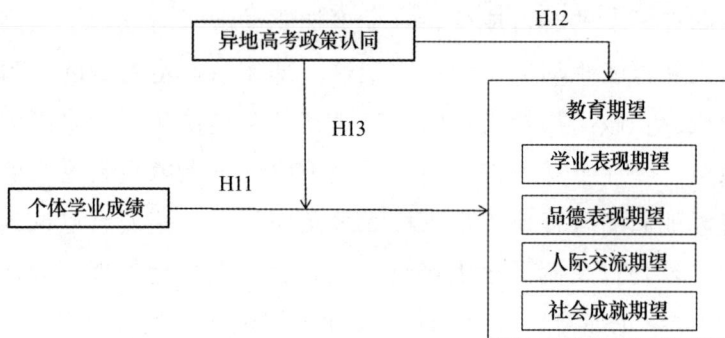

图4—2　异地高考政府认同在个体学业成绩与教育
期望之间的关系理论逻辑框架

---

①　Dika S. L. & Singh K. , Applications of Social Capital in Educational Literature：A Critical Synthesis. *Review of Educational Research*，2002，72（1）：31 – 60.

第三节 数据分析与假设检验

一 相关性分析

个体学业成绩、异地高考政策认同与教育期望的相关性分析结果如表4—1所示，个体学业成绩与随迁子女教育期望之间存在显著正相关关系，与学业表现期望的相关系数为0.738，与品德表现期望的相关系数为0.733，与人际交往期望的相关性系数为0.761，与社会成就期望的相关性系数为0.712，且均通过显著性检验。异地高考政策认同与随迁子女教育期望之间存在显著正相关关系，与学业表现期望的相关系数为0.737，与品德表现期望的相关系数为0.679，与人际交往期望的相关系数为0.628，与社会成就期望的相关系数为0.670，且均通过显著性检验。

表4—1 相关性分析结果

	SA	PM	EEA	EEB	EEC	EED
SA 个体学业成绩	1					
PM 异地高考政策认同	0.373 **	1				
EEA 学业表现期望	0.738 **	0.737 **	1			
EEB 品德表现期望	0.733 **	0.679 **	0.721 **	1		
EEC 人际交往期望	0.761 **	0.628 **	0.894 **	0.826 **	1	
EED 社会成就期望	0.712 **	0.670 **	0.800 **	0.820 **	0.804 **	1

注：＊＊表示 $P < 0.01$，＊表示 $P < 0.05$。

二 回归分析

通过第三章的方差分析发现，随迁子女教育期望在性别、户籍流动类型、居住地人员结构、现居住城市时间等上均有不同程度的差异。因此，在随迁子女异地高考政策认同及教育期望的研究中需要对这些变量进行适当的控制。在接下来的回归分析中，我们将这些变量作为控制变量纳入回归模型，构建如下回归模型，并采用回归分析进行调节效应的检验。

为确保多元线性回归模型可以得出科学合理的解释，需要对模型的多重共线性、序列相关性、异方差等问题进行排查。由于本书不涉及多期样本值的比较，且各回归模型的 DW 值接近于 2，因此各个模型不存在序列相关问题。异方差问题通过残差项的散点图判断，本书各个回归模型的散点图均呈现无序状态，且异方差问题多出现在时间序列数据中，本书并不涉及，因此可以判断不存在异方差问题。多重共线性检验通过容许度和方差膨胀因子 VIF 进行检验，一般来说容许度越小、VIF 越大，则说明多重共线性明显。本书各个模型中各个变量的 VIF 介于 0 至 3 之间，说明不存在多重共线性问题。

（一）异地高考政策认同在个体学业成绩与学业表现期望关系上的调节效应检验

表4—2　　　　　　　　异地高考政策认同在个体学业成绩与学业
表现期望关系上的调节作用

	模型 1		模型 2		模型 3		模型 4	
	回归系数	标准误差	回归系数	标准误差	回归系数	标准误差	回归系数	标准误差
（常量）	4.340 **	0.339	1.172 **	0.381	0.707	0.380	0.681	0.376
性别	-0.067	0.095	0.001	0.077	0.067	0.076	0.065	0.075
户籍流动类型	0.153	0.110	-0.012	0.090	-0.090 **	0.088	-0.070	0.087
居住地人员结构	0.289 **	0.065	0.225 **	0.053	0.122	0.056	0.112	0.055
现居住城市时间	-0.556 **	0.065	-0.194 **	0.060	-0.182 **	0.058	-0.195 **	0.058
个体学业成绩			0.698 **	0.058	0.649 **	0.057	0.645 **	0.057
异地高考政策认同					0.246 **	0.053	0.254 **	0.052
个体学业成绩与异地高考政策认同交互项							0.134 **	0.051
调整后 R²	0.367		0.597		0.618		0.626	
F 值及显著性	132.473 **		165.337 **		163.523 **		157.734 **	

注：＊＊表示 P<0.01，＊表示 P<0.05。

表4—2反映的是异地高考政策认同在个体学业成绩与学业表现期望关系上的调节效应检验结果，四个阶层的模型解释力分别为0.367、0.597、0.618、0.626，所有变量可以解释因变量62.6%的变异，且通过 F 检验发现，该解释力具有统计学上的意义。

模型2在模型1的基础上加入自变量个体学业成绩，解释力度调整后 R^2 达到59.7%，表明该回归模型是有意义的，加入"个体学业成绩"后能够更好地解释"教育期望"。其对学业表现期望存在显著正向预测（B＝0.698，P＜0.01）。假设 H11a 得到验证。模型3加入调节变量异地高考政策认同，并对个体学业成绩和异地高考政策认同进行中心化处理，构建二者的交互项。异地高考政策认同对学业表现期望有显著正向预测（B＝0.246，P＜0.01）。假设 H12a 得到验证。模型4表明个体学业成绩与异地高考政策认同的交互项对学业表现期望存在显著正向预测（B＝0.134，P＜0.01）。同时，个体目前的学业成绩对学业表现期望的主效应系数为正，且异地高考政策认同的调节效应系数为正，说明异地高考政策认同增强了个体学业成绩对学业表现期望的正向影响。假设 H13a 得到验证。

（二）异地高考政策认同在个体学业成绩与品德表现期望关系上的调节效应检验

表4—3　　　异地高考政策认同在个体学业成绩与品德表现
期望关系上的调节作用

	模型1		模型2		模型3		模型4	
	回归系数	标准误差	回归系数	标准误差	回归系数	标准误差	回归系数	标准误差
（常量）	4.826 **	0.347	1.697 **	0.398	1.345 **	0.405	1.316 **	0.400
性别	−0.077	0.098	−0.009	0.081	0.041	0.081	0.039	0.080
户籍流动类型	0.052	0.112	−0.111	0.094	−0.171	0.094	−0.149	0.093
居住地人员结构	0.298 **	0.067	0.235 **	0.055	0.158 **	0.059	0.147 *	0.059
现居住城市时间	−0.610 **	0.066	−0.251 **	0.063	−0.243 **	0.062	−0.256 **	0.061
个体学业成绩			0.690 **	0.061	0.652 **	0.061	0.648 **	0.060

续表

	模型 1		模型 2		模型 3		模型 4	
	回归系数	标准误差	回归系数	标准误差	回归系数	标准误差	回归系数	标准误差
异地高考政策认同					0.187**	0.056	0.195**	0.056
个体学业成绩与异地高考政策认同交互项							0.146**	0.054
调整后 R^2	0.408		0.591		0.606		0.615	
F 值及显著性	136.610**		166.345**		160.602**		155.201**	

注：**表示 P<0.01，*表示 P<0.05。

表4—3 反映的是异地高考政策认同在个体学业成绩与品德表现期望关系上的调节效应检验结果，四个阶层的模型解释力分别为0.408、0.591、0.606、0.615，所有变量可以解释因变量61.5%的变异，且通过 F 检验发现，该解释力具有统计学上的意义。

模型 2 在模型 1 的基础上加入自变量个体学业成绩，其对品德表现期望存在显著正向预测（B=0.690，P<0.01）。假设 H11b 得到验证。模型 3 加入调节变量异地高考政策认同，并对个体学业成绩和异地高考政策认同进行中心化处理，构建二者的交互项。异地高考政策认同对品德表现期望有显著正向预测（B=0.187，P<0.01）。假设 H12b 得到验证。模型 4 表明个体学业成绩与异地高考政策认同的交互项对品德表现期望存在显著正向预测（B=0.146，P<0.01）。同时，个体目前的学业成绩对品德表现期望的主效应系数为正，且异地高考政策认同的调节效应系数为正，说明异地高考政策认同增强了个体学业成绩对品德表现期望的正向影响。假设 H13b 得到验证。

（三）异地高考政策认同在个体学业成绩与人际交往期望关系上的调节效应检验

表4—4 反映的是异地高考政策认同在个体学业成绩与人际交往期望关系上的调节效应检验结果，四个阶层的模型解释力分别为0.406、0.632、0.635、0.644，所有变量可以解释因变量64.4%的变

异，且通过 F 检验发现，该解释力具有统计学上的意义。

模型 2 在模型 1 的基础上加入自变量个体学业成绩，其对人际交往期望存在显著正向预测（B = 0.870，P < 0.01）。假设 H11c 得到验证。模型 3 加入调节变量异地高考政策认同，并对个体学业成绩和异地高考政策认同进行中心化处理，构建二者的交互项。异地高考政策认同对人际交往期望的正向预测作用没有通过显著性检验（B = 0.101，P > 0.05）。假设 H12c 未得到验证。模型 4 表明个体学业成绩与异地高考政策认同的交互项对人际交往期望存在显著正向预测（B = 0.174，P < 0.01），但是此时调节变量异地高考政策认同对因变量人际交往期望的回归系数不显著（B = 0.110，P > 0.05）。同时，个体学业成绩对人际交往期望的主效应系数为正，且异地高考政策认同的调节效应系数为正，说明异地高考政策认同增强了个体学业成绩对人际交往期望的正向影响。假设 H13c 得到验证。

表 4—4　　　　　异地高考政策认同在个体学业成绩与人际
交往期望关系上的调节作用

	模型 1		模型 2		模型 3		模型 4	
	回归系数	标准误差	回归系数	标准误差	回归系数	标准误差	回归系数	标准误差
（常量）	4.995**	0.404	1.049*	0.442	0.859	0.457	0.825	0.451
性别	-0.048	0.114	0.037	0.090	0.064	0.091	0.061	0.090
户籍流动类型	0.124	0.131	-0.082	0.104	-0.114	0.106	-0.087	0.105
居住地人员结构	0.375**	0.078	0.296**	0.062	0.254**	0.067	0.241**	0.066
现居住城市时间	-0.732**	0.077	-0.280**	0.070	-0.275**	0.070	-0.291**	0.069
个体学业成绩			0.870**	0.068	0.849**	0.069	0.845**	0.068
异地高考政策认同					0.101	0.063	0.110	0.063
个体学业成绩与异地高考政策认同交互项							0.174**	0.061
调整后 R²	0.406		0.632		0.635		0.644	
F 值及显著性	138.099**		178.707**		168.215**		162.349**	

注：**表示 P < 0.01，*表示 P < 0.05。

（四）异地高考政策认同在个体学业成绩与社会成就期望关系上的调节效应检验

表4—5反映的是异地高考政策认同在个体学业成绩与社会成就期望关系上的调节效应检验结果，四个阶层的模型解释力分别为0.369、0.564、0.575、0.583，所有变量可以解释因变量58.3%的变异，且通过F检验发现，该解释力具有统计学上的意义。

表4—5　　　　　　异地高考政策认同在个体学业成绩与社会
成就期望关系上的调节作用

	模型1		模型2		模型3		模型4	
	回归系数	标准误差	回归系数	标准误差	回归系数	标准误差	回归系数	标准误差
（常量）	4.716**	0.343	1.768**	0.402	1.487**	0.412	1.462**	0.409
性别	-0.081	0.097	-0.017	0.082	0.023	0.082	0.021	0.082
户籍流动类型	0.057	0.111	-0.097	0.095	-0.144	0.095	-0.125	0.095
居住地人员结构	0.268**	0.066	0.208**	0.056	0.146*	0.060	0.137*	0.060
现居住城市时间	-0.580**	0.065	-0.243**	0.064	-0.236**	0.063	-0.247**	0.063
个体学业成绩			0.650**	0.062	0.620**	0.062	0.617**	0.062
异地高考政策认同					0.149*	0.057	0.156**	0.057
个体学业成绩与异地高考政策认同交互项							0.128*	0.055
调整后 R^2	0.369		0.564		0.575		0.583	
F值及显著性	132.682**		157.041**		150.927**		145.968**	

注：**表示 $P<0.01$，*表示 $P<0.05$。

模型2在模型1的基础上加入自变量个体学业成绩，其对社会成就期望存在显著正向预测（B=0.650，P<0.01）。假设H11d得到验证。模型3加入调节变量异地高考政策认同，并对个体学业成绩和异地高考政策认同进行中心化处理，构建二者的交互项。异地高考政策认同对社会成就期望有显著正向预测（B=0.149，P<0.05）。假设H12d得到验证。模型4表明个体学业成绩与异地高考政策认同的

交互项对社会成就期望存在显著正向预测（B＝0.128，P＜0.05）。同时，个体学业成绩对社会成就期望的主效应系数为正，且异地高考政策认同的调节效应系数为正，说明异地高考政策认同增强了个体学业成绩对社会成就期望的正向影响。假设 H13d 得到验证。

第四节　讨论与小结

本章主要关注异地高考政策认同与随迁子女个体学业成绩、教育期望的关系假设的检验，通过简单相关性对三者关系间的基本关系进行了分析，在此基础上建立多元线性回归模型，进行回归分析，对变量关系进行了进一步的检验。结果显示：随迁子女个体学业成绩对其教育期望存在显著的正向影响，假设 H11a、H11b、H11c、H11d 得到验证；异地高考政策认同对随迁子女学业表现期望、品德表现期望、社会成就期望均存在显著的正向影响，假设 H12a、H12b、H12d 得到验证，H2c 没有得到验证；异地高考政策认同在随迁子女个体学业成绩与教育期望的关系上存在显著调节效应，且异地高考政策认同增强了随迁子女个体学业成绩对其教育期望的正向促进作用，假设 H13a、H13b、H13c、H13d 得到验证。

随迁子女个体学业成绩会显著影响其教育期望。这一结论与 Goyette 和 Xie[1]、Sanders 等[2]、Rutchick 等[3]、胡咏梅和杨素红[4]等国内外研究文献一致。一方面，较好的学业成绩会给随迁子女家庭和自身学业表现、品德表现、人际交往和社会成就等带来较高的期望。

---

[1]　Goyette K. & Xie Y. , Educational Expectations of Asian-American Youth: Determinants and Ethnic Differences. *Sociology of Education*, 1999, 72（1）: 22–36. .

[2]　Sanders C. E. , Field T. M. & Diego M. A. , Adolescents' Academic Expectations and Achievement. *Adolescence*, 2001, 36: 795–802.

[3]　Rutchick A. M. , Smyth J. M. , Lopoo L. M. & Dusek J. B. , Great Expectations: Thebiasing Effects of Reported Child Behavior Problems on Educational Expectancies and Subsequent Academic Achievement . *Journal of Social & Clinical Psychology*, 2009, 28（3）: 392–413.

[4]　胡咏梅、杨素红：《学生学业成绩与教育期望关系研究——基于西部五省区农村小学的实证分析》，《中天学刊》2010 年第 6 期。

另一方面，良好的教育期望又会产生积极的学习动机，增强其主观能动性，进而继续有利于其获得较好的学业成绩。因此，建议随迁子女家长、就读的学校帮助他们尽快适应城市的课程体系，开展一对一帮扶，提高其学业成绩，同时因势利导引导学生形成积极的教育期望，促进其学业成绩与教育期望之间形成良性循环。

异地高考政策认同显著影响随迁子女教育期望。虽然以往国内外没有直接的文献表明异地高考政策认同会对随迁子女教育期望产生影响。但是正如弗莱（Frye）提出无论在非洲东南部国家马拉维还是在世界其他地方，至少在过去的几十年内，政府针对弱势群体子女的政策支持，能够激发乐观教育期望的潜在变革力量。[1] 另外，一个反面例证也指出那些不能在流入地城市参加高考的随迁子女，回到家乡学习后，其教育期望出现明显的下降。[2] 社会认同理论认为群体边界的可渗透性会影响人们采用何种策略来实现自己的期望。"率先突破型"省份的异地高考政策虽然存在很多不足，但是对于随迁子女而言，无疑是一种触动其努力学习的积极信号，因此能够有效促进他们建立良好的教育期望。

异地高考政策认同在个体学业成绩与教育期望之间存在显著的调节作用，即增强了个体学业成绩对教育期望的正向影响。如同Jussim[3]、Madon 等[4]、Rist[5] 等提出学业成绩与教育期望的自证关系之间存在调节变量。当下中国语境中，如果异地高考政策让广大随迁子女难以企及，难免会挫伤他们的自尊心，影响学习的主观能动

---

① 　Frye M. , Bright Futures in Malawi's New Dawn: Educational Aspirations as Assertions of Identity. *American Journal of Sociology*, 2012, 117 (6): 1565 – 1624.

② 　杨东平：《中国流动儿童教育发展报告（2016）》，社会科学文献出版社 2016 年版，第210 页。

③ 　Jussim L. , Social Perception and Social Reality: A Reflection-construction Model. *Psychological Review*, 1991, 98 (1): 54 – 73.

④ 　Madon S. , JussimL. & Eccles J. In Search of the Powerful Self-fulfilling Prophecy. *Journal of Personality and Social Psychology*, 1997, 72 (4): 791 – 809.

⑤ 　Rist R. C. *Student Social Class and Teacher Expectations: The Self-Fulfilling Prophecy in Ghetto Education*. Cambridge: The Harvard Educational Publishing Group, 2007: 123.

性，破坏学业成绩与教育期望之间的良性互动关系。各级政府需要充分认识进城务工人员随迁子女同样可以成为当地城市宝贵的人力资源，需要进一步打破现有升学体系的"天花板"，这样才能充分调动其学习主动性，提升其学业成绩，进而形成良好的教育期望。

第 五 章

异地高考政策认同在中观家庭
层面的影响机制

进城务工人员家庭往往根植于农村，其家庭网络异质性程度低、信息资源流通相对闭塞，造成了家庭社会资本的相对匮乏。那么，随迁子女的教育期望是否同样受到家庭社会资本的影响？有什么因素能够提升他们的家庭社会资本？在中华民族的价值体系中，教育具有举足轻重的地位，"让子女获得更好的教育"始终是举家迁徙进城务工的最重要考量因素之一。那么，关乎他们切身利益的异地高考政策，是否在随迁子女家庭社会资本与教育期望之间产生积极的作用？本章我们将重点探讨这些问题。

第一节　家庭社会资本概述

"社会资本"（Social Capital）的概念最初是由经济学的"资本"演化而来的。在古典经济学那里，亚当·斯密指出：资本是一切能够带来收入或利润的资财。人们将属于自己的一部分资财储藏起来投入生产，这部分资财即成为资本。最早将"社会资本"这一概念纳入社会学研究范畴的是学者布迪厄（Pierre Bourdieu）和帕斯隆（Jean Passeron），他们强调社会关系网络对个体资源获得的重要性，认为经济资本最为基础，其他资本都可以通过其进行转化，所有这些资本都会为社会结构的代际传递提供支持和条件。① 1990 年，詹姆斯·科尔曼（James S. Coleman）将社会资本引入家庭的社会功能分析，认为社会资本是促进群体中个体获得心理幸福感与增长能力的社会资源，当父母与子女之间、父母与社区其他成年人之间的社会交流充分、社会网络封闭性高时，子女就会得到较丰富的社会资本。②

一　家庭社会资本的含义

国内外学者从不同的角度对家庭社会资本作了定义。1993 年，罗伯特·帕特南（Robert D. Putnam）在《使民主运转起来：现代意大利的公民传统》一书中提出"家庭社会资本就是家庭内部各种关系的总和，包括家庭内部宗教行为、家庭成员的密切程度、夫妻关系、父母与孩子关系等"。③ Portes（1998）提出微观社会资本是个人通过自身社会网络可以利用的资源总和，宏观社会资本是群体中有利于集体成员达成合作的网络、信任和规范等。④ Marjoribanks 和 Mboya 以南非 18 周岁的 233 名男学生和 330 名女学生为样本，分析了家庭社会资本、目标取向和青少年自我概念之间的关系，指出家庭社会资本研究的是家庭成员之间的相互关系，其主要用来表达父母对子女的期望及父母与子女的关系强度。⑤ 李宏利和张雷认为家庭社会资本是主要建立在组织、规范、信任、制度或责任等基础上的人际关系网络，是针对父母与子女间的关系进行质与量的评价。⑥ 赵延东和洪岩璧认为父母对子女学习活动的参与是社会资本的重要表现

---

① ［法］布尔迪约、帕斯隆：《再生产：一种教育系统理论的要点》，邢克超译，商务印书馆 2002 年版，第 67 页。

② Coleman J. S. , Equality and Achievement in Education. *British Journal of Educational Studies*, 1993, 41（4）：438.

③ Putnam R. D. , Our Lids: The American Dream in CMSIS: New York: Simon Schuster, 2015: 164 – 165.

④ Portes A. , Social Capital: Its Origins and Applications in Modern Sociology. *Annual Review of Sociology*, 1998, 24（1）：1 – 24.

⑤ Marjoribanks K. & Mboya M. , Family Captial, Goal Orientation and South African Adolescents' Self-concept: a Moderation-mediation Model. *Education Psychology*, 2001, 21（3）：333 – 350.

⑥ 李宏利、张雷：《家庭社会资本及其相关因素》，《心理科学进展》2005 年第 3 期。

形式，而代际闭合则可以形成一种支持性社群，有利于各种学习与生活信息的交流和传递，从而可以鼓励、促进和监督其子女更加努力、有效地学习。①

总而言之，结合国内外专家的研究，家庭社会资本可以概括为家庭成员之间、家庭与社会网络之间，通过长期的交往而嵌在社会关系和社会结构之中的，以惯例、规则、习俗、网络、制度等多种形式存在的，被家庭成员所能利用的全部资源。

二 家庭社会资本的测量

关于如何测量家庭社会资本，国内外学者进行了长期的探索。科尔曼（Coleman）对家庭社会资本进行的测量主要在两个方面，一方面是"父母参与"（parental involvement），指家庭内部代际关系的紧密性，指标有父母与子女的交流、对子女学习的监督和指导等；另一方面是"代际闭合"（intergenerational closure），指家长与老师、其他学生家长成为朋友，从而形成一个可以闭合的人际交往圈。1995年，Furstenberg 和 Hughes 通过对 252 名有成长危机的青少年进行研究发现，良好的家庭社会资本可以帮助青少年去有效应对危机，并认为家庭内部社会资本主要是家长对子女的社会性投入（social investment），家庭外部社会资本主要是家庭与社区的联结（bonding），并且提出家庭内社会资本主要测量家庭凝聚力、获取家长支持或给家长提供支持、与兄弟姐妹或祖父母见面频次、父亲在家频率、家长帮助子女完成作业、与家长一起活动、家长对子女的在校预期、母亲鼓励子女、母亲参加家长会、家长知道子女朋友数量；家庭外社会资本主要测量参与宗教活动、紧密的帮助网络、与亲密朋友会面频次、因搬家而转学、朋友的教育期望、学校性质以及邻里对成长的作用等。② 郑洁分析了 2002 届北京市本专科毕业生的家庭社会

---

① 转引自赵延东、洪岩璧《社会资本与教育获得——网络资源与社会闭合的视角》，《社会学研究》2012 年第 5 期。

② Furstenberg F. & Hughes E., Social Capital and Successful Development among At-Risk Youth. *Journal of Marriage & the Family*, 1995, 57（3）：580 – 592.

经济地位与毕业生的就业之间的关系，提出了从"父亲的职业等级""母亲的职业等级""父亲受教育程度""母亲受教育程度""家庭年收入"五个指标来衡量家庭社会资本。① 边燕杰借鉴"定位法"，对长春、天津、上海、广州和厦门 5 个城市采用"春节拜年网"来测量家庭社会资本，测量指标包括：网络规模，网络顶端，网络差异，与领导层、经理层和知识层的纽带关系四大方面。② 刘进采用间接计量的方式分析 18075 个样本来探究家庭社会资本与高等教育参与的关系，提出家庭社会资本应包括经济资本与文化资本。经济资本主要包括物质资本、自然资本和金融资本，对于经济资本的计量选取的是家庭收入指标，包括年总收入、年净收入（总收入减总支出）、比较收入（收入在当地所处的等级）；家庭文化资本选取的指标包括父亲学历、母亲学历、家庭成员接受高等教育的人数。③ 岳昌君和程飞对中国 8 个省份的 30 所高校毕业生进行调查，来分析社会资本对高校毕业生求职途径的影响，其中测量家庭社会资本时采用 3 个核心指标，分别是父母受教育年限（分研究生、大学本科、专科、高中或中专、初中、小学、文盲或半文盲 7 个层次）；家庭人均年收入（分 7 个层次）；家庭社会联系（分非常广泛、广泛、一般、少和非常少 5 个层次）④。

总而言之，结合国内外专家的分析，家庭社会资本可以分为家庭内社会资本、家庭外社会资本，前者主要指家庭的经济资本、文化资本，测量指标包括家庭收入、父母受教育程度、父母职业状况、客观文化资源、隐性的惯习等；后者主要指家庭的社会网络资本，测量指标包括父母参与子女家庭和学校的教育行为、父母与教师的沟通

---

① 郑洁：《家庭社会经济地位与大学生就业——一个社会资本的视角》，《北京师范大学学报》（社会科学版）2004 年第 3 期。

② 边燕杰：《城市居民社会资本的来源及作用：网络观点与调查发现》，《中国社会科学》2004 年第 3 期。

③ 刘进：《家庭社会资本与高等教育参与——一种间接计量的尝试》，《教育科学》2011 年第 3 期。

④ 岳昌君、程飞：《人力资本及社会资本对高校毕业生求职途径的影响分析》，《中国高教研究》2013 年第 10 期。

交流情况、父母与子女同学家长的熟悉程度等。

三 家庭社会资本对移民子女的影响

国内外研究表明，家庭社会资本与移民子女学业成绩、身心健康以及社会融入显著相关。布迪厄始终强调教育是社会再生产的一个重要而又隐秘的渠道，社会资本在子代的教育获得中扮演了重要的角色，包括提供更多更好的经济资本、文化资本等，使得子女获得更高的教育成就，从而以一种隐秘的方式实现阶级再生产。① 科尔曼强调家庭社会资本中的闭合网络对子女教育获得的影响，包括父母与教师沟通掌握子女的学业状况，提供积极的心理情感支持和课业辅导等。② 随后，国内外大量研究发现，父母参与和代际闭合对子女的学业成绩、身心健康确实带来了积极影响，如 Sui-Chu 和 Willms 对美国高中学生进行调查，发现父母参与学校有关活动对阅读成绩有中度影响。③ Perna 和 Titus 研究发现父母参与学校的志愿活动、主动与老师沟通子女学习或日常行为情况等能显著提高子女大学录取的概率。④ Pong 等分析了三代的亚裔学生和三代的西班牙裔学生的相关数据，认为父母教养方式、期望和信任等家庭社会资本与移民子女在学校表现之间存在显著关联。⑤ Hannum 和 Park 对中国农村地区调查，发现本地教师更容易与家长进行联系和交流，因此往往有利于

---

① ［法］布尔迪约、帕斯隆：《再生产：一种教育系统理论的要点》，邢克超译，商务印书馆 2002 年版，第 120 页。

② Coleman J. S. , Social Capital in the Creation of Human Capital. *American Journal of Sociology*, 1988, 94: 95 – 120.

③ Sui-Chu E. H. & Willms J. D. , Effects of Parental Involvement on Eighth-Grade Achievement. *Sociology of Education*, 1996, 69 (2): 126 – 141.

④ Perna L. W. & Titus M. A. , The Relationship between Parental Involvement as Social Capital and College Enrollment. *The Journal of Higher Education*, 2005, 76 (5): 485 – 518.

⑤ Pong S. L. , Hao L. & Gardner E. , The Roles of Parenting Styles and Social Capital in the School Performance of Immigrant Asian and Hispanic Adolescents. *Social Science Quarterly*, 2005, 86: 928 – 950.

提升学生的教育期望和学习努力程度。[①] 国内学者刘杨等研究发现良好的家庭环境对流动儿童身份认同行为具有显著正向的预测作用，家庭环境在父母身份认同促进行为与流动儿童身份认同中发挥中介作用。[②] 尚伟伟对郑州等地的随迁子女进行调查，发现家庭社会经济地位显著影响随迁子女的学业水平（$\beta = 0.029$，$P < 0.01$），表明家庭社会经济地位每增加一个单位，其学业水平将提高 0.029 个单位。[③] 王岳荣认为家庭文化资本等对流动儿童的一生影响深远，主要表现在对其性格品质、社会融入等方面的影响。[④]

　　总而言之，以布迪厄为代表的社会网络型家庭社会资本强调家庭经济、文化资本的数量和质量，决定了给子女提供什么样的教育机会；而以科尔曼为代表的社会闭合型家庭社会资本则强调家长的教育参与以及与老师子女的有效沟通，决定了给子女积极的教育期望和学业努力程度。

第二节　研究思路与理论假设

一　家庭社会资本与随迁子女教育期望之间的关系

　　布朗芬·布伦纳的生态系统理论提出家庭是个体亲身接触并紧密联系的重要微观系统，必然对系统内的青少年产生重要影响。国内外学者较多探索家庭社会资本与结果变量的直接作用模式（主效应模型）。如 1967 年布劳（Peter M. Blau）和邓肯（Otis D. Duncan）合著的《美国职业结构》（*The American Occupational Structure*）提出"子代地位获得模型"，即家庭社会资本是子女教育期望、教育获得

[①] Hannum E. & Park A., Academic Achievement and Engagement in Rural China. *Journal of the American College of Cardiolgoy*，2007，37（1）：183 – 188.

[②] 刘杨、陈舒洁、袁晓娇、方晓义：《父母身份认同促进行为、家庭环境与流动儿童身份认同的关系》，《中国特殊教育》2013 年第 7 期。

[③] 尚伟伟：《进城务工人员随迁子女的学业成就及其影响因素——基于多层次线性模型（HLM）的分析》，《基础教育》2015 年第 6 期。

[④] 王岳荣：《浅析家庭文化资本对流动儿童发展的影响——从布迪厄的角度分析》，《时代教育》2015 年第 20 期。

以及后期社会地位的重要影响因素。Sewell 和 Shah 随机选取美国威斯康星高中生进行为期 7 年的随访研究，表明父母的受教育程度以及教育方式显著影响子女的教育期望。[1] Haller 和 Woelfel 研究认为家庭社会资本当中的"重要他人"对子女的教育期望产生直接影响。[2] Zhan 通过建立全国青年纵向调查母亲—孩子数据分析（NLSY79），研究结果表明家庭经济收入、父母性格特质和教育参与程度，与子女的数学和阅读成绩呈正相关；家庭经济收入也与父母的期望和教育参与程度呈正相关；此外父母期望部分中介了家庭经济收入与子女教育成绩之间的关系。[3] 国内学者刘精明通过对全国十个城市的实证研究，发现家庭社会资本的结构维度可以通过营造较好的学习氛围对子女产生积极影响，而资本维度可以通过权力运作，为子女争取到更好的受教育的机会。[4] 安雪慧从家庭社会资本的角度分析，家长与子女的交流频率、对教育活动的关注有利于提高子女教育期望、学业自信心和学业努力程度。[5] 杨春华调查了乌鲁木齐市和长春市 5—8 年级的学生及家长，数据显示父母受教育程度、父母职业水平等家庭社会资本与子女的教育期望呈现高度的一致性。[6] 张东娇认为家庭社会资本介入义务教育阶段学生择校行为的"马太圈"模式：处于不同社会分层中的家庭，拥有着不同水平的社会资本，因而其子女的受教育选择能力水平也不同，社会资本水平越高，子女获得

---

① Sewell W. H. & Shah V. P. , Parents' Education and Children's Educational Aspirations and Achievements. *American Sociological Review* , 1968, 33 （2）: 191 – 209.

② Haller A. O. & Woelfel J. , Significant Others and Their Expectations: Concepts and Instruments to Measure Interpersonal Influence on Status Aspirations. *Rural Sociology* , 1972, 37 （4）: 591 – 622.

③ Zhan M. , Assets, Parental Expectations and Involvement, and Children's Educational Performance. *Children and Youth Services Review* , 2006, 28 （8）: 961 – 975.

④ 刘精明：《国家、社会阶层与教育——教育获得的社会学研究》，中国人民大学出版社 2005 年版，第 136 页。

⑤ 安雪慧：《教育期望、社会资本与贫困地区教育发展》，《教育与经济》2006 年第 4 期。

⑥ 杨春华：《教育期望中的社会阶层差异：父母的社会地位和子女教育期望的关系》，《清华大学教育研究》2006 年第 4 期。

优质就学机会和学业成就越高。① 总体上而言，家庭社会资本能够对教育机会、教育期望、学业成就等变量产生直接作用，同时也是子女良好教育期望形成的物质基础。

但是，移民家庭一般不具有十分丰厚的家庭资本，他们的家庭资本与教育期望之间是否也存在显著正相关？詹姆斯·C. 斯科特（Scott J. C.）认为，农民的价值标准和生活经验实质上反映了"安全第一"的逻辑结论和"回避风险"的原则。特殊的价值往往被附加到生存和现状的维持上，而不是被附加到现状的变革和改善上。② 随迁子女家庭对子女教育期望的形成、对未来学业成就的价值标准是否遵循这个原则？有学者认为农民往往进入城市的次级劳动力市场，其职位对教育的要求不高，认为教育对其职业地位和收入作用十分有限，因此也制约了其子女形成良好的教育期望。③ 但是，更多的学者认为虽然少数族群和进城务工人员的家庭社会资本匮乏，但是仍然保持通过教育实现社会流动的信心。例如，Yan 和 Lin 对美国 4 年的教育纵向数据进行分析，探究家庭社会资本中的父母教育参与对少数族群子女教育期望和学业成就的关联度，认为处于底层的青少年在社会资本现有存量上仍然没有优势，父母教育参与等社会资本对于他们建立良好教育期望十分有益，接受更为高等优质的教育将帮助他们改变命运，并获得社会跨层流动的机会。④ 杨威分析了北京某区 12 所公立学校和 7 所流动儿童学校的 1357 名流动儿童，调查显示家长的受教育程度、家长对家庭教育的重视程度、对学历重要性的认识程度等家庭背景及社会态度是影响教育期望的主要因素，而

---

① 张东娇：《义务教育阶段择校行为分析：社会资本结构的视角》，《教育发展研究》2010年第 2 期。

② 吴愈晓：《劳动力市场分割、职业流动与城市劳动者经济地位获得的二元路径模式》，《中国社会科学》2011 年第 3 期。

③ ［美］詹姆斯·C. 斯科特：《农民的道义经济学：东南亚的反叛与生存》，程立显、刘建等译，译林出版社 2001 年版，第 38 页。

④ Yan W. & Lin Q. , Parent Involvement and Mathematics Achievement. *The Journal of Educational Research*, 2005, 99（2）: 116 – 127.

家庭经济收入对教育期望的影响不显著。[①] 黄超使用"中国教育追踪调查"（CEPS）2013—2014 学年收集的基线数据，研究发现城市公办学校就读的随迁子女并没有出现"反学校文化"，仍然具有上进心，而且他们的教育期望总体上并不比城市学生低。[②] 赵敏等以广州大学城的流动儿童为研究对象，认为相比于家庭环境的因素，其教育性因素（亲子关系、教育方式）等对他们的影响更为显著。[③] 梁文艳等对 CEPS 的 1547 名流动儿童数据进行分析，认为包括父母和孩子交流学校事情、参加家长会、主动联系教师在内的教育参与行为能够显著提升子女的教育期望。[④] 笔者在访谈当中很多随迁子女家长认为，虽然家庭难以支持这些教育期望所需的各种资本，但是如果连期望都没有，那么他们的孩子就更没有学习动力了，今后生活会变得更艰难。

由此可见，随迁子女的家庭社会资本影响着代际的价值和教育偏好的传递，也直接影响着子女获得各类教育资源的可能性。基于此，本章将进一步探讨家庭社会资本与随迁子女教育期望的关系并提出以下假设，H21a：家庭社会资本对随迁子女学业表现期望有显著影响；H21b：家庭社会资本对随迁子女品德表现期望有显著影响；H21c：家庭社会资本对随迁子女人际交往期望有显著影响；H21d：家庭社会资本对随迁子女社会成就期望有显著影响。

二 异地高考政策认同与教育期望之间的关系

根据前文论述，提出以下假设，H22a：随迁子女异地高考政策认同对其学业表现期望有显著影响；H22b：随迁子女异地高考政策

---

① 杨威：《流动儿童家庭教育期望的影响因素探析——基于北京市某区的问卷调查》，《西北人口》2012 年第 2 期。

② 黄超：《教育期望的城乡差异：家庭背景与学校环境的影响》，《社会学评论》2017 年第 5 期。

③ 赵敏、辜刘建、朱芷滢：《流动儿童家庭教育环境与学习投入的关系模型建构及验证——基于广州大学城的实地调研》，《教育发展研究》2018 年第 4 期。

④ 梁文艳、叶晓梅、李涛：《父母参与如何影响流动儿童认知能力——基于 CEPS 基线数据的实证研究》，《教育学报》2018 年第 1 期。

认同对其品德表现期望有显著影响；H22c：随迁子女异地高考政策认同对其人际交往期望有显著影响；H22d：随迁子女异地高考政策认同对其社会成就期望有显著影响。

三　异地高考政策认同在家庭社会资本与教育期望之间的调节作用

国内外研究表明，家庭社会资本除了直接影响教育期望之外，还存在间接作用模式。国外相关文献在检验家庭社会资本的各类指标对青少年教育期望等结果变量的影响机制时，发现个体因素、父母教育观念、亲子交流、父母参与教育、社区环境等都会起到间接作用。例如，Garg 等对 4034 名 8—13 年级加拿大的学生样本进行调研，结果表明学生个体因素对教育期望有直接的影响（β = 1.17，P < 0.001），而家庭背景、父母参与程度对教育期望的影响是通过个人因素进行的。[①] Davis-kean 对 868 名 8—12 岁的移民子女运用结构方程建模进行研究，认为家庭社会资本能够在父母教育观念、教育行为的间接作用下影响移民子女的教育期望，这些关系还因不同种族群体而不同。[②] Sun 对八个年级全国代表性样本进行分层线性模型研究，发现家庭社会资本可以通过社区经济特征对结果变量产生影响。[③]

国内近些年也逐渐有研究发现家庭社会资本通过其他变量对教育期望产生间接影响。周皓利用"人口迁移与儿童发展跟踪调查"（PSDMC）数据构建结构方程模型，研究显示家庭社会经济地位到"亲子交流"（t = 4.35，P < 0.001），"亲子交流"到儿童发展结果（t = − 8.14，P < 0.001），综合考察得到，家庭社会经济地位通过

①　Garg R. & Kauppi C. , Lewko J. & Urajnik D. , A structural model of educational Aspirations. *Journal of Career Development*, 2002, 29 (2): 87 – 108.

②　Davis-kean P. E. , The influence of parent education and family income on child achievement: the indirect role of parental expectations and the home environment. *Journal of Family Psychology*, 2005, 19 (2): 294 – 304.

③　Sun Y. M. , The Contextual Effects of Community Social Capital on Academic Performance. *Social Science Research*, 1999, 28 (4): 403 – 426.

"亲子交流"作用到儿童发展的间接作用为 0. 1143。[①] 刘保中等通过基线模型和结构系数模型进行数据分析，结果显示家庭社会资本中的父母受教育水平通过影响"学业期待"（$\beta = 0.09$，$P < 0.1$）和"日常关怀"（$\beta = 0.37$，$P < 0.001$）间接影响着自我教育期望（$\beta = 0.56$，$P < 0.1$），同时引入"学业期待"和"日常关怀"这两个父母参与教育活动变量后，父母受教育程度和家庭收入对教育期望的直接影响作用在 0.1 的显著水平上都不具有统计显著性。[②] 总而言之，从国内外学者研究结果分析，"父母参与教育活动"等变量能够有效调节家庭社会资本对子女教育期望的影响。

但是，有关教育政策或政策认同在家庭社会资本与结果变量之间间接效应的探究比较少。弗莱（Frye）2012 年在非洲东南部国家马拉维的农村调研，发现尽管当地的学生家庭经济社会条件比较差，但是却表现出了较高的教育期望。探究其原因，发现当地政府一直致力于推动能够促进教育改变命运的教育改革，并且取得了明显成效。这些国家政策和非政府组织的规划直接影响了农村学生的教育期望以及想象的未来（imagined future）。[③] 当地弱势群体的孩子受到了这种教育改革所传递的主流文化价值观的激励，并对这一政策有较强的认同感，就会产生"想象的未来"，从而能够克服当前所处的不利条件，形成对未来的积极认同。[④] 杨东平对河北省张家口 12 所中学中回流到家乡继续学习的随迁子女进行调查，发现城乡两地断裂的升学体系使得原有家庭社会资本的转换困难，那些原本成绩很好、有

[①] 周皓：《家庭社会经济地位、教育期望、亲子交流与儿童发展》，《青年研究》2013 年第 3 期。

[②] 刘保中、张月云、李建新：《家庭社会经济地位与青少年教育期望：父母参与的中介作用》，《北京大学教育评论》2015 年第 3 期。

[③] Frye M. , Bright Futures in Malawi's New Dawn: Educational Aspirations as Assertions of Identity . *American Journal of Sociology*, 2012, 117 (6): 1565 –1624.

[④] 王进、汪宁宁：《教育选择：理性还是文化——基于广州市的实证调查》，《社会学研究》2013 年第 3 期。

上进心的随迁子女也对是否考取大学表现出信心不足。[①] 吕慈仙对1350名初二随迁子女问卷调查，研究显示异地高考政策在随迁子女的家庭社会资本与社会融合程度之间起到了调节作用。[②] 在中国悠久的文明发展过程中，广大民众始终坚信教育是实现社会向上流动的基本渠道，无论多么困难，父母"望子成龙、望女成凤"的期望不会改变，总会想办法克服困难，保障子女能接受优质教育。

综上所述，"率先突破型"省份异地高考政策作为打破原有升学机会配置结构的一项措施，是否有助于帮助随迁子女家庭弥补社会资本的不足？同样，异地高考政策认同是否有利于随迁子女父母以及子女形成良好的教育期望？我们将异地高考政策认同这一变量引入到家庭社会资本与教育期望的关系并提出以下假设，H23a：异地高考政策认同在家庭社会资本与学业表现期望之间产生调节作用；H23b：异地高考政策认同在家庭社会资本与品德表现期望之间产生调节作用；H23c：异地高考政策认同在家庭社会资本与人际交往期望之间产生调节作用；H23d：异地高考政策认同在家庭社会资本与社会成就期望之间产生调节作用。

四　理论模型构建

综上所述，本书将基于随迁子女家庭社会资本与其教育期望的关系，重点探究异地高考政策认同在二者关系间的调节作用。以随迁子女现有家庭社会资本为自变量，以教育期望为因变量，以异地高考政策认同为调节变量，构建如图5—1所示的理论逻辑框架。

---

① 杨东平：《中国流动儿童教育发展报告（2016）》，社会科学文献出版社2016年版，第210页。

② 吕慈仙：《异地高考政策对进城务工人员随迁子女社会融合的调节效应分析》，《清华大学教育研究》2017年第2期。

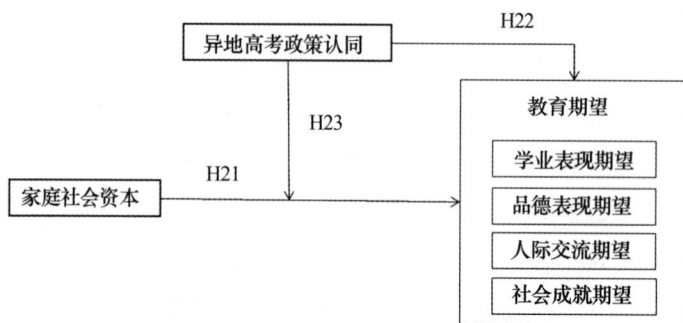

图5—1　本章理论逻辑框架

第三节　数据分析与假设检验

一　相关性分析

如表5—1所示,家庭社会资本与随迁子女教育期望之间存在显著正相关关系,与学业表现期望相关的系数为0.748,与品德表现期望相关的系数为0.745,与人际交往期望相关的系数为0.775,与社会成就期望相关的系数为0.726,且均通过显著性检验。异地高考政策认同与随迁子女教育期望之间存在显著正相关关系,与学业表现期望相关的系数为0.737,与品德表现期望相关的系数为0.679,与人际交往期望相关的系数为0.628,与社会成就期望相关的系数为0.670,且均通过显著性检验。

表5—1　　　　　　　　　　　　相关性分析结果

	SC	PM	EEA	EEB	EEC	EED
SC 家庭社会资本	1					
PM 异地高考政策认同	0.374 **	1				
EEA 学业表现期望	0.748 **	0.737 **	1			
EEB 品德表现期望	0.745 **	0.679 **	0.721 **	1		
EEC 人际交往期望	0.775 **	0.628 **	0.894 **	0.826 **	1	
EED 社会成就期望	0.726 **	0.670 **	0.800 **	0.820 **	0.804 **	1

注:＊＊表示 P<0.01,＊表示 P<0.05。

二　回归分析

（一）异地高考政策认同在家庭社会资本与学业表现期望关系上的调节效应检验

表5—2反映的是异地高考政策认同在家庭社会资本与学业表现期望关系上的调节效应检验结果，四个阶层的模型解释力分别为0.367、0.597、0.627、0.636，所有变量可以解释因变量63.6%的变异，且通过F检验发现，该解释力具有统计学上的意义。

模型2在模型1的基础上加入自变量家庭社会资本，其对学业表现期望存在显著正向预测（B=0.721，P<0.01）。假设H21a得到验证。模型3加入调节变量异地高考政策认同，并对家庭社会资本和异地高考政策认同进行中心化处理，构建二者的交互项。异地高考政策认同对学业表现期望有显著正向预测（B=0.243，P<0.01）。假设H22a得到验证。模型4表明家庭社会资本与异地高考政策认同的交互项对学业表现期望存在显著正向预测（B=0.138，P<0.01）。同时，家庭社会资本对学业表现期望的主效应系数为正，且异地高考政策认同的调节效应系数为正，说明异地高考政策认同增强了家庭社会资本对学业表现期望的正向影响。假设23a得到验证。

表5—2　　　　　　　异地高考政策认同在家庭社会资本与学业
表现期望关系上的调节作用

	模型1		模型2		模型3		模型4	
	回归系数	标准误差	回归系数	标准误差	回归系数	标准误差	回归系数	标准误差
（常量）	4.340**	0.339	1.080**	0.378	0.622	0.377	0.595	0.372
性别	-0.067	0.095	-0.009	0.076	0.057	0.075	0.051	0.074
户籍流动类型	0.153	0.110	-0.027	0.089	-0.103	0.087	-0.082	0.086
居住地人员结构	0.289**	0.065	0.227**	0.052	0.125*	0.055	0.116*	0.054
现居住城市时间	-0.556**	0.065	-0.166**	0.060	-0.156**	0.058	-0.166**	0.058

续表

	模型 1		模型 2		模型 3		模型 4	
	回归系数	标准误差	回归系数	标准误差	回归系数	标准误差	回归系数	标准误差
家庭社会资本			0.721**	0.058	0.671**	0.057	0.667**	0.056
异地高考政策认同					0.243**	0.052	0.252**	0.052
家庭社会资本与异地高考政策认同的交互项							0.138**	0.050
调整后 R²	0.367		0.597		0.627		0.636	
F 值及显著性	132.473**		167.992**		165.980**		160.136**	

注：＊＊表示 P＜0.01，＊表示 P＜0.05。

（二）异地高考政策认同在家庭社会资本与品德表现期望关系上的调节效应检验

表5—3 反映的是异地高考政策认同在家庭社会资本与品德表现期望关系上的调节效应检验结果，四个阶层的模型解释力分别为 0.408、0.612、0.627、0.638，所有变量可以解释因变量63.8%的变异，且通过 F 检验发现，该解释力具有统计学上的意义。

模型 2 在模型 1 的基础上加入自变量家庭社会资本，其对品德表现期望存在显著正向预测（B＝0.679，P＜0.01）。假设 H21b 得到验证。模型 3 加入调节变量异地高考政策认同，并对家庭社会资本和异地高考政策进行中心化处理，构建二者的交互项。异地高考政策认同对品德表现期望有显著正向预测（B＝0.183，P＜0.01）。假设 H22b 得到验证。模型 4 表明家庭社会资本与异地高考政策认同的交互项对品德表现期望存在显著正向预测（B＝0.150，P＜0.01）。同时，家庭社会资本对品德表现期望的主效应系数为正，且异地高考政策认同的调节效应系数为正，说明异地高考政策认同增强了家庭社会资本对品德表现期望的正向影响。假设 H23b 得到验证。

表5—3　　　　　　　　异地高考政策认同在家庭社会资本与品德
表现期望关系上的调节作用

	模型1		模型2		模型3		模型4	
	回归系数	标准误差	回归系数	标准误差	回归系数	标准误差	回归系数	标准误差
（常量）	4.826**	0.347	1.239**	0.400	1.239**	0.400	1.210**	0.395
性别	−0.077	0.098	0.031	0.080	0.031	0.080	0.025	0.079
户籍流动类型	0.052	0.112	−0.185	0.092	−0.185*	0.092	−0.162	0.092
居住地人员结构	0.298**	0.067	0.160**	0.058	0.160**	0.058	0.150*	0.058
现居住城市时间	−0.610**	0.066	−0.214**	0.062	−0.214**	0.062	−0.225**	0.061
家庭社会资本			0.679**	0.061	0.679**	0.061	0.675**	0.060
异地高考政策认同					0.183**	0.055	0.192**	0.055
家庭社会资本与异地高考政策认同的交互项							0.150**	0.053
调整后 R^2	0.408		0.612		0.627		0.638	
F值及显著性	136.610**		169.560**		163.412**		157.982**	

注：＊＊表示 $P<0.01$，＊表示 $P<0.05$。

（三）异地高考政策认同在家庭社会资本与人际交往期望关系上
的调节效应检验

表5—4反映的是异地高考政策认同在家庭社会资本与人际交往
期望关系上的调节效应检验结果，四个阶层的模型解释力分别为
0.406、0.648、0.649、0.659，所有变量可以解释因变量65.9%的变
异，且通过F检验发现，该解释力具有统计学上的意义。

模型2在模型1的基础上加入自变量家庭社会资本，其对人际交
往期望存在显著正向预测（$B=0.907$，$P<0.01$）。假设 H21c 得到验
证。模型3加入调节变量异地高考政策认同，并对家庭社会资本和异
地高考政策认同进行中心化处理，构建二者的交互项。异地高考政
策认同对人际交往期望的正向预测作用没有通过显著性检验（$B=
0.096$，$P>0.05$）。假设 H22c 未得到验证。模型4表明家庭社会资

本与异地高考政策认同的交互项对人际交往期望存在显著正向预测（B = 0. 176，P < 0. 05），但是此时调节变量异地高考政策认同对因变量人际交往期望的回归系数不显著（B = 0. 106，P > 0. 05）。假设 H23c 得到验证。

表5—4　　　　　　异地高考政策认同在家庭社会资本与人际
交往期望关系上的调节作用

	模型 1		模型 2		模型 3		模型 4	
	回归系数	标准误差	回归系数	标准误差	回归系数	标准误差	回归系数	标准误差
（常量）	4. 995 **	0. 404	0. 890 *	0. 435	0. 711	0. 449	0. 677	0. 443
性别	− 0. 048	0. 114	0. 025	0. 088	0. 051	0. 089	0. 044	0. 088
户籍流动类型	0. 124	0. 131	− 0. 102	0. 102	− 0. 133	0. 104	− 0. 106	0. 103
居住地人员结构	0. 375 **	0. 078	0. 297 **	0. 060	0. 257 **	0. 066	0. 245 **	0. 065
现居住城市时间	− 0. 732 **	0. 077	− 0. 240 **	0. 070	− 0. 236 **	0. 069	− 0. 250	0. 069
家庭社会资本			0. 907 **	0. 067	0. 888 **	0. 068	0. 883 **	0. 067
异地高考政策认同					0. 096	0. 062	0. 106	0. 061
家庭社会资本与异地高考政策认同的交互项							0. 176 *	0. 059
调整后 R^2	0. 406		0. 648		0. 649		0. 659	
F 值及显著性	138. 099 **		183. 983 **		172. 696 **		166. 608 **	

注：＊＊表示 P < 0. 01，＊表示 P < 0. 05。

（四）异地高考政策认同在家庭社会资本与社会成就期望关系上的调节效应检验

表5—5 反映的是异地高考政策认同在家庭社会资本与社会成就期望关系上的调节效应检验结果，四个阶层的模型解释力分别为 0. 369、0. 568、0. 577、0. 586，所有变量可以解释因变量58. 6%的变异，且通过 F 检验发现，该解释力具有统计学上的意义。

模型 2 在模型 1 的基础上加入自变量家庭社会资本，其对社会成就期望存在显著正向预测（B = 0. 680，P < 0. 01）。假设 H21d 得到验

证。模型 3 加入调节变量异地高考政策认同，并对家庭社会资本和异地高考政策认同进行中心化处理，构建二者的交互项。异地高考政策认同对社会成就期望有显著正向预测（B = 0. 144，P < 0. 05）。假设 H22d 得到验证。模型 4 表明家庭社会资本与异地高考政策认同的交互项对社会成就期望存在显著正向预测（B = 0. 141，P < 0. 01）。同时，家庭社会资本对社会成就期望的主效应系数为正，且异地高考政策认同的调节效应系数为正，说明异地高考政策认同增强了家庭社会资本对社会成就期望的正向影响。假设 H23d 得到验证。

表 5—5　　　　异地高考政策认同在家庭社会资本与社会成就
期望关系上的调节作用

	模型 1		模型 2		模型 3		模型 4	
	回归系数	标准误差	回归系数	标准误差	回归系数	标准误差	回归系数	标准误差
（常量）	4. 716**	0. 343	1. 638**	0. 397	1. 366**	0. 407	1. 339**	0. 403
性别	−0. 081	0. 097	−0. 025	0. 080	0. 014	0. 081	0. 008	0. 080
户籍流动类型	0. 057	0. 111	−0. 113	0. 093	−0. 158	0. 094	−0. 137	0. 093
居住地人员结构	0. 268**	0. 066	0. 209**	0. 055	0. 149*	0. 059	0. 139*	0. 059
现居住城市时间	−0. 580**	0. 065	−0. 212**	0. 064	−0. 206**	0. 063	−0. 216**	0. 062
家庭社会资本			0. 680**	0. 061	0. 651**	0. 062	0. 647**	0. 061
异地高考政策认同					0. 144*	0. 056	0. 153**	0. 056
家庭社会资本与异地高考政策认同的交互项							0. 141**	0. 054
调整后 R^2	0. 369		0. 568		0. 577		0. 586	
F 值及显著性	132. 682**		160. 283**		122. 279**		148. 883**	

注：＊＊表示 P < 0. 01，＊表示 P < 0. 05。

第四节　讨论与小结

本章主要关注异地高考政策认同与随迁子女家庭社会资本、教育期望的关系假设的检验，通过简单相关性分析对三者关系间的基本关系进行了分析，在此基础上建立多元线性回归模型，进行回归分析，对变量关系进行了进一步的检验。结果显示：随迁子女家庭社会资本对其教育期望存在显著的正向影响，假设 H21a、H21b、H21c、H21d 得到验证；异地高考政策认同对随迁子女学业表现期望、品德表现期望、社会成就期望均存在显著的正向影响，假设 H22a、H22b、H22d 得到验证，但是假设 H22c 没有得到验证；异地高考政策认同在随迁子女家庭社会资本与教育期望的关系上存在显著调节效应，且异地高考政策认同的影响力增强了随迁子女家庭社会资本对其教育期望的正向促进作用，假设 H23a、H23b、H23c、H23d 得到验证。

家庭社会资本会显著影响随迁子女的教育期望。正如 Stephanie 等人、[1] Kleinjans[2] 杨威[3]研究认为的那样，家庭的经济收入、文化资本、父母受教育程度等都显著影响着随迁子女的教育期望。同时，根据安雪慧[4]、高利文[5]的研究结论，母子间积极的分享、父母与子女的交流频率以及父母对子女的教育参与同样显著影响着随迁子女的教育期望。诺贝尔经济学奖获得者詹姆斯·赫克曼（James J. Heckman）教授的大量研究表明父母与子女的交流沟通方式，对于子女的教育发展非常重要。赵敏等研究认为流动儿童父母不应将子女较低的教育期望完全归咎于家庭经济文化资本，更应该注重亲子关系、教育方式等家庭教育性因素对其教育期望的直接影响作用。[6]因此，本书建议随迁子女家庭在难以迅速提高其家庭经济文化水平

---

[1] Stephanie A. B., Monica K. J. & Bridget K. G., College Aspirations and Expectations among Latino Adolescents in the United States. *Social Problems*, 2006, 53（2）: 207 – 225.

[2] Kleinjans K. J., Family Background and Gender Differences in Educational Expectations. *Economic Letters*, 2010, 107（2）: 125 – 127.

[3] 杨威:《流动儿童家庭教育期望的影响因素探析——基于北京市某区的问卷调查》,《西北人口》2012 年第 2 期。

[4] 安雪慧:《教育期望、社会资本与贫困地区教育发展》,《教育与经济》2005 年第 4 期。

[5] 高利文:《家庭背景因素对流动儿童教育期望的实证影响分析——以北京市石景山区为例》, 硕士学位论文, 北京大学, 2010 年, 第 38 页。

[6] 赵敏、辜刘建、朱芷滢:《流动儿童家庭教育环境与学习投入的关系模型建构及验证——基于广州大学城的实地调研》,《教育发展研究》2018 年第 4 期。

的背景下，多与学校沟通，多与班级其他家长交流，积极参与子女的教育活动。例如1994年美国颁布《美国2000年教育目标法》，将父母参与教育列为教育目标之一。我国也需要继续修订和加强家长参与教育工作，促进学校与家庭沟通、合作。

学校教师应该在家校沟通中充当主动角色。文化资本理论认为，学校是具有阶层属性的，来自社会中间阶层的父母在学校与教师沟通或参与家校活动时会感到自然与适宜。但是，随迁子女家庭一般缺乏家庭社会资本，他们的文化资本和工作性质限制了与教师沟通、参与家校活动的频率和质量。例如，梁文艳等对CEPS基线数据分析认为，学校如果采用中产阶级的语言，会使得文化素质不高的家长难以接受和理解，甚至对参与子女家校合作产生失望和抵触情绪。[1] 高明华认为，父母的教育参与、亲子沟通质量是教育期望的显著影响变量。[2] 因此，学校教师也需要正视这一特殊情况，遵循有教无类的原则，多照顾随迁子女家庭的言语及感受，营造轻松的相处氛围，使随迁子女父母更愿意参与到子女的家校教育互动中。

异地高考政策认同在家庭社会资本与教育期望之间存在显著的调节作用，且增强了家庭社会资本对其教育期望的正向影响。如Da-vis-kean[3]、赵延东和洪岩璧[4]、周皓[5]、刘保中等[6]所提出家庭社会资本与教育期望的关系之间存在调节变量。一方面，"率先突破型"省份异地高考政策给随迁子女家庭所带来的升学可能性和积极心理引

① 梁文艳、叶晓梅、李涛：《父母参与如何影响流动儿童认知能力——基于CEPS基线数据的实证研究》，《教育学报》2018年第1期。

② 高明华：《父母期望的自证预言效应——农民工子女研究》，《社会》2012年第4期。

③ Davis-kean P. E., The Influence of Parent Education and Family Income on Child Achievement: the Indirect Role of Parental Expectations and the Home Environment. *Journal of Family Psychology*, 2005, 19 (2): 294-304.

④ 赵延东、洪岩璧：《社会资本与教育获得——网络资源与社会闭合的视角》，《社会学研究》2012年第5期。

⑤ 周皓：《家庭社会经济地位、教育期望、亲子交流与儿童发展》，《青年研究》2013年第3期。

⑥ 刘保中、张月云、李建新：《家庭社会经济地位与青少年教育期望：父母参与的中介作用》，《北京大学教育评论》2015年第3期。

导，能够促进父母参与到子女家庭和学校教育活动当中，改善原有的亲子关系、教育方式，提高原有的教育期望。另一方面，异地高考政策的出台和实施使得学校老师不再把随迁子女排除在升学考试辅导之外，改变老师原有对随迁子女只能报考职业学校的"低教育期望"。因此，异地高考政策及政策认同有助于改变随迁子女家庭和学校教师的"低期望"标签化现象，有助于他们形成良好的教育参与和"代际闭合"，给予子女积极的心理暗示，增强其学习自信心，提高学习自我效能，从而形成良好的教育期望。

第 六 章

异地高考政策认同在中观学校层面的影响机制

关于移民的教育期望问题，国内外的学者们除了考虑个体学业成绩、家庭社会资本之外，他们年龄段所决定的主要社会场所——学校，是不得不考虑的一个因素。布迪厄的文化资本理论框架中，学校是家庭文化资本转化为个体学业成就的重要场域。因此，学校在社会不平等的生产过程中扮演何种角色一直是国外教育社会学争论的焦点。那么，当下学校的阶层隔离与随迁子女的教育期望之间有没有相关性？异地高考政策认同是否在学校阶层隔离与教育期望之间起到了调节或中介作用？本章将针对以上问题进行重点探讨。

第一节 学校阶层隔离概述

一 学校阶层隔离的含义

"隔离"在《牛津高阶英汉多解词典》的解释是"社区的其中一部分，或一个由人组成的团体，从社区的其他部分或其他团体中的分离或隔离"。美国社会学家布劳（Blau）在《不平等和异质性》一书中对"隔离（segregation）"定义是指任一参数与人们在不同地域的分布之间的关系，也是指各个社会特征的群体或阶层在不同的地域而不是在相同的地域的分散程度。低隔离是指大多数人与其他群体的成员住得很近，而高隔离是指几乎很少有人和其他群体的成员相邻而住。① 同时布劳认为隔离与异质性（heterogeneity）是一组对立的概念，对不同群体的成员间的社会接触机会产生相反的影响，异质性会削弱隔离对群际交往的消极影响，同样隔离也会削弱异质性对群际交往的积极影响。Massey 和 Denton 把"隔离"看作一种多维现象，它沿着五个不同的测量轴变化，分别是均匀性（evenness）、暴露性（exposure）、集中性（concentration）、中心化（centralization）和聚集性（clustering），并且建议在今后的隔离研究中采用这些指标。② Reardon 和 Owens 回顾了美国最高法院 1954 年布朗诉教育委员会决定以来的 60 年里，美国学校的教育隔离现象以及对移民后裔教育的后果，提出在教育隔离中较为常用的测量指标是均匀指数和暴露指数两个指标。③ 均匀指数通常表示一定区域的学校内某族群成员所占比例是否达到了均衡，Reardon 和 Owens 认为这个指数达到 0.6及以上，说明该学校的隔离程度高。暴露指数则是指某族群学生在某学校就读人数占这个区域内该族群学生总人数的比例，如果这个指数达到 0.7 及以上说明该学校的隔离程度高。因此，学校的阶层隔离（school socioeconomic segregation）是指来自不同种族、阶层的学生聚集在不同的学校，从而导致学校间学生类型分布的均匀性不足，存在显著的阶层差异。

二　学校阶层隔离的影响作用

最早引起人们对学校的阶层隔离广泛关注的事件是《科尔曼报告》。1966 年，美国约翰·霍普金斯大学的詹姆斯·科尔曼（James S. Coleman）教授牵头调查了美国 4000 所学校的种族隔离情况、师资情况、标准化测试中的表现等，调查对象分为学区管理者、校长、教

---

① ［美］彼得·布劳：《不平等和异质性》，王春光、谢圣赞译，中国社会科学出版社 1991年版，第 137 页。

② Massey D. S. & Denton N. A., The Dimensions of Residential Segregation. *Social Forces*, 1988, 67 (2)：281 –315.

③ Reardon S. F. & Owens A., 60 Years after Brown: Trends and Consequences of School Segregation. *Annual Review of Sociology*, 2014, 40 (1)：199 –218.

师、学生，其中将学生划分为白人、美洲印第安人、黑人、亚裔、波多黎各人、墨西哥人六类，形成了 64 万条的数据记录。科尔曼对调查数据进行分析后发现，对学业成绩影响最重要的是同班同学的教育背景，其次是教师教学质量，最不重要的是设施设备和教材，同时他提出了最著名的论断："种族融合有利于学生学业成就的获得，同时将低收入阶层的孩子送到中等收入阶层子女占大部分的学校，对低收入阶层子女学业成就等有好处，并且对中等收入阶层子女不构成伤害。"因此，科尔曼认为学校不仅仅需要提供平等的硬件上的教育资源，更应该创造条件使得每一个孩子不要处于因为出身和社会环境而带来的不平等的教育环境。要求公立教育资源分配时大幅度照顾弱势人群，在中小学校强制性实施白人学生与有色人种学生合校，以创造一个能够提高学习成绩的有效环境。科尔曼的报告发布以后对美国甚至世界范围内的有关弱势群体的教育政策制定产生了直接的影响。

《科尔曼报告》发布之后，后续许多研究也证实了报告当中的几个核心观点。哈佛大学教授莫里汉认为学校教育成就的平等不仅仅依赖于你所就读的学校，至少还同样依赖于你和谁在一起读，不同社会阶级的融合具有更重要的影响。也有学者认为科尔曼的研究只是对一个时间截面的研究，而没有经过时间序列的检验，因此其结论的可靠性有待更多的验证。[1] Brain 和 Anderson（1974）则认为学校的学业氛围、同伴亚文化对学生教育期望的影响效应明显大于学校的组织结构特征（如师资配置、课程设置、教学组织）。赵必华对安徽省 10 个县 53 所中学的 4010 名初三学生进行问卷调查，HLM 分析显示"学校平均社会经济地位"对模型的非随机变动斜率为 33.15（$P < 0.05$）。[2] 美国哈佛大学罗伯特·帕特南教授（Robert Putnam）在 2015 年出版了《我们的孩子：危机中的美国梦》一书，好评如

---

[1]　转引自马晓强《"科尔曼报告"述评——兼论对我国解决"上学难、上学贵"问题的启示》，《教育研究》2006 年第 6 期。

[2]　赵必华：《影响学生学业成绩的家庭与学校因素分析》，《教育研究》2013 年第 3 期。

潮。帕特南在俄亥俄州、加利福尼亚州、佐治亚州、宾夕法尼亚州等地访谈当地专家、居民、学校以及其他观察者，采用案例与数据分析相结合的方法来探究教育是如何对社会阶层流动分别起到了促进和阻碍作用。帕特南通过对学校课程设置、师资力量和学生群体的研究，发现学校间教学质量差距拉大、校内阶层隔离是导致学生教育成就差异的重要原因。[①] 因此，学校的学生阶层构成以及形成的校园氛围、同伴亚文化，即生源效应，无疑会对其亲历者产生有形和无形的深刻影响。

三　学校阶层隔离的形成原因

那么，是什么原因造成了学校的阶层隔离？国内外的研究表明，一定区域内住宅的阶级隔离、学校教学质量的巨大差异是造成学校阶层隔离的主要原因。吴愈晓等认为跨区域或区域内的择校是造成学校阶层隔离的另一个原因。优势阶层往往能够掌握区域内或邻近区域内优质学校的信息、容易达到该校的招录要求，更重要的是能够承担起该学区内的高房价，从而能够完成对优质学校的择校。而低收入阶层则较少掌握择校信息，难以达到该校招录条件，也无力支付该学区内的高房价，因此往往选择就近入学。[②] 除了学校层面，吴康宁认为班级是一种微观社会系统，是学生进行社会互动、社会交往以及实现社会化的重要同龄群或同伴群体，成为奠基性学习的重要中介。[③] 谢维和认为班级是一种特殊的社会初级群体，对于分析学校活动的各种现象具有较大的解释力。[④] 庞海波对珠三角 365 名初中学生进行调查，发现人际关系良好（包括师生关系和同学关系）、

---

① Putnam R. D. , *Our Kids: The Americian Dream in Crisis.* New York: Simon & Schuster, 2015: 164 – 165.

② 吴愈晓、黄超：《基础教育中的学校阶层分割与学生教育期望》，《中国社会科学》2016 年第 4 期。

③ 吴康宁：《论作为特殊社会组织的班级》，《教育理论与实践》1994 年第 2 期。

④ 谢维和：《班级：社会组织还是初级群体》，《教育研究》1998 年第 11 期。

竞争气氛浓烈的班级环境对学生的学业成绩、心理状况都有显著影响。[①] 因此，班级也可能成为学校阶层隔离的微观因素。

第二节　研究思路与理论假设

一　学校阶层隔离与随迁子女教育期望之间的关系

在现代社会中，学校无疑是最系统的社会媒介，每个人从 5—7 岁开始，要在学校度过白天的大部分时间。国内外研究较多关注学校阶层构成与学生学业成就、最终教育获得之间的关联，也有少量研究关注与学生教育期望的关系。例如，Kandel 和 Lesser 对 2327 名美国和 1552 名丹麦的青少年进行分析，探究学校社会经济阶层、学校教育经历、同伴等因素对教育期望的影响，发现学校阶层构成确实影响青少年的教育期望，但主要是通过学校具体教育经历而产生作用。[②] Alwin 和 Otto 对 4303 名高中毕业生进行数据分析，在控制了家庭社会经济地位等变量后，学校的阶层构成越高，则他们的教育期望也越高。[③] Ricardo 等结合社会再生产和社会资本理论对墨西哥裔高中学生进行数据分析，发现重要他人（如学校老师、学习伙伴）等对学业成绩和教育期望都有重要影响。[④] Alessandra 和 Barban（2012）对居住在意大利的八年级移民子女短期教育期望和长期教育期望进行了调查，结果表明如果一所学校大多数本地学生有较高的

---

① 庞海波：《中学班级环境与学生学业成绩的关系》，《心理科学》2009 年第 3 期。

② Kandel D. & Lesser G., School, Family, and Peer Influences on Educational Plans of Adolescents in the United States and Denmark. *Sociology of Education*, 1970, 43 (3)：270 - 287.

③ Alwin D. F. & Otto L. B., High School Context Effects on Aspirations. *Sociology of Education*, 1977, 50 (4)：259 - 273.

④ Ricardo D., Stanton-Salazar & Sanford M. D., Social Capital and the Reproduction of Inequality：Information Networks among Mexican-Origin High School Students. *Sociology of Education*, 1995, 68 (2)：116 - 135.

教育期望，那么该校的移民子女也会有相对较高的教育期望。[①] 因此，学者认为就读于高阶层学校的个体通常比就读于低阶层学校的个体拥有更高的教育期望。

那么，是什么原因造成了学校阶层构成影响其在读学生的教育期望呢？国内外学者认为可以用社会互动论的同辈群体理论来解释。例如，威尔逊（Wilson）在 1959 年开启了学校环境效应（school contextual effects）的探讨，认为学校往往通过对其多数群体进行规范价值的塑造，从而达到影响个体的学业成绩、教育期望等的效应。[②] Spenner 和 Featherman 研究认为环境中同辈群体的规范效应（normative effect）和榜样作用（comparative effect）能够维持并提高其个体自身的教育期望。[③] 科尔曼也提出一个重要观点：青少年群体间存在一种亚文化，同伴的影响甚至比教师和学校的影响作用更大，提出把优等生插入弱势地位的青少年群体，是解决他们学业问题的一种重要方式。[④] 如果说教师是学生教育期望的定义者，那么同伴不仅是定义者（definer），更是榜样者（modeler）。龙君伟和曾先认为同伴影响模型把同辈学习环境和促进学习的过程及机制联系起来，对同辈群体的学业成绩、情感和社会性发展都产生着重要影响。[⑤] 学校的阶层构成决定了个体将与何种类型的同伴群体互动。如果弱势群体在一个优势阶层比例比较大的学校，这种类型的同伴群体就如同教育的催化剂，对当中每一个个体的教育期望、学业成绩都更加有利。因为优势阶层往往拥有更好的家庭社会资本，更好的非认知性的惯习，由此产生更高的教育期望。如果弱势群体在一个弱势阶层

① Alessandra M. & Barban N. , The Education Expectations of Children of Immigrants in Italy. *The Annuals of the American Academy of Political and Social Science*, 2012, 643（1）：78 – 103.

② Wilson A. , Residential Segregation of Social Classes and Aspirations of High School Boys. *American Sociologica Review*, 1959, 24（6）：836 – 845.

③ Spenner K. I. & Featherman D. L. , Achievement Ambitions. *Annual Review of Sociology*, 1978, 4（1）：373 – 420.

④ Coleman J. S. , Social Capital in the Creation of Human Capital. *American Journal of Sociology*, 1988, 94：95 – 120.

⑤ 龙君伟、曾先：《论同辈学习环境及其作用机制》，《教育理论与实践》2004 年第 23 期。

比较集中的农村学校或城市边缘的民办学校就读，这种类型的同伴群体当中的大多数往往无心学习，甚至抵制学校权威，出现反学校现象，对个体的教育期望和结果产生负面影响。但是，那些入读城市公办学校的随迁子女则较少出现反学校文化。[①] 由此可见，学校内的同伴群体能够相互传递社会规范、价值标准，对他们的学习态度、认知发展、教育期望等都产生影响。

目前，随迁子女就读的学校往往属于边缘化的公办学校或者低阶层的民工子弟学校。民工子弟学校更像是城市社会中的"孤岛"，随迁子女与本地学生基本隔离开来，鲜有互动与联系。尽管公办学校增加了随迁子女与当地学生的社会接触（social contact），但是却存在着单独编班的现象。甚至有人把这种单独编班与"分离但平等"幻觉的种族隔离制度相提并论。[②] 梁玉成和吴星韵对 2014 年采集的 CEPS 数据进行分析，把"学校的排名状况""学校方位""学校性质"作为学校类型因素，把"学校中本地户口学生比例""班级中本地户口学生比例"等作为随迁子女的户籍变量，探究非户籍学生在不同阶层隔离学校与其教育期望的关系。在依次加入学校类型因素后，当班级内户籍学生与非户籍学生比例趋近 1∶1 时，随迁子女获得最高的教育期望。[③] 吴愈晓和黄超选用学校的阶层构成作为核心自变量，包括学校精英阶层比例、学校平均阶层地位（学生家庭的社会经济地位指数的均值）以及学校阶层异质性（学生家庭的社会经济地位指数的标准差）三个维度，来探讨学校阶层分割对学生教育期望的影响。模型分析表明学生个体特征、家庭背景以及学校软硬件条件是重要因素，学校内学生阶层异质性也是一个显著因素，即群体内综合社会经济地位指数的标准差每增加 1 个单位，学生期望上大学的概率就增加 7.3% 左右（$e^{0.070} - 1 \approx 0.073$，$P < 0.01$）。同时阶层

---

① 李涛：《底层的"少年们"：中国西部乡校阶层再生产的隐性预演》，《社会科学》2016 年第 1 期。

② 曹林：《独立编班："隔离且平等"的公平幻觉》，《南方周末》2006 年 6 月 8 日。

③ 梁玉成、吴星韵：《教育中的户籍隔离与教育期望——基于 CEPS 2014 数据的分析》，《社会发展研究》2016 年第 1 期。

异质性对教育期望的效应存在群体差异，平均阶层地位指数增加 1
分，成绩排名靠后的学生教育期望增加 0.018 年，而成绩排名靠前的
学生教育期望也几乎没有变化。① 张阳阳和谢桂华利用 CEPS 数据，
分析班级组织结构和班级氛围对学生教育期望的影响，发现师生之
间紧密的互动关系和良好的学习氛围对教育期望存在显著影响。② 综
上所述，学校和班级的平均阶层水平和阶层异质性的提高都会影响
在校学生的教育期望，但是对于那些成绩排名靠后或认知能力较低
的学生而言效果更显著，能够明显拉近他们与成绩排名靠前学生在
教育期望上的差距。这些研究皆表明学校阶层隔离和教育期望之间
有一定的因果关系，在期望形成过程中产生不良影响。基于此，我
们将进一步探讨学校阶层隔离与随迁子女教育期望的关系并提出以
下假设，H31a：学校阶层隔离对其学业表现期望有显著影响；
H31b：学校阶层隔离对其品德表现期望有显著影响；H31c：学校
阶层隔离对其人际交往期望有显著影响；H31d：学校阶层隔离对
其社会成就期望有显著影响。

二 异地高考政策认同与随迁子女教育期望的关系

基于前文论述，提出以下假设，H32a：随迁子女异地高考政策
认同对其学业表现期望有显著影响；H32b：随迁子女异地高考政策
认同对其品德表现期望有显著影响；H32c：随迁子女异地高考政策
认同对其人际交往期望有显著影响；H32d：随迁子女异地高考政策
认同对其社会成就期望有显著影响。

三 异地高考政策认同在学校阶层隔离和教育期望之间的调节作用

尽管国内外的研究已经证实，弱势或较低阶层的子女在平均阶
层较高的学校会建立更高的教育期望以及取得更好的学业成就，这

① 吴愈晓、黄超：《基础教育中的学校阶层分割与学生教育期望》，《中国社会科学》2016
年第 4 期。
② 张阳阳、谢桂华：《教育期望中的班级效应分析》，《社会》2017 年第 6 期。

是一个非常稳健的规律。例如 Hasan 认为学校同伴群体影响教育期望的机制主要有直接效应和间接效应，即镶嵌在同伴网络中的优等生资源首先会对其他同伴的学业指导产生直接效应；同伴是青少年"重要他人"的核心元件，往往发挥着榜样的作用，决定了网络中其他成员对待学业的态度和动机，影响着他们的教育期望；并且提出他们往往受益于不同类型的同伴，表明阶层相似性并没有增强同伴效应。[①] 因此，吴愈晓和黄超认为学校的阶层隔离是导致社会不平等的一个重要结构性因素，而去除隔离（desegregation）或增强异质性是促进社会公平的重要举措。[②] 为此，2001 年国务院出台《关于基础教育改革与发展的决定》，提出："要重视解决流动儿童少年接受义务教育问题，以流入地区政府管理为主，以全日制中小学为主，采取多种形式依法保障流动儿童接受义务教育权利"，明确提出随迁子女接受教育的"两为主"政策。2003 年，国务院办公厅转发了教育部等六部门《关于进一步做好进城务工就业农民工子女义务教育工作的意见》，在"两为主"的基础上增加了减免费用、实现"收费的"一视同仁和"评优日常获得"的一视同仁，即"两个一视同仁"。至此，有关随迁子女在流入地城市接受义务教育的政策架构基本成形。近几年各方面的统计表明，超过 80% 的随迁子女在公办学校接受义务教育。

那么，80% 多的随迁子女进入的是怎样的公办学校？其内部的阶层隔离情况如何？根据相关调查，随迁子女就读的公办学校，往往是一些教育质量较差、办学条件薄弱、地理位置处于城乡接合部的学校。而且，近几年这些公办学校出现了一种现象，正如美国的"白人飞走了"（White Flight），即当随迁子女达到一定的比例时，一些当地孩子选择离开这所学校，而他们离开后，会有更多的随迁子女进入该学校。如此一来，形成随迁子女的聚集，该学校的阶层异质性

---

① Hasan S., The Mechanics of Social Capital and Academic Performance in an Indian College. *American Sociological Review*, 2013, 78（6）：1009 - 1032.

② 吴愈晓、黄超：《基础教育中的学校阶层分割与学生教育期望》，《中国社会科学》2016年第 4 期。

降低了。[①] 国内外研究表明，学校阶层隔离与教育期望之间负向关联很明显。但是在目前无法立即改变隔离状况、增加阶层异质性的情况下，有什么因素能够缓解学校阶层隔离对随迁子女教育期望的负向影响呢？Spencer 等认为社会支持可以抵消或平衡掉歧视对青少年发展的一些不利影响。心理学家认为，外界的环境可以刺激个体的心理应激，但是这时候如果获得有效的社会支持，就会缓解紧张、负面的情绪，减少对心理期望的影响。[②] 林初锐等对 1102 名大学生进行检测，考察社会支持在人格特征和心理健康之间的调节作用，认为不同来源的社会支持、社会支持的利用程度和社会支持的总体水平对于同一因变量的作用大小具有明显差异。[③] 江琦等以重庆市 440 名流动儿童与 192 名城市儿童为研究对象，认为社会支持在流动儿童同伴关系、师生关系与歧视知觉间存在调节作用。[④] 郝振调查表明，歧视知觉显著影响他们的群体边界可渗透性知觉和社会融入，[⑤] 同时表明群体边界可渗透性在歧视知觉与社会融入之间起到了中介作用。[⑥] 这些研究结果均与社会支持的压力缓冲假说一致。

综上所述，异地高考政策作为有利于增加群体边界可渗透性的社会政策，同时也为随迁子女提供了良好的社会支持。那么，异地高考政策认同是否会在学校阶层隔离和教育期望之间产生某种影响？基于此，我们将异地高考政策认同这一变量引入到学校阶层隔离与教育期望的关系并提出以下假设，H33a：异地高考政策认同在学校

① 罗云、钟景迅、曾荣光：《进城务工人员随迁子女教育公平问题的分配正义与关系正义之考察》，《北京大学教育评论》2015 年第 2 期。

② Spencer M. B. , Fegley S. G. , & Harpalani V. , A theoretical and Empirical Examination of Identity as Coping: Linking Coping Resources to the Self Processes of African American youth. *Applied Developmental Science*, 2003, 7 (3): 181 – 188.

③ 林初锐、李永鑫、胡瑜：《社会支持的调节作用研究》，《心理科学》2004 年第 5 期。

④ 江琦、李艳霞、冯淑丹：《流动儿童班级人际关系与歧视知觉的关系：社会支持的调节作用》，《长江师范学院学报》2011 年第 6 期。

⑤ 郝振：《流动儿童的社会融入及其策略选择研究》，博士学位论文，华东师范大学，2015 年。

⑥ 卢璇：《流动儿童歧视知觉与心理适应：社会支持的作用》，硕士学位论文，湖南科技大学，2012 年。

阶层隔离与学业表现期望之间产生调节作用；H33b：异地高考政策认同在学校阶层隔离与品德表现期望之间产生调节作用；H33c：异地高考政策认同在学校阶层隔离与人际交往期望之间产生调节作用；H33d：异地高考政策认同在学校阶层隔离与社会成就期望之间产生调节作用。

四　理论模型构建

综上所述，本书将基于学校阶层隔离与其教育期望的关系，重点探讨异地高考政策认同在二者关系间的调节作用。以随迁子女就读学校的阶层隔离为自变量，以教育期望为因变量，以异地高考政策认同为调节变量，构建如图6—1所示的理论逻辑框架。

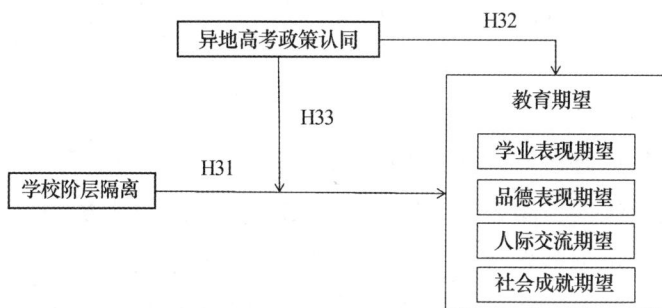

图6—1　本章理论逻辑框架

第三节　数据分析与假设检验

一　相关性分析

学校阶层隔离、异地高考政策认同、教育期望的相关性分析结果如表6—1所示，学校阶层隔离与随迁子女教育期望之间存在显著负相关关系，与学业表现期望的相关系数为 −0.733，与品德表现期望的相关系数为 −0.734，与人际交往期望的相关系数为 −0.755，与社会成就期望的相关系数为 −0.726，且均通过显著性检验。异地高考政策认同与随迁子女教育期望之间存在显著正相关关系，与学业表现期望的相关系数为 0.737，与品德表现期望的相关系数为 0.679，与人际交往期望的相关系数为 0.628，与社会成就期望的相关系数为 0.670，且均通过显著性检验。

表6—1　　　　　　　　　　相关性分析结果

	SS	PM	EEA	EEB	EEC	EED
SS 学校阶层隔离	1					
PM 异地高考政策认同	-0.593 **	1				
EEA 学业表现期望	-0.733 **	0.737 **	1			
EEB 品德表现期望	-0.734 **	0.679 **	0.721 **	1		
EEC 人际交往期望	-0.755 **	0.628 **	0.894 **	0.826 **	1	
EED 社会成就期望	-0.726 **	0.670 **	0.800 **	0.820 **	0.804 **	1

注：** 表示 $P < 0.01$，* 表示 $P < 0.05$。

二　回归分析

为确保多元线性回归模型可以得到科学合理的解释，需要对模型的多重共线性、序列相关性、异方差等问题进行排查。由于本书不涉及多期样本值的比较，且各回归模型的 DW 值接近于 2，因此各个模型不存在序列相关问题。异方差问题通过残差项的散点图判断，本书各个回归模型的散点图均呈现无序状态，且异方差问题多出现在时间序列数据中，本书并不涉及，因此可以判断不存在异方差问题。多重共线性检验通过容许度和方差膨胀因子 VIF 进行检验。本书各个模型中各个变量的 VIF 介于 0 至 3 之间，说明不存在多重共线性问题。

（一）异地高考政策认同在学校阶层隔离与学业表现期望关系上的调节效应检验

表6—2 反映的是异地高考政策认同在学校阶层隔离与学业表现期望关系上的调节效应检验结果，四个阶层的模型解释力分别为 0.367、0.555、0.761、0.767，所有变量可以解释因变量 76.7% 的变异，且通过 F 检验发现，该解释力具有统计学上的意义。

表6—2　　　　　　　　异地高考政策认同在学校阶层隔离与学业表现
期望关系上的调节作用

	模型1		模型2		模型3		模型4	
	回归系数	标准误差	回归系数	标准误差	回归系数	标准误差	回归系数	标准误差
（常量）	4.340**	0.339	5.312**	0.303	1.794**	0.315	1.776**	0.317
性别	−0.067	0.095	−0.026	0.081	0.152*	0.060	0.155*	0.060
户籍流动类型	0.153	0.110	0.091	0.093	−0.072	0.068	−0.074	0.068
居住地人员结构	0.289**	0.065	0.226**	0.056	−0.056	0.044	−0.053	0.044
现居住城市时间	−0.556**	0.065	−0.245**	0.063	−0.107*	0.046	−0.102	0.047
学校阶层隔离			−0.789**	0.077	−0.417**	0.061	−0.413**	0.061
异地高考政策认同					0.802**	0.052	0.774**	0.052
学校阶层隔离与异地高考政策认同的交互项							0.148**	0.070
调整后 R²	0.367		0.555		0.761		0.767	
F 值及显著性	132.473**		155.030**		224.395**		308.688**	

注：**表示 P<0.01，*表示 P<0.05。

模型2在模型1的基础上加入自变量学校阶层隔离，其对学业表现期望存在显著负向预测（B = −0.789，P<0.01）。假设 H31a 得到验证。模型3加入调节变量异地高考政策认同，并对学校阶层隔离和异地高考政策认同进行中心化处理，构建二者的交互项。异地高考政策认同对学业表现期望有显著正向预测（B = 0.802，P<0.01）。假设 H32a 得到验证。模型4表明学校阶层隔离与异地高考政策认同的交互项对学业表现期望存在正向预测作用（B = 0.148，P<0.01）。同时，自变量学校阶层隔离对因变量学业表现期望的回归系数由−0.789变成−0.413，其绝对值减少，说明异地高考政策认同削弱了学校阶层隔离对学业表现期望的负向预测作用。因此，随着异地高考政策认同的提升，学校阶层隔离对学业表现期望的负向影响将减弱。假设 H33a 得到验证。

（二）异地高考政策认同在学校阶层隔离与品德表现期望关系上的调节效应检验

表6—3反映的是异地高考政策认同在学校阶层隔离与品德表现期望关系上的调节效应检验结果，四个阶层的模型解释力分别为 0.408、0565、0.764、0.765，所有变量可以解释因变量76.5%的变异，且通过 F 检验发现，该解释力具有统计学上的意义。

表6—3 异地高考政策认同在学校阶层隔离与品德
表现期望关系上的调节作用

	模型1		模型2		模型3		模型4	
	回归系数	标准误差	回归系数	标准误差	回归系数	标准误差	回归系数	标准误差
（常量）	4.826 **	0.347	5.790 **	0.314	2.216 **	0.333	2.190 **	0.334
性别	−0.077	0.098	−0.010	0.084	0.145 *	0.063	0.149 *	0.063
户籍流动类型	0.052	0.112	−0.010	0.097	−0.176 *	0.072	−0.179 *	0.072
居住地人员结构	0.298 **	0.067	0.236 **	0.058	−0.050	0.047	−0.046	0.047
现居住城市时间	−0.610 **	0.066	−0.301 **	0.065	−0.161 **	0.049	−0.153 **	0.049
学校阶层隔离			−0.784 **	0.080	−0.405 **	0.064	−0.400 **	0.065
异地高考政策认同					0.815 **	0.055	0.817 **	0.055
学校阶层隔离与异地高考政策认同的交互项							0.073	0.074
调整后 R^2	0.408		0.565		0.764		0.765	
F 值及显著性	136.610 **		157.322 **		222.056 **		206.913 **	

注：＊＊表示 P<0.01，＊表示 P<0.05。

模型2在模型1的基础上加入自变量学校阶层隔离，其对品德表现期望存在显著负向预测（B = −0.784，P<0.01）。假设 H31b 得到检验。模型3加入调节变量异地高考政策认同，并对学校阶层隔离和异地高考政策认同进行中心化处理，构建二者的交互项。异地高考

政策认同对品德表现期望有显著正向预测（B＝0.815，P＜0.01）。假设H32b得到检验。模型4表明学校阶层隔离与异地高考政策认同的交互项对品德表现期望的正向预测作用未通过显著性检验（B＝0.073，P＞0.05）。假设H33b没有得到验证。

（三）异地高考政策认同在学校阶层隔离与人际交往期望关系上的调节效应检验

表6—4反映的是异地高考政策认同在学校阶层隔离与人际交往期望关系上的调节效应检验结果，四个阶层的模型解释力分别为0.406、0.601、0.766、0.768，所有变量可以解释因变量76.8%的变异，且通过F检验发现，该解释力具有统计学上的意义。

表6—4　　　　　异地高考政策认同在学校阶层隔离与人际
交往期望关系上的调节作用

	模型1		模型2		模型3		模型4	
	回归系数	标准误差	回归系数	标准误差	回归系数	标准误差	回归系数	标准误差
（常量）	4.995**	0.404	6.245**	0.349	2.531**	0.389	2.488**	0.389
性别	−0.048	0.114	0.038	0.094	0.199**	0.074	0.206**	0.074
户籍流动类型	0.124	0.131	0.044	0.107	−0.128	0.084	−0.133	0.084
居住地人员结构	0.375**	0.078	0.294**	0.064	−0.003	0.055	0.003	0.055
现居住城市时间	−0.732**	0.077	−0.332**	0.072	−0.186**	0.057	−0.174**	0.058
学校阶层隔离			−0.761**	0.089	−0.622**	0.075	−0.614**	0.075
异地高考政策认同					0.847**	0.064	0.850**	0.064
学校阶层隔离与异地高考政策认同的交互项							0.220**	0.086
调整后 R^2	0.406		0.601		0.766		0.768	
F值及显著性	138.099**		168.978**		223.670**		208.827**	

注：＊＊表示P＜0.01，＊表示P＜0.05。

模型 2 在模型 1 的基础上加入自变量学校阶层隔离,其对人际交往期望存在显著负向预测(B = -0.761,P < 0.01)。假设 H31c 得到验证。模型 3 加入调节变量异地高考政策认同,并对学校阶层隔离和异地高考政策认同进行中心化处理,构建二者的交互项。异地高考政策认同对人际交往期望有正向预测作用(B = 0.847,P < 0.01)。假设 H32c 得到验证。模型 4 表明学校阶层隔离与异地高考政策认同的交互项对人际交往期望存在显著正向预测(B = 0.220,P < 0.01)。同时,自变量学校阶层隔离对因变量人际交往期望的回归系数由 -0.761 变成 -0.614,其绝对值减少,说明异地高考政策认同削弱了学校阶层隔离对人际交往期望的负向预测作用。因此,随着异地高考政策认同的提升,学校阶层隔离对人际交往期望的负向影响将减弱。假设 H33c 得到验证。

(四)异地高考政策认同在学校阶层隔离与社会成就期望关系上的调节效应检验

表 6—5 反映的是异地高考政策认同在学校阶层隔离与社会成就期望关系上的调节效应检验结果,四个阶层的模型解释力分别为 0.369、0.546、0.713、0.713,所有变量可以解释因变量 71.3% 的变异,且通过 F 检验发现,该解释力具有统计学上的意义。

模型 2 在模型 1 的基础上加入自变量学校阶层隔离,其对社会成就期望存在显著负向预测(B = -0.801,P < 0.01)。假设 H31d 得到验证。模型 3 加入调节变量异地高考政策认同,并对学校阶层隔离和异地高考政策认同进行中心化处理,构建二者的交互项。异地高考政策认同对社会成就期望有显著正向预测(B = 0.715,P < 0.01)。假设 H32d 得到验证。模型 4 表明学校阶层隔离与异地高考政策认同的交互项对社会成就期望的正向预测作用没有通过显著性检验(B = 0.067,P > 0.05)。假设 H33d 没有得到验证。

表 6—5　　　异地高考政策认同在学校阶层隔离与社会
成就期望关系上的调节作用

	模型 1		模型 2		模型 3		模型 4	
	回归系数	标准误差	回归系数	标准误差	回归系数	标准误差	回归系数	标准误差
（常量）	4.716**	0.343	5.702**	0.307	2.567**	0.351	2.542**	0.352
性别	−0.081	0.097	−0.012	0.082	0.123	0.066	0.128	0.067
户籍流动类型	0.057	0.111	−0.006	0.094	−0.151	0.076	−0.154*	0.076
居住地人员结构	0.268**	0.066	0.204**	0.057	−0.047	0.049	−0.044	0.049
现居住城市时间	−0.580**	0.065	−0.264**	0.063	−0.141**	0.051	−0.135*	0.052
学校阶层隔离			−0.801**	0.078	−0.469**	0.068	−0.464**	0.068
异地高考政策认同					0.715**	0.057	0.717**	0.058
学校阶层隔离与异地高考政策认同的交互项							0.067	0.078
调整后 R^2	0.369		0.546		0.713		0.713	
F 值及显著性	132.682**		155.383**		197.110**		184.979**	

注：＊＊表示 P＜0.01，＊表示 P＜0.05。

第四节　讨论与小结

本章主要关注异地高考政策认同与学校阶层隔离、教育期望的关系假设的检验，通过简单相关性对三者间的基本关系进行了分析，在此基础上建立多元线性回归模型，进行回归分析，对变量关系进行了进一步的检验。结果显示：随迁子女学校阶层隔离对其教育期望存在显著的负向影响，假设 H31a、H31b、H31c、H31d 得到验证。异地高考政策认同对学业表现期望、品德表现期望、人际交往期望、社会成就期望均存在显著的正向影响，假设 H32a、H32b、H32c、H32d 得到验证。异地高考政策认同在学校阶层隔离与学业表现期望和人际交往期望的关系上存在显著调节效应，且异地高考政策的影响力削弱了学校阶层隔离对其学业表现期望和人际交往期望的负向作用，假设 H33a、H33c 得到验证，但是 H33b、H33d 没有得到验证。

学校阶层隔离对随迁子女教育期望存在显著的负向影响。教育期望是个体与环境不断互动的产物。正如 Kandel 和 Lesser[1]、Alwin 和 Otto[2]、张阳阳和谢桂华[3]的研究观点，同伴的影响甚至比教师和学校的影响更大，学校平均阶层水平偏低和阶层异质程度过小都会影响在校学生的教育期望。如果我们的社会希望提升弱势阶层的学业水平和未来社会分层状况，那么首先就要着力改善学校教育的不平等状况，比如城乡教育差异、学校阶层隔离。20 世纪 50 年代，美国就开始掀起反种族隔离和种族融合教育运动，例如实施黑白合校。《中华人民共和国义务教育法》也在 2006 年修订时强调"县级以上人民政府及其教育行政部门应该促进学校均衡发展"。2014 年制定的《义务教育学校管理标准》强调了"实行均衡编班，不分重点班和非重点"。我们要做的是想办法持续推进均衡编班，消除学校的阶层隔离，让随迁子女能够更多地接触城市子女，在一个融合、平等的多阶层学校环境中成长。

随迁子女的教育期望需要良好师生关系的激发。如同克林顿1998 年所言"青年人应该得到教师指导，他们需要也可以去上大学"。正如 Wilson[4]、Spenner 和 Featherman[5]的研究观点，良好的师生关系能够促进随迁子女主动接近老师，彼此尊重、互相信任。但是严重的学校阶层隔离使得老师通常根据刻板印象认为随迁子女学习

---

① Kandel D. & Lesser G. , School, Family, and Peer Influences on Educational Plans of Adolescents in the United States and Denmark. *Sociology of Education*, 1970, 43 (3): 270 – 287.

② Alwin D. F. & Otto L. B. , High School Context Effects on Aspirations. *Sociology of Education*, 1977, 50 (4): 259 – 273.

③ 张阳阳、谢桂华:《教育期望中的班级效应分析》,《社会》2017 年第 6 期。

④ Wilson A. , Residential Segregation of Social Classes and Aspirations of High School Boys. *American Sociologica Review*, 1959, 24 (6): 836 – 845.

⑤ Spenner K. I. & Featherman D. L. , Achievement Ambitions. *Annual Review of Sociology*, 1978, 4 (1): 373 – 420.

起点低、基础差、教育期望不高，在教学过程中也实施低标准、低要求。访谈问卷显示，随迁子女很容易在教师和同伴的低期待目光中形成一种低自我教育期望。或许我们可以把着力点放在教师培训上，通过提高教师与学生的沟通方式和技巧，推行以鼓励为主的教学和教育行为，以此提高学生的自我教育期望和教育获得。

异地高考政策认同在学校阶层隔离与学业表现期望和人际交往期望的关系上存在显著调节效应，假设 H33a、H33c 得到验证，但是 H33b、H33d 没有得到验证。国内外还没有直接研究异地高考政策认同对实施对象教育期望的影响的文献。但是正如 Spencer 等①、林初锐等②、江琦等③、郝振④等的研究观念，社会支持会削弱阶层隔离或社会歧视对青少年发展的一些不利影响。熊易寒提出上海的随迁子女遭遇"看得见的天花板"（visible ceiling），表现为个体对自身前景的低水平预期，而这个"看得见的天花板"就是指随迁子女无法突破的异地"初中后"升学限制性政策。⑤"率先突破型"省份的异地高考政策打破了这层看得见的"天花板"，给了他们在迁入地实现升学的希望。本章的数据分析和访谈证实，随迁子女对异地高考政策的认同能够调动他们的学习积极性，削弱学校阶层隔离对教育期望维度的负向影响。

---

① Spencer M. B., Fegley S. G., & Harpalani V., A theoretical and empirical examination of i-dentity as coping: Linking coping resources to the self processes of African American youth. *Applied Developmental Science*, 2003, 7 (3): 181 – 188.

② 林初锐、李永鑫、胡瑜：《社会支持的调节作用研究》，《心理科学》2004 年第 5 期。

③ 江琦、李艳霞、冯淑丹：《流动儿童班级人际关系与歧视知觉的关系：社会支持的调节作用》，《长江师范学院学报》2011 年第 6 期。

④ 郝振：《流动儿童的社会融入及其策略选择研究》，博士学位论文，华东师范大学，2015 年。

⑤ 熊易寒：《城市化的孩子：农民工子女的身份生产与政治社会化》，上海世纪出版集团 2010 年版，第 139 页。

第七章

异地高考政策认同在宏观社会层面的影响机制

关于移民的教育期望问题，国内外的学者除了考虑个体、家庭和学校之外，社会宏观环境是不能不考虑的因素。社会排斥（social exclusion）是与社会融合相对应的概念，也是社会环境中影响移民社会融入的重要因素。社会排斥理论不同于传统的弱势群体分析理论，其特点是着眼于宏观的社会层面，尤其重视国家及政策层面解决社会问题。因此，社会排斥理论也逐渐被中西方国家作为研究社会宏观政策的核心理论。但是调查也发现并非所有的随迁子女遭遇社会排斥后都会对其教育期望产生消极影响，这一情况的出现是否意味着在社会歧视与教育期望之间可能还存在着其他影响因素？异地高考政策认同是否在随迁子女的社会歧视知觉和教育期望之间起到缓解作用？对其他省份持续推进异地高考改革工作有什么借鉴意义？本章将针对以上问题进行重点探讨。

第一节　社会歧视知觉概述

尽管社会歧视现象长期存在，人们也意识到了歧视对身心发展的巨大影响，但是 Branscombe 等认为从勒温（Lewin）时代以来，在很长一段时期对歧视的研究属于强势心理研究（psychology of the powerful），即较多关注优势群体对被歧视对象的偏见、刻板印象，较少涉及被歧视对象的心理感受。① 21 世纪以来，国内外学者逐步开始关注被歧视群体对于歧视现象的感知和反应，建立相对弱势心理研究（psychology of the relativelypowerless），并且对歧视产生的影响进行了一系列的探讨。Pascoe 和 Richman（2009）对歧视知觉和健康之间的关系作了研究综述，认为与歧视有关的心理健康包括抑郁、焦虑，身体健康包括血压、心率等。② 理论上而言，针对歧视的研究应该对个体或群体的歧视经历进行客观测量。但一是很难对个体或群体长期的客观歧视事实进行记录，二是歧视往往是基于个体或群体成员资格的偏见而产生的心理事实。因此，国内外研究者逐渐把歧视研究的注意力转向了被歧视者的知觉，即歧视知觉。

一　社会歧视知觉的定义与测量

歧视知觉是相对于客观歧视现象的一种主观体验，通常是指个体感受到由于自己所属的群体成员资格（如种族、性别或者户籍身份）而受到的不公正的消极性或者伤害性对待，这种不公正的对待可以是拒绝性的态度、行为动作，也可以是社会某些不合理的制度、政策等（Major et al.；③ Pascoe et al.；④ 刘霞等⑤）。

国内外研究文献关于个体社会歧视知觉的测量主要有以下两种方法：第一种是通过测量个体对社会歧视事件的归因来考察其歧视知觉。例如 Branscombe 等对非裔美国人的持续幸福感进行调查研究，

① Branscombe N. R. , Schmitt M. T. & Harvey R. D. , Perceiving Pervasive Discrimination Among African Americans: Implications for Group Identification and Well – Being. *Journal of Personality andSocial Psychology*, 1999, 77（1）: 135 – 149.

② Pascoe E. A. & Richman L. S. , Perceived Discriminationand Health: A Meta-Analytic Review. *Psychological Bulletin*, 2009, 135（4）: 531 – 554.

③ Major B. , Quinton W. & McCoy S. , Antecedents And Consequences of Attributions to Discrimination: Theoretical and Empirical Advances. *Advances in Experimental Social Psychology*, 2002, 34（2）: 251 – 330.

④ Pascoe E. A. & Richman L. S. , Perceived Discriminationand Health A Meta-Analytic Review. *Psychological Bulletin*, 2009, 135（4）: 531 – 554.

⑤ 刘霞、赵景欣、师保国:《歧视知觉的影响效应及其机制》,《心理发展与教育》2011 年第 2 期。

发现存在拒绝—识别模型（rejection-identification model），认为稳定的归因会直接或间接减少少数群体的歧视知觉。[①] 第二种是通过个体报告自己感知的受歧视现象、严重程度以及引起的身心伤害来考察。Krahé 等对三个群体（包括学生和学者）测量其在东道国的歧视知觉，发现存在语言歧视、故意回避和身体攻击等现象，而且严重程度是逐渐递进的。[②] 另外，比如 Operario 和 Fiske 探讨种族等特征认同和歧视知觉之间的联系，"由于你的种族、民族、性别或者其他特征，是否感到自己受到了歧视？"[③] 个体的歧视知觉往往与群体属性分不开，同时受调查的个体样本歧视知觉程度低于他们所属的群体。其中一种解释是因为个体对自身和群体其他成员的了解程度不同。当评价群体成员所受歧视是否严重时，由于缺乏对歧视具体细节的了解，很容易把由于群体成员自身问题出现的消极后果归因于社会或其他群体的歧视。

二　社会歧视知觉的危害作用

国内外学者普遍认为基于群体成员资格而进行的重复歧视现象会对被歧视者的身心发展带来重要负面影响。无论是相对剥夺理论、符号互动论，还是大量的临床病历和相关实证研究，都表明社会歧视知觉在一定程度上会导致较低的心理健康水平。

符号互动论认为个体的自我概念主要在与重要他人的长期交互过程中建立起来。例如，美国社会心理学家库利（Cooley）提出"镜中我"概念，认为弱势群体成员可能存在把他人的歧视或消极观念

① Branscombe N. R. , Schmitt M. T. & Harvey R. D. , Perceiving Pervasive Discrimination among African Americans: Implications for Group Identification and Well-being. *Journal of Personality and SocialPsychology*, 1999, 77 (1): 135 – 149.

② Krahé B. , Abraham C. , Felber J. , et al. , Perceived Discrimination of International Visitors to Universities in Germany and the UK. *British Journal of Psychology*, 2005, 96 (3): 263 – 281.

③ Operario D. & Fiske S. T. , Ethnic Identity Moderates Perceptions of Prejudice: Judgments of Personalversus Group Discrimination and Subtle Versus Blatant bias. *Personality and Social Psychology Bulletin*, 2001, 27 (5): 550 – 561.

内化成为自己的观念，从而越来越成为他人眼中的被歧视对象。[①] 这与 Darley 和 Fazio 提出的自我实现预言效应（self-fulfilling prophecy effects）相类似，被歧视者逐渐发展出与消极刻板印象相一致的精神状态和行为方式，[②] 可能会进一步意识到自己所属群体在社会中的弱势地位，降低自尊水平，放低对自我的要求。尽管也有学者认为歧视知觉存在间接的积极作用，[③] 但是它的消极作用却更为强大和主要。

最近十几年国内外大量的实证研究也表明社会歧视知觉对身心健康有消极影响。Rumbaut 调查了 5000 名亚裔、拉丁美洲裔等的美国 8—9 年级移民子女，结果表明歧视知觉降低了他们的自尊水平，造成了抑郁症状，并且与家庭、学校等变量相比，歧视知觉的贡献作用最为重要。[④] Wong 等调查了非洲裔美国青少年的歧视知觉与学业成绩、心理健康之间的关系，结果表明歧视知觉与他们的学业成绩、学习动机、心理健康（抑郁、愤怒、自尊和心理弹性）呈现显著正相关，并且发现民族认同在其中起到了缓冲作用。[⑤] 蔺秀云等对北京市 1164 名流动儿童进行调查，结果表明歧视知觉对受访者的心理健康水平产生了显著的直接影响，同时自尊在歧视知觉与心理健康水平之间起到显著的部分中介作用。[⑥] 范兴华等（2012）对北京市昌平区的六所学校的 1164 名流动儿童进行调查，分层回归分析显示歧视知觉对流动认同社会文化适应存在显著负向预测（$\beta = -0.39$，$P <$

① 严爽：《以微信朋友圈的自拍照为例剖析库利的"镜中我"的形成》，《科技风》2015 年第 9 期。

② Darley J. M. & Fazio R. H. , Expectancy confirmation processes arising in the social interactionsequence. *American Psychologist*, 1980, 35：867 – 881.

③ Major B. , Gramzow R. H. , McCoy S. K. , et al. , Perceiving Personal Discrimination：the Role of Group Status and Legitimizing Ideology. *Journal of Personality and Social Psychology*, 2002, 82（3）：269 – 282.

④ Rumbaut R. G. , The crucible Within：Ethnic Identity, Self-esteem, and Segmented Assimilation Among Children of Immigrants. *International Migration Review*, 1994, 28：784 – 794.

⑤ Wong C. A. , Eccles J. S. & Sameroff A. , The Influence of Ethnic Discrimination and Ethnicidentificationon African American Adolescents's Chool and Socioemotional Adjustment. *Journal of Personality*, 2003, 71（6）：1197 – 1232.

⑥ 蔺秀云、方晓义、刘杨等：《流动儿童歧视知觉与心理健康水平的关系及其心理机制》，《心理学报》2009 年第 10 期。

0.001）；"社会支持"在歧视知觉与社会文化适应的负向预测关系中起部分中介作用。[①] 由此可见，社会歧视知觉不仅对结果变量产生直接的消极影响，也可以通过其他因素产生间接效应。这不禁促使研究者思考：是否存在什么因素能够削减社会歧视知觉的消极影响？

三 社会歧视知觉的影响因素

影响青少年社会歧视知觉的因素很多，大致可以分为外在因素和内在因素。外在因素主要指周边的主客观环境变量；内在因素主要包括个体的认知变量、群体成员资格变量。

根据俄裔美国心理学家尤·布朗芬布伦纳（U. Bronfenbrenner）的生态理论，研究者认为外在环境因素会对个体生长和发展产生作用。对于随迁子女而言，学校环境是其学习生活的主要场所。Stone等（2005）对 578 名墨西哥裔美国青少年进行调查和分析，结果显示学校环境与他们的歧视知觉存在显著正相关，强调了周围环境对他们积极心理建设的重要性。[②] 群体的成员资格主要指对群体进行分类的标签，比如种族、性别、宗教信仰、出生地、社会经济地位、是否具有当地户籍等。刘霞等根据群体成员资格的可变性和可见性，把被歧视群体分成四种类型：第一种为成员资格相对稳定且具有可见性的群体，例如女性、有色人种等；第二种为成员资格相对稳定且具有隐蔽性的群体，例如同性恋者；第三种为成员资格具有可变性及可见性的群体，例如初入社会的年轻人；第四种为成员资格具有可变性及相对隐蔽性的群体，例如随迁子女。[③] Brown 和 Bigler 提出如果成员属于一个被周边群体贬低或诬蔑的弱势群体，那么其感知

---

① 范兴华、方晓义、刘杨、蔺秀云、袁晓娇：《流动儿童歧视知觉与社会文化适应：社会支持和社会认同的作用》，《心理学报》2012 年第 5 期。

② Stone S. & Han M., Perceived School Environments, Perceived Discrimination, and Schoolper-formance among Children of Mexican Immigrants. *Children & Youth Services Review*, 2005, 27（1）: 51–66.

③ 刘霞：《流动儿童歧视知觉：特点、影响因素、作用机制》，博士学位论文，北京师范大学，2008 年。

到歧视的可能性就会增加。[①] 对于流入城市的随迁子女而言，户籍所决定的"外来人口身份"无疑是最突出的群体成员资格。群体成员资格可变性是影响社会歧视知觉影响效应及内在机制的一个重要调节变量。如果有什么好的政策能够有效改善随迁子女的周边环境，改变群体成员的资格，那么对缓解社会歧视知觉对他们的不良影响、促进其身心健康发展将具有重要意义。

第二节　研究思路与理论假设

一　随迁子女社会歧视知觉与教育期望的关系

国内新闻报道以及民间有关随迁子女的"流动青少年""打工子弟""民工子弟"等称呼，并被加上"不讲卫生""问题少年"等污名化特征，都暗含了"歧视"成分。申继亮认为是社会中的强势群体对被贴了污名标签的个人或群体所采取的贬低、疏远和敌视的伤害性行为，是污名化的结果。[②] 符号互动理论认为自我概念的建立很大程度上借助了他人的反馈性评价。如果长期遭受歧视，个体最终可能会把外人的偏见内化为自己的观点，从而影响其自我价值感并逐渐表现出与消极刻板印象相一致的行为方式。[③]

那么，随迁子女社会歧视知觉是否会影响其教育期望？国内外有关歧视知觉对移民子女影响效应的实证研究较少涉及教育期望，而集中在心理状态、文化适应或社会融入等方面，并且得出了较为一致的结论：歧视知觉的影响效应普遍是负向和消极的。Berry 等（2006）对 13 个国家的 5366 名 13—18 岁的移民青少年进行研究，发

---

① Brown C. S. & Bigler R. S. , Children's Perception of Discrimination: Adevelopmental Model. *Child Development*, 2005, 76（3）: 533 –553.

② 申继亮：《处境不利儿童的心理发展状况及其教育对策研究》，经济科学出版社 2009 年版，第 56 页。

③ David B. D. & Thompson K. , Self-concept and Delinquency: The Effects of Reflected Appraisals by Parentand Peers. *Western Criminology Review*, 2005, 6（1）: 22 –29.

现歧视知觉与他们的社会文化适应现状呈显著负相关（r＝0.30，P＜0.001）。[1] Berkel 等（2010）研究了 750 名墨西哥裔美国青少年，发现歧视经历对他们的心理健康造成部分影响，并且从此带来了学业自我效能感及学业成绩的差异。[2] 张光珍等对苏州市 3 所公立初中的281 名流动儿童进行调查分析并且建立结构方程模型来检验歧视知觉与问题行为之间的纵向关系，结果显示歧视知觉对儿童产生一致的消极影响，分别对外显问题的影响系数为 0.11（P＜0.1）、对内隐问题的影响系数为 0.14（P＜0.01）、对学习问题的影响系数为 0.12（P＜0.1）。[3] 尽管有关歧视知觉对随迁子女教育期望的具体影响并没有得到广泛探讨，但是根据布朗芬布伦纳的生态系统理论，个体的发展嵌套于相互影响的一系列环境系统之中，即个体与环境系统的相互作用以及环境系统之间的相互作用共同影响着个体认知、行为等各方面的发展。[4] 随迁子女在歧视知觉影响下的心理状态、学校适应、社会融入状况势必影响他们的教育期望。基于此，我们将进一步探讨社会歧视知觉与随迁子女教育期望的关系并提出以下假设，H41a：社会歧视知觉对其学业表现期望有显著影响；H41b：社会歧视知觉对其品德表现期望有显著影响；H41c：社会歧视知觉对其人际交往期望有显著影响；H41d：社会歧视知觉对其社会成就期望有显著影响。

二　异地高考政策认同与随迁子女教育期望的关系

基于前文的论述，提出以下假设，H42a：随迁子女异地高考政

① Berry J. W. , Phinney J. S. , Sam D. L. & Vedder P. , Immigrant Youth：Acculturation, Identity, and Adaptation. *Applied Psychology：An International Review*, 2006, 55（3）：303 –332.

② Berkel C. , Knight G. P. , et al. , Discrimination and Adjustmentfor Mexican American Adolescents：A Prospective Examination of Thebenefits of Culturally Related Values. *Journal of Research on Adolescence*, 2010, 20（4）：893 –915.

③ 张光珍、姜宁、梁宗保、邓慧华：《流动儿童的歧视知觉与学校适应：一项追踪研究》，《心理发展与教育》2016 年第 5 期。

④ Brooks-Gunn J. , The Ecology of Human Development：Experiments by Nature and Design. *Education Forum*, 1979, 46（1）：117 –123.

策认同对其学业表现期望有显著影响；H42b：随迁子女异地高考政策认同对其品德表现期望有显著影响；H42c：随迁子女异地高考政策认同对其人际交往期望有显著影响；H42d：随迁子女异地高考政策认同对其社会成就期望有显著影响。

三　异地高考政策认同在社会歧视知觉和教育期望之间的调节作用

通常而言，社会歧视知觉往往会对受歧视对象产生持久的、稳定的、显著的消极影响，但是我们调查发现并非所有的随迁子女遭遇歧视后会出现消极结果。那么，是什么原因造成了这种现象？又是什么变量能在社会歧视知觉与结果变量之间产生间接效应？可能的原因，正如英国心理学家亨利·泰费尔（Tajfel）提出社会认同理论的群体可渗透性（Group Permeability）解释了群体成员身份的可变动性，以及他们采取不同的应对策略。他认为如果是有弹性的和可渗透性的社会结构，个体认为群体之间的边界是可渗透的，群体成员身份是可以改变的，那么个体更倾向于采用个人努力的应对策略。[①] Ellemers 等进行了两个实验研究，第一个实验研究同样是弱势群体，在群体边界可渗透环境下的弱势群体成员，其内群体偏向要低于群体边界不可渗透的弱势群体成员；第二个实验事先控制了群体地位和个人能力，群体边界也分为可向上或向下流动，研究显示当边界具有向上流动性时，具有较强能力的个体表现出较少的内群体偏向。[②] 随后，国内外研究也证实群体成员身份的可变性、群体态度等对其歧视知觉与影响效应存在不同的调节作用。[③] 例如，刘霞等对北京市 8 所学校 55 个教学班的 1551 名流动儿童进行调查，模型显示内群体情

---

① Tajfel H. & Turner J. C. , The Social Identity Theory of Intergroup Behavior. *Political Psychology*, 1986, 13（3）：276 – 293.

② Ellemers N. , Knippenberg A. V. , Vries N. D. & Wilke H. , Social Identification and Permeability of Group Boundaries. *European Journal of Social Psychology*, 1988, 18（6）：497 – 513.

③ Garstka T. A. , Schmitt M. T. , Branscombe N. R. & HummertM. L. , How Young and Older Adults Differ in Their Responses to Perceived Age Discrimination. *Psychology and Aging*, 2004, 19（2）：326 – 335.

感认同和群体地位感能够部分中介歧视知觉对流动儿童幸福感的消极影响，中介效应分别是 -0.06 和 -0.19，Sobel 检验的 z 值分别是 -3.90（P<0.001）和 -7.92（P<0.001），同时内群体情感认同和群体地位感在歧视知觉与幸福感之间的中介效应受到归属需要的调节影响。[1] 郝振和崔丽娟将上海市 437 名流动儿童作为被试对象，用量表法分析发现歧视知觉是个显著的危险性因素，但是群体可渗透性对其歧视知觉的影响路径系数显著（γ = -0.21，SE = 0.014，P<0.01），同时群体可渗透性对其生活满意度的路径系数也显著（γ = 0.19，SE = 0.10，P<0.01），并且自尊在它们当中起了部分调节作用。[2] 吕慈仙调研分析显示异地高考政策能够调节随迁子女歧视知觉对其校园文化适应、社区文化适应、风俗习惯和语言适应的负向影响。[3]

那么，异地高考政策认同是否能在社会歧视知觉与随迁子女教育期望之间产生间接调节效应？随迁子女跟随父母跨入城市生活学习，忍受着生活上的各种艰难和部分城市人群对他们的歧视，就是希望能够接受好的教育，通过自身的努力考取优质高校，获得城市户口，以期改变自己的身份。但是传统的以户籍制度为依据的高考制度，从根本上影响着随迁子女的教育期望。虽然目前异地高考政策仍然处于众多利益群体的博弈过程，但是不可否认这一政策增强了随迁子女群体与城市优势群体之间边界的可渗透性。作为增强群体边界可渗透性的异地高考政策，实质是一种积极的信号，向随迁子女传递着"只要我努力，就有机会进入另一个群体"的信念，[4] 使得他们对未来抱有更乐观的态度和积极向上的心理状态，缓解了歧

① 刘霞、赵景欣、申继亮：《歧视知觉对城市流动儿童幸福感的影响：中介机制及归属需要的调节作用》，《心理学报》2013 年第 5 期。

② 郝振、崔丽娟：《受歧视知觉对流动儿童社会融入的影响：中介机制及自尊的调节作用》，《心理发展与教育》2014 年第 2 期。

③ 吕慈仙：《异地高考政策是否削弱了歧视知觉对随迁子女城市文化适应的负面影响？——基于国内若干个大中型城市的调查分析》，《教育发展研究》2016 年第 23 期。

④ 吕慈仙、王鲁刚：《异地高考政策对随迁子女心理资本与社会融入影响的实证研究》，《教育研究》2017 年第 5 期。

视知觉带来的不利影响，有助于建立起良好的教育期望，获得较高的社会地位。据此，我们将异地高考政策认同这一变量引入随迁子女歧视知觉与教育期望的关系研究中，并提出以下假设，H43a：异地高考政策认同在社会歧视知觉与学业表现期望之间产生调节作用；H43b：异地高考政策认同在社会歧视知觉与品德表现期望之间产生调节作用；H43c：异地高考政策认同在社会歧视知觉与人际交往期望之间产生调节作用；H43d：异地高考政策认同在社会歧视知觉与社会成就期望之间产生调节作用。

四　理论模型构建

综上所述，本书将基于社会歧视知觉与其教育期望的关系，重点探讨异地高考政策认同在二者关系间的调节作用。以随迁子女的社会歧视知觉为自变量，以教育期望为因变量，以异地高考政策认同为调节变量，构建如图7—1所示的理论逻辑框架。

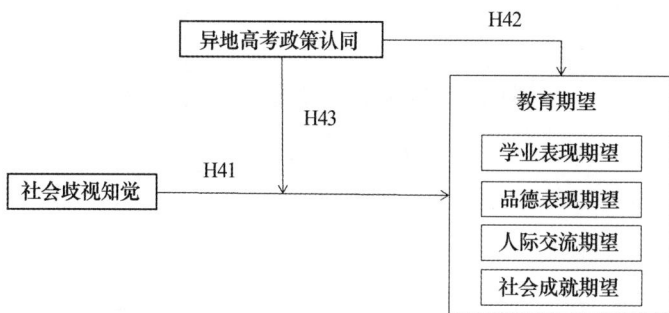

图7—1　本章理论逻辑框架

第三节　数据分析与假设检验

一　相关性分析

各变量相关系数见表7—1。随迁子女歧视知觉与学业表现期望（$r = -0.729$，$P < 0.05$）、品德表现期望（$r = -0.755$，$P < 0.05$）、人际交往期望（$r = -0.758$，$P < 0.05$）、社会成就期望（$r = $

-0.747，P<0.05）呈现负相关关系。异地高考政策认同与学业表现期望（r = 0.737，P < 0.05）、品德表现期望（r = 0.679，P < 0.05）、人际交往期望（r = 0.628，P < 0.05）、社会成就期望（r = 0.670，P < 0.05）呈现正相关关系。

表7—1 相关性分析结果

	SD	PM	EEA	EEB	EEC	EED
SD 社会歧视知觉	1					
PM 异地高考政策认同	-0.714**	1				
EEA 学业表现期望	-0.729**	0.737**	1			
EEB 品德表现期望	-0.755**	0.679**	0.721**	1		
EEC 人际交往期望	-0.758**	0.628**	0.894**	0.826**	1	
EED 社会成就期望	-0.747**	0.670**	0.800**	0.820**	0.804**	1

注：**表示 P<0.01，*表示 P<0.05。

二 回归分析

为确保多元线性回归模型可以得出科学合理的解释，需要对模型的多重共线性、序列相关性、异方差等问题进行排查。由于本书不涉及多期样本值的比较，且各回归模型的 DW 值接近于 2，因此各个模型不存在序列相关问题。异方差问题通过残差项的散点图判断，本书各个回归模型的散点图均呈现无序状态，且异方差问题多出现在时间序列数据中，本书并不涉及，因此可以判断不存在异方差问题。多重共线性检验通过容许度和方差膨胀因子 VIF 进行检验。本书各个模型中各个变量的 VIF 介于 0 至 3 之间，说明不存在多重共线性问题。

（一）异地高考政策认同在社会歧视知觉与学业表现期望关系上的调节效应检验

表7—2 反映的是异地高考政策认同在社会歧视知觉与学业表现期望关系上的调节效应检验结果，四个阶层的模型解释力分别为

0.367、0.594、0.733、0.736，所有变量可以解释因变量73.6%的变异，且通过F检验发现，该解释力具有统计学上的意义。

表7—2　　　　　　　　　异地高考政策认同在社会歧视知觉与学业
表现期望关系上的调节作用

	模型1		模型2		模型3		模型4	
	回归系数	标准误差	回归系数	标准误差	回归系数	标准误差	回归系数	标准误差
（常量）	4.340**	0.339	2.007**	0.265	2.040**	0.317	2.021**	0.320
性别	−0.067	0.095	−0.028	0.073	0.045	0.059	0.050	0.059
户籍流动类型	0.153	0.110	0.059	0.084	−0.010	0.067	0.005	0.067
居住地人员结构	0.289**	0.065	0.160*	0.051	0.050	0.043	0.047	0.044
现居住城市时间	−0.556**	0.065	−0.160*	0.060	−0.0078	0.047	−0.077	0.047
社会歧视知觉			−0.590**	0.059	−0.470**	0.056	−0.469**	0.057
异地高考政策认同					0.511**	0.056	0.484**	0.056
社会歧视知觉与异地高考政策认同的交互项							0.112**	0.050
调整后 R²	0.367		0.594		0.733		0.736	
F 值及显著性	132.473**		248.139**		379.947**		372.764**	

注：＊＊表示 P<0.01，＊表示 P<0.05。

模型2在模型1的基础上加入自变量社会歧视知觉，其对学业表现期望存在显著负向预测（B = −0.590，P < 0.01）。假设 H41a 得到验证。模型3加入调节变量异地高考政策认同，并对社会歧视知觉和异地高考政策认同进行中心化处理，构建二者的交互项。异地高考政策认同对学业表现期望有显著正向预测（B = 0.511，P < 0.01）。假设 H42a 得到验证。模型4表明社会歧视知觉与异地高考政策认同的交互项对学业表现期望存在显著正向预测（B = 0.112，P < 0.01）。同时，自变量社会歧视知觉对因变量学业表现期望的回归系数由 −0.590变成

－0.469，其绝对值减少，说明异地高考政策认同削弱了社会歧视知觉对学业表现期望的负向预测作用。因此，随着异地高考政策认同的提升，社会歧视知觉对学业表现期望的负向影响将减弱。假设H43a 得到验证。

（二）异地高考政策认同在社会歧视知觉与品德表现期望关系上的调节效应检验

表7—3 反映的是异地高考政策认同在社会歧视知觉与品德表现期望关系上的调节效应检验结果，四个阶层的模型解释力分别为0.408、0.663、0.716、0.718，所有变量可以解释因变量71.8%的变异，且通过 F 检验发现，该解释力具有统计学上的意义。

表7—3　　　异地高考政策认同在社会歧视知觉与品德
表现期望关系上的调节作用

	模型 1		模型 2		模型 3		模型 4	
	回归系数	标准误差	回归系数	标准误差	回归系数	标准误差	回归系数	标准误差
（常量）	4.826**	0.347	2.059**	0.274	2.007**	0.333	2.040**	0.336
性别	－0.077	0.098	－0.040	0.076	0.018	0.062	0.023	0.062
户籍流动类型	0.052	0.112	－0.076	0.087	－0.130*	0.070	－0.118*	0.071
居住地人员结构	0.298**	0.067	0.164**	0.053	0.078	0.046	0.075	0.046
现居住城市时间	－0.610**	0.066	－0.196**	0.062	－0.131*	0.050	－0.131*	0.050
社会歧视知觉			－0.589**	0.061	－0.406**	0.058	－0.405**	0.060
异地高考政策认同					0.505**	0.058	0.512**	0.059
社会歧视知觉与异地高考政策认同的交互项							0.093*	0.053
调整后 R²	0.408		0.663		0.716		0.718	
F 值及显著性	136.610**		256.668**		273.322**		266.360**	

注：＊＊表示 P＜0.01，＊表示 P＜0.05。

模型 2 在模型 1 的基础上加入自变量社会歧视知觉，其对品德表现期望存在显著负向预测（B = -0.589，P < 0.01）。假设 H41b 得到验证。模型 3 加入调节变量异地高考政策认同，并对社会歧视知觉和异地高考政策认同进行中心化处理，构建二者的交互项。异地高考政策认同对品德表现期望有显著正向预测（B = 0.505，P < 0.01）。假设 H42b 得到验证。模型 4 表明社会歧视知觉与异地高考政策认同的交互项对品德表现期望存在显著正向预测（B = 0.093，P < 0.05）。同时，自变量社会歧视知觉对因变量品德表现期望的回归系数由 -0.589 变成 -0.405，其绝对值减少，说明异地高考政策认同削弱了社会歧视知觉对品德表现期望的负向预测作用。因此，随着异地高考政策认同的提升，社会歧视知觉对品德表现期望的负向影响将减弱。假设 H43b 得到验证。

（三）异地高考政策认同在社会歧视知觉与人际交往期望关系上的调节效应检验

表 7—4 反映的是异地高考政策认同在社会歧视知觉与人际交往期望关系上的调节效应检验结果，四个阶层的模型解释力分别为 0.406、0.640、0.683、0.687，所有变量可以解释因变量 68.7% 的变异，且通过 F 检验发现，该解释力具有统计学上的意义。

模型 2 在模型 1 的基础上加入自变量社会歧视知觉，其对人际交往期望存在显著负向预测（B = -0.590，P < 0.01）。假设 H41c 得到验证。模型 3 加入调节变量异地高考政策认同，并对社会歧视知觉和异地高考政策认同进行中心化处理，构建二者的交互项。异地高考政策认同对人际交往期望存在正向预测（B = 0.466，P < 0.01）。假设 H42c 得到验证。模型 4 表明社会歧视知觉与异地高考政策认同的交互项对人际交往期望存在显著正向预测（B = 0.069，P < 0.05）。同时，自变量社会歧视知觉对因变量人际交往期望的回归系数由 -0.590 变成 -0.423，其绝对值减少，说明异地高考政策认同削弱了社会歧视知觉对人际交往期望的负向预测作用。因此，随着异地高考政策认同的提升，社会歧视知觉对人际交往期望的负向影响将减弱。假设 H43c 得到验证。

表7—4　　　　　　　　异地高考政策认同在社会歧视知觉与人际
交往期望关系上的调节作用

	模型 1		模型 2		模型 3		模型 4	
	回归系数	标准误差	回归系数	标准误差	回归系数	标准误差	回归系数	标准误差
（常量）	4.995 **	0.404	2.892 **	0.300	2.927 **	0.384	2.905 **	0.388
性别	−0.048	0.114	−0.015	0.083	0.034	0.071	0.042	0.071
户籍流动类型	0.124	0.131	−0.030	0.095	−0.076	0.081	−0.054	0.082
居住地人员结构	0.375 **	0.078	0.129 *	0.058	0.056	0.053	0.050	0.053
现居住城市时间	−0.732 **	0.077	−0.227 **	0.068	−0.172 **	0.057	−0.172 **	0.057
社会歧视知觉			−0.590 **	0.067	−0.422 **	0.068	−0.423 **	0.069
异地高考政策认同					0.466 **	0.067	0.476 **	0.068
社会歧视知觉与异地高考政策认同的交互项							0.069 *	0.061
调整后 R^2	0.406		0.640		0.683		0.687	
F 值及显著性	138.099 **		261.231 **		265.997 **		260.466 **	

注：＊＊表示 P＜0.01，＊表示 P＜0.05。

（四）异地高考政策认同在社会歧视知觉与社会成就期望关系上
的调节效应检验

表7—5 反映的是异地高考政策认同在社会歧视知觉与社会成就
期望关系上的调节效应检验结果，四个阶层的模型解释力分别为
0.369、0.625、0.727、0.729，所有变量可以解释因变量 72.9% 的变
异，且通过 F 检验发现，该解释力具有统计学上的意义。

模型 2 在模型 1 的基础上加入自变量社会歧视知觉，其对社会成
就期望存在显著负向预测（B＝−0.586，P＜0.01）。假设 H41d 得到
验证。模型 3 加入调节变量异地高考政策认同，并对社会歧视知觉和
异地高考政策认同进行中心化处理，构建二者的交互项。异地高考政
策认同对社会成就期望有显著正向预测（B＝0.474，P＜0.01）。假设
H42d 得到验证。模型 4 表明社会歧视知觉与异地高考政策认同的交互

项对社会成就期望存在显著正向预测（B = 0.032，P < 0.05）。同时，自变量社会歧视知觉对因变量社会成就期望的回归系数由 − 0.586 变成 − 0.492，其绝对值减少，说明异地高考政策认同削弱了社会歧视知觉对社会成就期望的负向预测作用。因此，随着异地高考政策认同的提升，社会歧视知觉对社会成就期望的负向影响将减弱。假设 H43d 得到验证。

表 7—5　　　　异地高考政策认同在社会歧视知觉与社会
成就期望关系上的调节作用

	模型 1		模型 2		模型 3		模型 4	
	回归系数	标准误差	回归系数	标准误差	回归系数	标准误差	回归系数	标准误差
（常量）	4.716 **	0.343	2.776 **	0.273	2.827 **	0.355	2.421 **	0.357
性别	− 0.081	0.097	− 0.070	0.076	− 0.012	0.066	− 0.009	0.066
户籍流动类型	0.057	0.111	− 0.036	0.087	− 0.091	0.075	− 0.082	0.075
居住地人员结构	0.268 **	0.066	0.117 **	0.053	0.031	0.049	0.029	0.049
现居住城市时间	− 0.580 **	0.065	− 0.206 **	0.062	− 0.142 *	0.053	− 0.141 *	0.053
社会歧视知觉			− 0.586 **	0.061	− 0.492 **	0.062	− 0.492 **	0.064
异地高考政策认同					0.474 **	0.062	0.478 **	0.063
社会歧视知觉与异地高考政策认同的交互项							0.032 *	0.056
调整后 R²	0.369		0.625		0.727		0.729	
F 值及显著性	132.682 **		220.119 **		220.391 **		218.190 **	

注：＊＊表示 P < 0.01，＊表示 P < 0.05。

第四节　讨论与小结

本章主要关注异地高考政策认同与随迁子女社会歧视知觉、教育期望的关系假设的检验，通过简单相关性对三者间的基本关系进行了分析，在此基础上建立多元线性回归模型，进行回归分析，对变量关系进行了进一步的检验。结果显示：随迁子女社会歧视知觉对

其教育期望存在显著的负向影响，假设 H41a、H41b、H41c、H41d
得到验证。异地高考政策认同对学业表现期望、品德表现期望、人际
交往期望、社会成就期望均存在显著的正向影响，假设 H42a、
H42b、H42c、H42d 得到验证。异地高考政策认同在社会歧视知觉与
教育期望的关系上存在显著调节效应，且异地高考政策的影响力削
弱了社会歧视知觉对其学业表现期望、品德表现期望、人际交往期
望、社会成就期望的负向作用，假设 H43a、H43b、H43c、H43d 得
到验证。

随迁子女社会歧视知觉对其教育期望存在显著的负向影响。这
一研究结论与歧视知觉对随迁子女文化适应、社会融入、心理健康
等研究结果相似。正如刘霞等[①]、范兴华等[②]所言，歧视知觉是因为
随迁子女知觉到由于自己所属的群体身份（如户籍隔离）而受到来
自城市各层面的不公正对待。而教育期望是随迁子女基于自身经验、
教师和父母等重要他人的教育行为以及社会环境所形成的主观认知，
是对努力之后可能实现的某种教育结果的信念和愿望。在目前城乡二
元社会结构以及配套制度仍然强势存在的背景下，随迁子女在日常生
活中很难避免遭受各种显性或隐性的歧视。长此以往，歧视知觉会对
随迁子女的自我价值感产生消极影响，不利于形成良好的教育期望。

异地高考政策认同在社会歧视知觉与教育期望的关系上存在显
著调节效应，且能够削弱社会歧视知觉对教育期望的负向作用。社
会歧视知觉在青少年心理发展过程中的危险本质，提示我们家庭、
学校和社会要加强对其歧视知觉的预防和干预。"率先突破型"省份
异地高考政策认同的调节效应检验结果正如 Garstka 等（2004）[③]、刘

---

①　刘霞、申继亮：《环境因素对流动儿童歧视知觉的影响及群体态度的调节作用》，《心理发展与教育》2010 年第 4 期。

②　范兴华、方晓义、刘杨、蔺秀云、袁晓娇：《流动儿童歧视知觉与社会文化适应：社会支持和社会认同的作用》，《心理学报》2012 年第 5 期。

③　Garstka T. A., Schmitt M. T., Branscombe N. R. & Hummert M. L., How Young and Older Adults Differ in Their Responses to Perceived Age Discrimination. *Psychology and Aging*, 2004, 19 (2): 326 – 335.

霞等①以及郝振和崔丽娟②的研究结果，在社会歧视知觉与结果变量之间存在中介或调节变量，能够缓解歧视知觉的危害作用。本章的数据分析和访谈也验证了社会认同理论、生态系统理论的观点，良好的外部政策环境有助于削弱弱势群体的社会歧视知觉带来的伤害。群体成员资格可变性是影响社会歧视知觉影响效应及内在机制的一个重要调节变量。对于流入城市的随迁子女而言，户籍所决定的"外来人口身份"无疑是最突出的群体成员资格。异地高考政策给了他们改变群体成员资格的机会，能够缓解社会歧视知觉对他们教育期望所产生的不良影响。

---

① 刘霞、赵景欣、申继亮：《歧视知觉对城市流动儿童幸福感的影响：中介机制及归属需要的调节作用》，《心理学报》2013 年第 5 期。

② 郝振、崔丽娟：《受歧视知觉对流动儿童社会融入的影响：中介机制及自尊的调节作用》，《心理发展与教育》2014 年第 2 期。

第八章

结论及建议

第一节　研究结论与作用机制分析

本书选取异地高考政策"率先突破型"省份当中随迁子女较为集中的杭州、宁波、福州、南京、青岛等 11 个城市，分层抽样问卷调查和实地走访了 8—11 年级的 1770 名在校随迁子女。本书以文化再生产理论和生态系统理论为分析框架，采用定量研究为主、定性验证为辅的研究方法，从随迁子女所处微观系统、中观系统、宏观系统等层面对其教育期望形成的影响因素以及异地高考政策认同在此过程中的作用机制进行探讨，得出以下研究结论，为教育政策的社会效应研究提供了新的视角。

一　研究结论

第一，异地高考政策认同的总体状况一般，内部存在一定差异。

随迁子女异地高考政策认同的总体状况一般。究其原因，主要是因为随迁子女及其家庭信息来源相对闭塞、文化水平较低以及教育参与程度不高，这造成了他们对异地高考政策的认知程度相对较低；另外由于各省政策制定者的利益视角不同，对随迁子女参加异地高考的价值判断不同，影响了政策实施对象对政策的公平感受以及对政策的认同程度。

从性别、户籍流动类型、就读学校类型、居住地人员结构、现居住城市时间等方面来看，随迁子女异地高考政策的认同具有显著差异性。男生异地高考政策认同的均值显著低于女生的均值,二者的离散情况差不多;"农村→城镇"户籍流动的随迁子女异地高考政策认同的均值显著低于"城镇→城镇"户籍流动的均值,并且"农村→城镇"户籍流动的随迁子女的均值离散度更大;就读民办学校的随迁子女异地高考政策认同均值显著低于就读公办学校的均值,二者的离散情况差不多;在居住地人员结构方面,居住在"本地人多"的地区的随迁子女异地高考政策认同最高,居住在"差不多"的地区的次之,最后是"外地人多"的地区的随迁子女;在流入地城市居住时间方面,总体而言随迁子女异地高考政策认同随居住年数升高,但是居住时间5—6年与居住时间在7年及以上的样本不存在显著差异。

从访谈内容分析,尽管异地高考政策认同的总体状况一般,但是大多数随迁子女及其家长对异地高考政策的价值认同是正面的。其主要原因是异地高考政策的出现让他们看到了在流入地城市参加异地升学考试的希望,给了他们努力学习的方向和建立良好教育期望的动力。

第二,随迁子女教育期望的总体状况良好,在不同维度上存在一定差异。

总体而言,随迁子女教育期望的总体状况良好。从期望各维度的均值分析,学业表现期望和品德表现期望的均值较高,其次是人际交往期望,社会成就期望的均值最低。从性别、户籍流动类型、居住地人员结构、在现居住城市时间长短等方面来看,随迁子女教育期望具有显著性差异。

随迁子女学业表现期望的均值为3.86,标准差为0.98,处于良好水平。从内部的差异性分析来看,女生的学业表现期望明显高于男生;"城镇→城镇"户籍流动的随迁子女的学业表现期望明显高于"农村→城镇"户籍流动的随迁子女;居住在本地人多社区的随迁子女的学业表现期望最高;但是在流入地城市的时间与学业表现期望呈现倒"U"形的关系。

随迁子女品德表现期望的均值为3.37,标准差为1.02,处于良好水平。从内部的差异性分析来看，女生的品德表现期望明显高于男生；"城镇→城镇"户籍流动的随迁子女的品德表现期望明显高于"农村→城镇"户籍流动的随迁子女；居住在本地人多社区的随迁子女的品德表现期望最高；但是在流入地城市的时间与品德表现期望呈现倒"∪"形的关系。

随迁子女人际交往期望的均值为3.10，标准差为1.19，处于良好水平。从内部的差异性分析来看，女生的人际交往期望明显高于男生；"城镇→城镇"户籍流动的随迁子女的人际交往期望明显高于"农村→城镇"户籍流动的随迁子女；居住在本地人多社区的随迁子女的人际交往期望最高；但是在流入地城市的时间与人际交往期望呈现倒"∪"形的关系。

随迁子女社会成就期望的均值为2.95，标准差为0.99，处于一般水平。从内部的差异性分析来看，不同于其他维度，男生的社会成就期望明显高于女生；但是，"城镇→城镇"户籍流动的随迁子女的社会成就期望明显高于"农村→城镇"户籍流动的随迁子女；居住在本地人多社区的随迁子女的社会成就期望仍然最高；但是在流入地城市的时间与社会成就期望没有显著关系。

第三，在微观个体层面，异地高考政策认同能够增强个体学业成绩对教育期望的正向影响。

异地高考政策认同与个体学业成绩、教育期望的多元线性回归分析结果表明，随迁子女个体学业成绩对其教育期望各维度均存在显著的正向影响；异地高考政策认同对学业表现期望、品德表现期望、社会成就期望三个维度存在显著的正向影响；异地高考政策认同在个体学业成绩与教育期望的关系上存在显著调节效应。随迁子女的学业成绩越好，对自身的教育期望就越大，而且对于当地异地高考政策的接受和认可程度越高，其学业表现期望、品德表现期望和社会成就期望也就越大。同时，在异地高考政策认同的调节作用下，更能接受和认可当地异地高考政策的随迁子女，其个体学业成绩对其教育期望的正向影响就越大；反之，不太能接受和认可当地异地高考政策的随迁子女，其个体学业成绩对其教育期望的正向影响就越小。

第四，在中观家庭层面，异地高考政策认同能够增强家庭社会资本对教育期望的正向影响。

随迁子女异地高考政策认同与家庭社会资本、教育期望的多元线性回归分析结果表明，随迁子女家庭社会资本对其教育期望各维度均存在显著的正向影响；异地高考政策认同对学业表现期望、品德表现期望、社会成就期望三个维度存在显著的正向影响；异地高考政策认同在家庭社会资本与教育期望的关系上存在显著调节效应。随迁子女家庭社会资本水平越高，其教育期望就越大，而且对于当地异地高考政策接受和认可程度越高，其学业表现期望、品德表现期望和社会成就期望就越大。同时，在异地高考政策认同的调节作用下，更能接受和认可当地异地高考政策的随迁子女，其家庭社会资本对其教育期望的正向影响就越大。反之，不太能接受和认可当地异地高考政策的随迁子女，其家庭社会资本对其教育期望的正向影响就越小。

第五，在中观学校层面，异地高考政策认同能够部分削弱学校阶层隔离对教育期望部分维度的负向影响。

随迁子女异地高考政策认同与学校阶层隔离、教育期望的多元线性回归分析结果表明，随迁子女学校阶层隔离对其教育期望各维度存在显著的负向影响；异地高考政策认同对学业表现期望、品德表现期望、人际交往期望、社会成就期望等各维度均存在显著的正向影响；异地高考政策认同削弱了学校阶层隔离对随迁子女教育期望部分维度的负向影响。学校阶层隔离程度越高，随迁子女教育期望就越小，但当地异地高考政策接受和认可程度越高，其学业表现期望、品德表现期望、人际交往期望和社会成就期望就越大。同时，在异地高考政策认同的调节作用下，更能接受和认可当地异地高考政策的随迁子女，学校阶层隔离对其教育期望的负向影响就越小。反之，不太能接受和认可当地异地高考政策的随迁子女，学校阶层隔离对其教育期望的负向影响就越大。

第六，在宏观社会层面，异地高考政策认同能够削弱社会歧视知觉对教育期望的负向影响。

异地高考政策认同与社会歧视知觉、教育期望的多元线性回归分析结果表明：随迁子女社会歧视知觉对其教育期望各维度存在显著的负向影响；异地高考政策认同对学业表现期望、品德表现期望、人际交往期望、社会成就期望等各维度均存在显著的正向影响；异地高考政策认同削弱了随迁子女社会歧视知觉对其教育期望部分维度的负向影响。随迁子女社会歧视知觉越高，其教育期望就越小，但当地异地高考政策接受和认可程度越高，其学业表现期望、品德表现期望、人际交往期望和社会成就期望就越大。同时，在异地高考政策认同的调节作用下，更能接受和认可当地异地高考政策的随迁子女，社会歧视知觉对其教育期望的负向影响就越小。反之，不太能接受和认可当地异地高考政策的随迁子女，社会歧视知觉对其教育期望的负向影响就越大。

二　异地高考政策认同对其教育期望影响的机制分析

（一）"户籍融合"的制度机制

美国经济学家道格拉斯·诺思（Douglass C. North）在其著名的《制度、制度变迁与经济绩效》专著中提出，"制度通常就是一系列被制定出来的规则、秩序和道德、伦理规范，旨在约束社会主体追求利益或效用最大化的行为。实质上是人为设定的一整套的社会游戏规则，决定着人们相互关系的一系列制约。"① 而由制度产生的社会排斥现象，目前广泛存在于人类世界各个角落。它甚至是国家基本制度安排的一部分，由法律、宗教或传统产生的正式或非正式的系统，被国家、区域或某些组织用来管理民众、分配资源。正是因为这些排斥是由制度带来的，因此往往具有稳定性、持续性和系统性，而不是随意产生或者消亡的。正是这些貌似合法的排斥性制度和政策往往进一步造成社会弱势群体陷入上升机会不足、生存资源匮乏的

---

① ［美］道格拉斯·诺思：《制度、制度变迁与经济绩效》，刘守英译，上海三联书店1994年版，第68页。

边缘化境地。

国内外众多学者认为中国的户籍制度、美国的移民制度，及由它们衍生出来的"户籍区隔"的福利制度、教育制度、就业制度、升学制度等，将进城务工人员及其随迁子女、无身份移民及其子女等弱势群体，排斥于流入地主流社会之外，"合法"地剥夺了他们平等参与社会流动和资源获取的权利。历史上，户籍制度是与土地直接联系的，以宗族、家族和家庭为本位的人口管理方式，并据以征调赋税、劳役和征集兵员以及区分人户职业和等级的重要制度。中国也是世界上最早进行人口调查并实行一套严密户籍管理制度的国家。新中国户籍制度最早可追溯到 1950 年《城市户口管理暂行条例》。这一时期户籍制度的主要功能是着眼于社会管理，尚未涉及社会福利。1955 年的《关于建立经常户口登记制度的指示》，户口登记开始出现城市、集镇、乡村等类型。1958 年的《中华人民共和国户口登记条例》，标志着"粘附经济利益和社会福利，并禁止自由迁移"的户籍制度全面形成。[①] 这一户籍制度的形成逻辑根源在于计划经济体制下重工业优先发展与国家的整体赶超战略。进入 20 世纪 80 年代，国内乡镇企业的大力发展急需大规模的廉价劳动力，户籍制度开始放松了对人口"自由迁移"的强制性约束。1994 年，户籍制度开始出现"农业"与"非农业"户口，并建立"常住""暂住"与"寄住"的户口登记制度。但是户籍制度并未从根本上消除"捆绑"的社会福利与经济利益，户口的"城乡利益差异"甚至有被继续强化的趋势。中央和地方、城镇和乡村在户籍制度上的利益博弈，创造出了一个为推动我国经济快速增长的廉价劳动力群体——进城农民工。旧有的户籍制度不但抑制了我国新型城镇化的进程，加剧了城乡发展的失衡，而且农村廉价劳动力的边际效应也日趋递减。正是由于户籍制度的社会成本开始超越劳动力迁移、利益固化所带来的社会收益，户籍制度在 21 世纪初又开始了新一轮的改革。2001 年，《关

---

① 陆益龙：《1949 年后中国的户籍制度》，《北京大学学报》（哲学社会科学版）2002 年第 3 期。

于推进小城镇户籍管理制度改革的意见》，开始了小城镇全面向拥有固定住所和合法收入的外来人口放开户口。《关于 2010 年深化经济体制改革重点工作的意见》，强调加快落实中小城市、小城镇的落户政策，并首次提出要在全国范围内实行居住证制度。2014 年，《关于进一步推进户籍制度改革的意见》，宣告实行了半个多世纪的"农业"和"非农业"二元户籍管理模式将退出历史舞台。2017 年，户籍制度重点推进农业转移人口市民化、加快实施居住证制度等"三项制度"。

目前，很多省份仍然实行的是一种集体性限制城乡劳动力转移和社会融入的"户籍区隔"，也被国内外学术界形象地称为"户籍墙"。显性户籍墙是一种元制度或"原生墙"，是指建立在城乡严重对立基础之上的户籍制度，表现为对城乡人口流动的抑制。而"隐性户籍墙"是一种派生墙，即在显性户籍墙的基础上，对不同户籍身份歧视、权利剥夺的引申性制度，表现为对进城务工人员社会融入的抑制。[①] 各地正在推进的户籍制度改革，尽管已经帮助部分进城务工人员穿越了"原生墙"，但是仍然难以穿越"隐性户籍墙"，其中一个现象就是随迁子女难以企及的异地升学门槛。

长期以来，我国的高考始终是与户籍紧密捆绑在一起的，实行"高考户籍区隔制度"。这也是目前中国高考制度区别于世界其他国家高校招考制度的一个最显著特征。如果继续执行"高考户籍区隔"制度，随迁子女必须返回户籍地报名，参加户籍地省份高考。可问题的关键还在于，很多随迁子女本身就出生在城市，已经是"城市化"或"半城市化"，难以适应户籍地的生活学习。另一方面，各省的高考大纲不同、教材教法不同，难以适应户籍地的升学体系。因此，很多随迁子女在初中学习之后选择中断学业留在城市自谋出路，从事社会最底层的工作，工作环境差、待遇无保障。因此，户籍制度"两堵墙"，其实际上是限制了进城务工人员下一代的人力资本积累

---

① 刘传江、程建林：《双重"户籍墙"对农民工市民化的影响研究》，《经济学家》2009年第10期。

速度和方式。基于户籍制度的高考政策不改变，势必造成大量随迁子女难以获得异地升学的机会，难以提升自身的人力资本水平，陷入"低教育期望—低教育获得—低人力资本"的恶性循环之中。王奕俊和吕栋翔对 CFPS 数据 954 个流动人口样本分析发现，高等教育是关键的自致性因素，对职业价值具有显著影响，同时具有弥合城乡户籍鸿沟、打破阶层锁定、促进社会流动、提升社会地位之功效。[①] 因此，"率先突破型"省份实施异地高考开放政策，不再以"是否具有当地户籍"作为高考报名的限制条件，其实质是一种有助于形成"城乡户籍融合"的制度机制，不仅促进了广大随迁子女从心理、角色、生活和学习等方面实现真正的"城市化"转变，更重要的是为他们的社会流动提供了动力，促进其建立良好的教育期望。

（二）"以考促学"的文化机制

孙秋云在《文化人类学教程》中提出文化从广义而言，是指人类所特有的，区别于其他物种的东西，例如言语、知识、习惯、思想、信念、艺术、技术、规则、利益等，而狭义的文化，则指的是一个社会因适应所处的自然和历史环境需要，追求生活安定、繁衍生息所发展出来的一整套独特的生活方式。[②] 因此，不同的自然或社会环境会造就不同的文化类型。西方人类学家认为"每个人出生后，先在家庭和社区习得该群体的传统语言与文化"。例如，法国学者布迪厄就提出：工人阶级和中产阶级的子女从家庭或社区中获得的文化资本相去甚远，他们在正式进入学校教育体系之前，已经在文化的品位、规则的认同、教育的期望乃至行为的习惯上都出现了较大程度的分化。因此，造成了拥有较多数量和形式文化资本的子女更加容易理解学校传授的课程内容，更容易与同辈群体互动、更懂得利用学校资源争取自身利益。这些拥有更高文化资本的群体往往能通过"学校教育"这一环节，形成更高的教育期望，转化为更高的

[①] 王奕俊、吕栋翔：《新型城镇化进程中教育对农业转移人口外在职业价值影响的实证分析——基于 CFPS 数据的分析》，《教育发展研究》2018 年第 3 期。

[②] 孙秋云：《文化人类学教程》，民族出版社 2004 年版，第 24 页。

学业成就。美国学者保罗·迪马乔（Paul DiMaggio）提出文化流动理论，[①] 认为学校对个体的社会化的重要性不可低估，非精英阶层子女能够在学校中习得文化资本，从而能够部分抵消家庭文化资本的不足。

城乡层面也表现出显著的文化差异。学者滕尼斯用"Gemein-schaft"和"Gesellschaft"、雷德菲尔德用"Folk"和"Urban"、费孝通先生用"礼俗社会"和"法理社会"来表达城乡文化的区别。这些表明城乡在价值观、思维方式、生活方式等诸多文化方面存在差异。在目前的城镇化进程中，存在一种文化"刻板印象"，即城里人把自身塑造成为高级文化或主流文化，而把处于弱势地位的进城务工人员或农村人视为低级文化或非主流文化。随迁子女要想真正融入城市主流文化，就必须接受学校教育，来习得城市社会规范，完成在城市的社会化和再社会化过程。城市文化是城市生活阶段的产物，是人类在城市中创造的物质财富和精神财富的总和，是城市的人格化表现，是人类生活的空间化表述。它通常包括物质文化层面，如城市建筑、历史遗迹、街区风貌等；生活与行为方式层面，如市民生活、消费习惯、生产方式等；管理与制度文化层面，如社会组织、规章制度、政府部门等；以及心理观念文化层面，如宗教信仰、行为准则、文化艺术等。[②] 而乡村文化是在特有的自然环境和生产力水平低下的条件下形成的以农耕文明为基础，以家族文化为核心，以乡土本色为主要特征的，具有积淀和传承机制的相对稳定的文化综合体。[③] 乡村文化往往内敛为乡民的情感心理、思想观念、生活情趣、处世态度、人生追求和行为习惯，外显为民风民俗、典章制度和生活器物，是乡民生活世界的重要组成部分，也是乡民安身立命的价值

① DiMaggio P. & John M., Cultural Capital, Educational Attainment, and Marital Selection. *American Journal of Sociology*, 1985, 90 (6): 1231 – 1261.

② 江波：《文化支持：农民工子女融入城市文化的研究》，苏州大学出版社 2012 年版，第 12—13 页。

③ 张中文：《我国乡村文化传统的形成、解构与现代复兴问题》，《理论导刊》2010 年第 1 期，第 31—33 页。

和意义所在。

乡村文化和城市文化的差异首先体现在物质层面：城市往往是高楼耸立、人口密集、交通便利、配套齐全和物质丰富；很多农村则是独门独户、人口稀少、交通不便、配套不全以及物质尤其是工业产品相对缺乏。其次体现在人们的行为方式层面：城市往往具有多元性、开放性和新异性等特性，城市居民讲求效率、追求利益，且异质性高，是一个以理性和算计为基础的生人社会，行为方式的调节更多地依赖"法治"；乡村社会是一个人际关系以差序格局为基础的熟人社会，行为方式的调节更多地依赖"礼治"。[①] 再次体现在制度层面：从20世纪50年代开始，在强调"城市—工业""农村—农业"的政策导向下，形成了一系列城乡隔离的制度，如户籍制度、劳动就业制度、医疗保障制度和养老制度等。这些制度的差异使得居民和农民形成了两种身份、两种待遇。最后体现在心理层面：城市社会往往个体意识强烈，对宗族和地缘的观念淡漠，人际关系松散，社会分化程度高，心理特质一般呈现理性和隐忍；农村社会中个体意识相对较弱，对血缘关系、地缘关系更为重视，凸显家族本位，心理特质往往呈现感性和外显。约翰·贝瑞（John Berry）等1999年就明确指出国内移民也会面临文化适应问题，这一过程和国际移民的文化适应过程存在很多相似性。[②] 国内随迁子女虽然只是在国内进行迁移，但是城市与乡村之间的社会组织方式、社会分化程度以及生活方式等方面存在截然不同的文化特质，随迁子女进城不只是地理位置上的移民，也是现代化意义上的"文化适应"。尽管如此，洪岩璧和赵延东研究认为农村学生的教养理念与其他精英阶层并无本质差异。恰恰相反，他们向上流动的意愿更加强烈。只要他们能有升学考试

---

① 费孝通：《乡土中国　生育制度》，北京大学出版社1998年版，第83页。

② Berry J. W. & Sabatier C., Acculturation, Discrimination, and Adaptation among Second Generation Immigrant Youth in Montreal and Paris. *International Journal of Intercultural Relations*, 2010, 34 (3): 191 – 207.

机会，就更容易形成良好的教育期望，在学校中的学习更加努力。①

回顾中国传统文化，始终存在着"读书基因"。"书中自有千钟粟，书中自有黄金屋，书中自有颜如玉""朝为田舍郎，暮登天子堂""春风得意马蹄疾，一日看尽长安花""望子成龙，望女成凤"，这些教育和科举文化传统始终是中华民族的主流文化。在古代科举考试时期，尤其是北宋以来，在全国范围之内宣扬"万般皆下品，唯有读书高"的文化，并且采用"糊名""誊抄"，增设"殿试"的措施，甚至连科举路费都由国家承担，建立了欧阳修所称的"比于前世，最号至公"的教育制度。② 因此，北宋之后的"科举"不仅打破了"上品无寒门，下品无世族"的等级隔离，使平民百姓有机会进入社会上层，更重要的是鼓励了中华大地广大士子"披星戴月""悬梁刺股"之读书势头，其功劳远胜于十万督学之力。科举具有文化传承、文化熏陶和文化塑造的功能，是中国古代的文化盛宴和精神图腾，推动了社会的良性流动。③ 鉴古可以知今，寒门学子依靠自身奋斗获得社会上升的教育制度途径，可以为当今的各类考试改革，尤其是为高考改革提供参考借鉴。1977 年国家恢复高考以后，每年都有数百万青年学子参加高考，而且数量每年持续增加。可见，无论古今，选拔性考试具有强大的"以考促学"功能，成为调动千百万青年学习积极性、提升全体国民整体文化素养、传承和发扬中华优秀文化的最实际、最强大的动力。正如梁启超在《官制与官规》中所言：自此法行，我国民不待劝而竞于学。"率先突破型"省份实施异地高考开放政策无疑为广大随迁子女努力向学提供了"以考促学"的文化机制，促进其建立良好的教育期望。

（三）"正义原则"的补偿机制

有关分配领域的"正义"问题，亚里士多德早在两千多年前就

---

① 洪岩璧、赵延东：《从资本到惯习：中国城市家庭教育模式的阶层分化》，《社会学研究》2014 年第 4 期。

② 欧阳修：《欧阳修全集》，中国书店出版社 1986 年版，第 894 页。

③ 边新灿：《从精神图腾回归教育家园——大规模选拔考试的文化功能和高考改革的文化动因》，《浙江社会科学》2016 年第 11 期。

有了经典的论述，即"对相同者采取均等的对待和对不相同者采取不均等的对待是正义的"。该论述透露了一种差别对待的原则，而这一原则的集大成者则是美国著名的哲学和伦理学家约翰·罗尔斯（John B. Rawls）。[①] 他在《正义论》中提出在"原始状态"和"无知之幕"的提前假设下，两个解决社会不同阶层群体之间利益冲突的正义原则：第一个原则："每个人对最广泛的基本自由均应拥有与其他人相应的均等权利"，即平等自由原则；第二个原则：社会和经济的不均等应该这样安排，使它们（1）"适合于最少受惠者的最大利益"，即（差别原则）；（2）"依系于在机会公平平等的条件下，职务和地位向所有人开放"，即（机会的公平均等原则）。[②] 在罗尔斯看来，差别原则既要求符合每个人的利益，满足效率原则，又规定效率原则下的不平等分配必须以满足弱者的利益为前提，两者结合才是"民主的平等制度"。

放眼世界，我们不难发现，很多国家的教育制度在不同阶段运用或体现了罗尔斯的两个正义原则。在义务教育阶段，体现了罗尔斯的第一个平等自由原则，即义务教育是每个人基本的政治权利和自由，所有人在接受义务教育时都被要求均等对待。在义务教育后阶段，体现了罗尔斯的第二个平等自由原则，即该阶段受到教育市场的调控，应该是机会的公平均等原则和差别原则。根据国内诸多学者和本课题组的调研，部分社会经济文化处于更加弱势的义务教育阶段随迁子女就读于民工子弟学校，而进入城市公办学校的随迁子女却难以分享城市优质教育资源，正义的第一原则并没有体现出来。接受义务教育后，绝大多数随迁子女被迫回到户籍地参加升学考试。这一做法非但没有体现机会的公平均等原则，更无从谈"差别原则"。罗尔斯所主张的差别原则虽然不能完全等同于补偿原则，但是可以理解为在分配教育资源的时候需要满足处于最不利环境群

---

① 钟景迅、曾荣光：《从分配正义到关系正义——西方教育公平探讨的新视角》，《清华大学教育研究》2009年第5期。

② ［美］约翰·罗尔斯：《正义论》，何怀宏、何包钢、廖申白译，中国社会科学出版社2001年版，第67页。

体的长期期望。

西方国家对弱势群体的教育补偿机制，一般有两种途径。一是教育补偿项目，试图纠正那些因社会环境、历史原因造成在教育上处境不利的孩子，例如偏远地区适龄儿童。二是提供比其他正常子女更加优惠的补偿条件，旨在照顾弱势家庭子女。20 世纪中叶，美国实施了教育"肯定性行动"，以照顾少数族裔和其他弱势群体。政策的理论假设就是少数族裔和其他弱势群体在美国的现代化进程中长期处于不利地位，在高等资源仍然有限的情况下，国家政策应该对他们进行适当的倾斜。在罗尔斯看来，这无疑是正义的做法，必须对他们进行补偿，体现了正义的差别原则。乔治·W. 布什在就任美国总统的第三天，就向国会提交了《不让一个孩子掉队》（*No Child Left Behind Act*，NCLB）的教育改革议案。法案实施若干年后，越来越多的学生达到了更高的学业标准，尤其是少数族群、弱势群体的学生取得了很大的进步。2015 年，时任美国总统奥巴马签署了《让每一个学生成功法》（*Every Student Succeeds Act*，ESSA）。该法案取得了可喜的成绩，美国高中毕业率创历史新高，辍学率实现历史最低，同时使得黑人和拉美裔学生的高等教育文凭获得率大幅度提升。教育的补偿机制旨在追求教育机会均等，实现教育公平。横向分析，包括不同区域间、民族间、阶层间的教育机会均等；纵向分析，包括义务教育、中等教育、高等教育的教育机会均等。根据西方发达国家的经验，建立健全针对目前随迁子女等弱势群体的教育补偿机制，是保障我国教育均衡发展的首要问题。张锦华从人力资本的外部性理论出发，认为国内教育差距随着经济和教育投资的不同增长路径越来越大，弱势群体有陷入"低发展陷阱"的危险，社会急需构建针对弱势群体的风险性补偿机制。[①] 异地高考政策正属于教育补偿机制的一部分，有助于实现不同阶层之间高等教育的机会均等。

在古代科举时期，由开始阶段单纯地追求考试公平，随后逐渐

---

① 张锦华：《教育溢出、教育贫困与教育补偿——外部性视角下弱势家庭和弱势地区的教育补偿机制研究》，《教育研究》2008 年第 7 期。

演化为注重考试公平的同时，兼顾人才选拔的区域公平。较为突出的事件是北宋英宗治平三年（1066 年），欧阳修提出的"凭才取人"与司马光提出的"分区取人"之争。按户口多寡比例核定推荐人数和分地域录取是平等视角的做法，按"文风高下"照顾边疆和文化相对落后地区是正义视角的做法。例如，清代为安抚孤悬海外的台湾，乾隆以后规定在福建省名额内专门编出"台"字号。如果台湾籍会试举人在 10 名以上，就至少取 1 名进士。这种优待办法就是一种"补偿正义"，使台湾士子欢欣鼓舞，更加热衷于渡海参加乡、会考试，增加了台湾读书人对中央政府的向心力，有利于国家的统一和民族凝聚力。[①] 当前社会背景下随迁子女可以说是城市儿童中最不利的群体之一。他们理应在获得公平机会的基础上，获得一定的补偿。如果这个社会连基本的入学考试公平机会都难以保障，更何谈差异性补偿？格维尔茨（Gewirtz S.）曾指出"社会公平、正义应该真正落实到关心每个人在社会中应该如何被我们认为是好的方式来对待。"[②] 也正因此，我国目前有越来越多的随迁子女进入城市公办学校学习。但是义务教育结束后，他们将如何获得更加公平正义的对待？我们整个社会仍然还有很多需要改进的领域。"率先突破型"省份实施异地高考开放政策无疑为广大随迁子女教育公平提供了有效的补偿机制，促进其建立良好的教育期望。

第二节 异地高考政策的建议与对策

虽然异地高考政策已经走进进城务工人员家庭的视野，多地都在有条不紊地实施异地高考政策，但是网络上多项相关民意调查显示，异地高考政策的真正落实还有很多联动工作需要开展和配合。很多政策制定和执行部门并没有真正认识到政策对于如此大规模数

----

① 刘海峰：《科举研究与高考改革》，《厦门大学学报》（哲学社会科学版）2007 年第 9 期。

② Gewirtz S., *Rethinking Social Justice: A Conceptual Analgsis in Sociogy of Eddcation Today*, Editedy by J. Demaine. New York: Palgrave, 2001: 49−64.

量随迁子女教育获得、人力资本积累以及阻断"贫困代际传递"的重要性。本书发现异地高考政策的出台和实施，在一定程度上增强了随迁子女个体学业成绩、家庭社会资本对其教育期望的正向促进作用，并且缓解了学校阶层分割、社会歧视知觉对教育期望的负面影响。同时，研究认为异地高考政策认同对随迁子女良好教育期望的形成具有"户籍融合"的制度机制、"以考促学"的文化机制以及"正义原则"的补偿机制。由此可见，异地高考政策是一项势在必行的"善政"。然而，想要"善政"达到理想的效果，还需要"善为"。

任何一项政策都有其内在价值逻辑和外在制度逻辑。前者反映了国家的抱负和价值目标，后者体现了政策的制度环境和实践可能。异地高考政策之所以难以在全国范围内真正深入落实，难以惠及广大随迁子女，主要存在三个层面的因素。最核心层面因素是现行户籍制度以及由此衍生的一系列管理制度，如高考招生录取制度、教育经费拨款制度等，作为宏观社会因素阻碍了随迁子女享受平等受教育权；中间层面因素是随迁子女及其家庭社会资本所形成的话语体系上的弱势，减少了他们积极争取异地高考权益的机会；外在层面因素是当地政府与当地学生家长所联合的既得利益集团对随迁子女参加异地高考的抵制。三个层面的因素相互作用、相互影响、相互渗透，极大地阻碍了政策的顺利实施。

一 消除阻碍异地高考的制度性因素

目前，异地高考政策之所以在全国范围内难以大范围深入推广，其根本原因在于多方面制度性因素的持续阻碍。

第一，继续深化改革最关键体制性因素——户籍制度。城乡二元的户籍制度在很长一段时间内对于稳定国家局势产生了积极的作用，但是随着我国城镇化进程的不断推进，城乡融合日益深入，这种制度所带来的负面影响也越来越多地显现出来。《中华人民共和国教育法》中规定"公民不分民族、种族、性别、职业、财产状况、宗教信仰等，依法享有平等的受教育机会"。《中华人民共和国义务教育法》规定"父母或者其他法定监护人在非户籍所在地工作或者居住的适龄儿童、少年，在其父母或者其他法定监护人工作或者居住地接受义务教育的，当地人民政府应当为其提供平等接受义务教育的条件"。因此就随迁子女而言，户籍制度限制了他们在流入地城市参加中高考和享受平等教育的权利，其实质是违背了关于享受平等受教育机会的规定。2014年国务院发布的《关于进一步推进户籍制度改革的意见》，对户口迁移政策做了适当调整，不仅合理确定了大城市的落户条件，还对户口迁移中的重点问题提出了解决思路。党的十八届三中全会进一步提出了全面放开小城市落户限制，有序放开中等城市落户限制等，为户籍制度的改革指明了方向。因此，要继续认真贯彻落实改革意见，不以户籍制度作为"社会屏障"，消除"城里人"和"乡下人"的身份之别。宋映泉等认为城市以"以教控人"的想法是错误而且短视的，不尊重流动人口追求自由和幸福的基本权利。[①] 从新政治经济学的理论逻辑来看，户籍制度改革远非取消"农业—非农业"的称谓或是"放开城市户口、实现人口自由迁移"那样简单，而是需要从公平、正义的逻辑出发重组户籍制度背后的利益格局与权利配置。同时，发挥政策"率先突破型"省份的引领和示范效应。其他地方政府及相关部门多与这些省份进行交流和学习，进一步完善相关的政策措施，逐步推进居住证持有人享有与居住地居民相同的基本公共服务，在随迁子女入学、升学考试等方面给予其平等待遇，缓解他们自身家庭资本不足、学校阶层隔离等不良因素对教育期望的负面作用。

第二，进一步完善高校招生录取制度。《国家中长期教育改革和发展规划纲要（2010—2020年）》中关于推进考试招生制度改革，"要求我们克服一考定终身的弊端，学校依法自主招生，学生多次选择，逐步形成分类考试、综合评价、多元录取的考试招生制度。"我国目前高校招生仍然实行按计划分省集中的模式，即高校在不同的省份、按不同的专业分配不同的招生名额。这种录取模式是在1977

---

① 宋映泉、曾育彪、张林秀：《打工子弟学校学生初中后流向哪里？——基于北京市1866名流动儿童学生长期跟踪调研数据的实证分析》，《教育经济评论》2017年第3期。

年恢复高考时确立的，在当时的状况下具有一定的合理性，有利于高考秩序的稳定。但随着社会的不断发展，这一制度所带来的弊端也越来越明显，造成了不同地区之间的录取名额相差悬殊。像北京、上海等地，其高等教育资源优质且集中，之所以特别强烈地抵制随迁子女异地高考政策，就是出于当地考生的利益考量，担心流入人口逐步增多，稀释原有的录取比例。"985""211"等高校的招生比例分配问题也成为社会争议的焦点。基于上述问题，我国较多学者提出了自己的见解。中央部属高校要求实行根据各省市区的实际报考人数确定招生指标；对于省属地方高校，可以根据毕业生就业所需和当地产业需求，把更多的名额留给当地考生；对于高职高专，可以逐步实行不限户籍的招生录取。总之，解决的基本思路是逐步调整高考录取政策，改革计划分配制度，根据各地实际报名情况适当调整所在地域的招生录取比例，逐步探索减小各省录取比例差距的办法，尤其是优质高等教育资源的分配比例。把目前以"户籍＋学籍"的高考报名条件，调整为"常住证＋学籍"或者"多年纳税证明＋学籍"的高考报名条件，以突出学籍的要求，这样既可以有效杜绝高考移民，也可以让真正长期在流入地生活和学习的随迁子女参加升学考试。从目前各地公布的异地高考方案来看，"率先突破型"省份对户籍均没有做出要求，但是要求具有"完整的高中学籍"；而对于争议最大的北京和上海，出台的政策基本都属于过渡方案。其中上海要求达到一定的积分，虽然对随迁子女家庭而言积分难以达到，但比起户籍的要求稍有一定的进步。

第三，健全教育经费的拨款制度。"异地高考"问题的解决需要教育总经费的增加。从发达国家对教育经费的投入情况来看，早在2003年西方发达国家的教育经费占国内生产总值的比重已经超过了6%，美国甚至达到了7.5%，而我国目前的教育总经费的投入还远远落后于发达国家和部分发展中国家，虽然在2012年年底终于实现了财政性教育支出占国内生产总值4%的目标，但是仍低于世界平均水平。因此，我国还需要对新增的教育经费进行合理的分配。从解决"异地高考"问题的角度来看，我们需要对接收随迁子女流入较多的地区给予更多的教育经费支持和补偿，在一定程度上缓解流入地政府的财政压力。在流入地城市建立更多的校舍，配置更多的教育资源，以更好地实现随迁子女在流入地接受义务教育并且参加升学考试的目标。我们可以借鉴美国的"教育券"方式，随迁子女可以把教育经费以券的形式直接带到流入地城市，流入地城市的学校接受一个随迁子女，就获得一份教育经费。此外，还必须转变现行的教育经费投入机制，建立教育经费分级分担机制，设立中央和省级的流动人口教育专项经费，实行教育经费的"双主体模式"，避免出现高中收取借读费或赞助费的现象。

二 协调异地高考利益相关群际的博弈

异地高考所涉及的政策网络中的利益相关者主要包括了中央政府、地方政府、本地子女及其家庭、随迁子女及其家庭等。异地高考政策在制定和执行过程中，不可避免地会涉及上述利益群体的冲突，通过何种手段取得各个利益相关者都能接受的内容和方式，是顺利实施异地高考政策的重要保障。

第一，厘清中央政府和地方政府的权责分配。随迁子女在异地参加高考是一个跨行政区域，既综合又多层的政策性问题，是对现行户籍制度、教育管理制度、社会服务体系等一系列制度的调整、优化，甚至是革新或重塑的过程。在异地高考政策网络中，中央政府占据政策网络的核心位置，是政策的规划者和制定者，而地方政府在异地高考问题上则表现得不够积极主动，较多地选择在中央政府做出指示以后再展开行动。地方政府如何表现得更为积极，首先中央政府需要承担解决异地高考问题的重任，国家层面的政策设计以及各省市区行动要能够相互配合。其次，各省出台异地高考政策必须以当地即将参加高考的随迁子女大数据为基础，但相关数据统计目前尚未在任何教育统计文件中披露，仅对中小学生建立全国统一的学籍信息管理或在教育事业统计报表中增加"随迁子女"这一统计指标，这样虽然在一定程度上把握了随迁子女的数量信息，但是随迁子女家庭状况及流动信息也应当得到统计和监测。与此同时，地方政府在执行异地高考政策时，要实地调查，切实做好随迁子女的统计工作，并及时调整异地高考的具体方案。

第二，增加随迁子女等弱势群体话语权。通过调研可知，教育政策的认同度主要取决于政策内容和执行程序的合理、公平和正义。在异地高考政策网络中，随迁子女及其家庭是异地高考问题形成的重要群体，是异地高考改革方案落地的直接受益者。可是，他们在资源占有情况上明显处于弱势地位，缺乏组织化特征和利益代言人，他们的声音难以在政府政策中得到体现。因此，地方政府及有关教育部门应该为弱势利益主体提供表达的专用通道，通过与弱势群体的对话来关注和采纳他们的意见和建议。在异地高考相关制度的制定和执行过程中，设计各利益群体的表达环节，保障决策的公开性和民主化。此外，要开展试点调查工作，可以与流动人口检测等相关部门开展合作，到随迁家庭较为集中的区域有针对性地咨询随迁子女及其家长对异地高考方案的意见和想法。在异地高考政策执行过程中所遇到的难题和问题要积极向中央政府进行汇报，并与政策"率先突破型"省份展开更多的沟通与交流，相互吸取经验，确保随迁子女在迁入地和原居住地的信息对称。

第三，整合本地子女和随迁子女两大群体的利益诉求。随迁子女及其家庭希望自己在迁入地就能够享受到异地高考资源，而本地子女及其家庭希望自己现有高考资源不被分割。如何调和这两类利益群体的矛盾和冲突，促使双方博弈达到均衡状态，是制定和完善随迁子女异地高考政策的重要思路。首先，彼此适当折中，异地高考政策的设计需要充分考虑本地子女和随迁子女两大阵营的利益，并进行整合和协调。可以在对随迁子女与当地子女的高考教育资源分配中进行适当折中，允许当地子女高考录取分数适当低于随迁子女在当地参加高考时的录取分数，从而作为当地子女教育资源竞争冲突的补偿；也可以结合随迁子女迁入地的教育资源的容纳度和发展速度有步骤、有秩序、有条件地放宽政策要求。其次，公平参与。在异地高考政策的执行方案设计中，可以选派本地子女或随迁子女利益代表参与设计过程，从公平参与开始，保证制度的公平。最后，正确引导。虽然本地子女和随迁子女在异地高考问题上存在教育资源分配等利益的博弈，但是这种对立双方都包含着追求教育公平的初衷，因此要正确引导双方去转变看待这一问题的视角，合理引导和协调两大利益团体，促进双方通力合作。

三 完善异地高考政策执行的配套措施

第一，合理制定异地高考的准入条件。由于各地随迁子女及高考环境的巨大差异，"一刀切"式的政策确实不是明智之举。从目前执行异地高考政策的各省市区的准入条件来看，主要对随迁子女的学籍户籍、家长的户籍职业有要求。其中，北京、上海、广东、天津的异地高考准入门槛最高，新疆、贵州、云南等教育基础薄弱的中西部地区准入门槛也比较高；只有安徽、山东、福建、江西的异地高考方案仅对随迁子女的学籍做了相应要求。由此可见，异地高考政策的门槛不仅由随迁子女决定，还受到其父母的限制。这也造成一部分随迁子女因为父母的条件不合格而未能享受异地高考的权益。此外，在部分门槛要求的表述和说明上不够清晰明了，相关规定也相当模糊。例如"合法稳定职业"，如何界定这一概念，并没有出具相应的权威解释。异地高考政策的准入条件除了考虑城市教育资源承受力，也要政策公平正义的价值观。首先，门槛的设计应该考虑各利益群体的博弈，尤其是本地子女与随迁子女的利益博弈。方案敲定之初需要进行充分的调研，了解双方家长及其子女的想法和建议；其次，异地高考政策及其方案在制定上就需要保障各方的教育公平，预防出现新的投机和腐败；最后，在政策价值上要体现出对弱势群体的补偿性原则，发挥教育政策对阻断"贫困代际传递"的重要作用。

第二，优化随迁子女教育资源配置。目前国内随迁子女主要就读于迁入地的公办学校和部分民办学校。各级政府需要积极鼓励公办学校挖掘潜力，接受更多的随迁子女，同时核定学校的教职工编制，配齐配足教师。加强对民办学校的扶持，健全对民办学校的公共财政保障机制，重组并改造民办公助性质的学校，专门接收随迁子女，并加强教研指导、开展教师培训等以提高教学质量。另外，在同一个公办学校，由于不同的户籍、文化基础、生活方式等造成了当地学生与随迁子女的"正式成员"与"非正式成员"的关系。学校每一位教师都应该关注随迁子女的"关系正义"，不能因为他们起点低、基础差，就降低标准和要求；不能歧视性地单独编班，以避免造成随迁子女身份的标签化。

第三，推进随迁子女教育立法。异地高考政策属于国家教育考试改革，其报考资格条件的设定应纳入国家法定程序，因此理应以法律或者行政法规的形式颁布并施行异地高考政策。我国相继颁布了《教育法》《义务教育法》《高等教育法》《职业教育法》《教师法》等法律法规，伴随着教育水平的提升，也逐步形成了我国的教育法律体系。但是，经济社会的转型发展以及国内流动人口的不断激增，随迁子女异地升学考试问题无疑会变得日益突出，而我国现有的教育法制体系在应对随迁子女异地高考问题上严重滞后，为避免造成教育的不公，并妥善处理好随迁子女的异地高考问题，我国立法机关应该尽快设立随迁子女异地高考的相关法律法规，保障随迁子女异地高考的公平性和合法性。

第四，加大异地高考政策宣传力度。在秉持公平、公正立场和保障弱势群体权益的前提下，一方面可以通过报纸、电视、广播等传统媒体，对异地高考政策进行解读，帮助随迁子女及其家长了解政策的内容、改革的发展状况和未来趋势；另一方面，可以通过互联网等新媒体，及时发布有关异地高考改革的最新信息与各方评论，尽可能扩大宣传范围，增强宣传效果；此外，还可以基于维护教育公平公正的目标，设立以异地高考为专题的论坛、微博，动员全社会参与到异地高考改革问题和方案的讨论中来，听取民众真实的声音。异地高考政策的利益相关者对政策的认知程度会影响其对政策的公平认同程度。因此，各地政府与教育主管部门需要加大对异地高考政策的宣传与学习，充分调动教师的积极性，成为政策的主要宣传员，另外也可以利用多种信息传播方式，如电视、广播、杂志、报纸等，拓展宣传渠道、增加宣传力度，真正把政策落到实处。

第三节 关于随迁子女教育期望的建议与对策

在这个世界上，弱势群体在任何地方都会存在，只是规模和程度有所不同。对他们进行教育补偿是实现社会公平的重要保障。补偿教育旨在追求教育机会均等。从横向分析，教育机会均等可包括教育机会的区域公平、民族公平、阶层公平、性别公平等；从纵向分析，教育机会均等包括义务教育阶段机会公平、义务教育后机会公平等。美国 2002 年的《不让一个孩子掉队》教育改革法案，致力于改变弱势群体的不利地位，缩小他们与其他群体的教育差距，强调了"不论何人、不论何时、不论何地，只要有意愿便可接受其所希望的教育"的目标。

一 巩固学校教育基石，促进随迁子女校内融合

学校对随迁子女的教育承担着重要的责任，这一份责任不仅体现在对随迁子女的学业管理上，同时作为个体实现社会化的重要过渡场所，更是提升随迁子女教育期望的重要环节。建议学校高度重视、健全机构、明确责任，合理使用专项经费，完善随迁子女培养方案，建立学生流动档案以及增强学校教师与家庭的联系，以提升随迁子女的学业成绩和教育期望。

第一，重视培养学生的教育期望。教师要想真正启发学生，就要对学生的教育期望进行深入了解。国内外研究表明教育期望是学生学业成败、教育最终获得的重要变量。笔者在调查过程中，曾将调查中获得的随迁子女的教育期望与班主任、教师进行交流，他们都很惊讶学生有如此奇特的学业、品德、人际交往和社会成就方面的期望，而这些期望反过来验证了他们对待学业、同学和教师的态度。随迁子女的期望特征绝大多数与当地学生相似，都渴望成功、渴望通过教育实现社会地位的提升，但是毕竟由于家庭社会资本、社会经历的不同，造成了一些与当地学生迥异的想法和做法。尽管如此，学校也应该避免给他们的期望"贴标签"，要在与他们的不断沟通中，

共同建立良好的教育期望，以有利于现在的学业成绩和将来的成长发展。

第二，设立并规范使用专项经费。正如福利经济学家庇古提出的"庇古税"，引入政府干预机制，对负外部性的经济行为进行征税，对正外部性的经济行为进行补偿。学校除了严格执行收费标准，不收取收费标准之外的任何费用。同时，学校应该根据实际情况为部分家庭贫困学生免除部分费用，要用好上级下拨的随迁子女入学补助经费，并将补助经费全部用于对家庭困难的随迁子女的书本费减免及办学条件的改善上。为了确保该项资金专款专用，学校应该按照教育局出台的相关规定，做到每个项目，每使用一分钱，都要公之于众，接受民众的监督，有效防止将该专款挪作他用情况的发生。通过经费扶持一方面可以保障随迁子女在校完成基本的学业要求，减轻困难学生家庭负担，另一方面对随迁子女会产生一定程度的期望，激励他们以良好的学习成绩来回报学校的支持和帮助。

第三，完善个性化的培养方案。学校一方面按照教学统一进度进行课程授课，另一方面也要照顾随迁子女现有的文化基础、对新知识的掌握程度，设计有针对性的课程辅导方案。同时，学校应该为随迁子女开设心理教育课程和课外兴趣爱好课程，让随迁子女掌握一定的自我心理调节的能力和适应新环境的能力，使得随迁子女能够在遇到新问题时主动面对，并以良好的心态寻求问题解决的方法。通过课外兴趣课程，不仅丰富随迁子女的学习生活，分散随迁子女的紧张、不适应情绪，还可以促进他们与本地子女的交流，帮助其尽快融入新环境。

第四，规范随迁子女的档案管理。学校相对于其他机构更加便于对随迁子女的信息进行比较完善的调查，因此应该积极主动地负责随迁子女档案的建立以及后续的管理工作。档案内容不仅仅是学生的学籍学历管理，还包括学生的基本信息、家庭状况、流动情况、心理状况、学生特长或兴趣爱好等。这样，一方面有助于教育行政部门及时掌握有关信息，科学安排教育教学资源、编制招生计划等，另一方面有助于随迁子女所在学校老师了解学生情况，因地制宜、因人而异地采取教学方法，保证随迁子女文化知识学习的连续性。

第五，加强随迁子女的家校联系。家庭是孩子人生的第一所学校，家长是孩子人生的第一任教师，因此学校要积极与家长沟通，达成"双管"的共识。由于工作与经济能力限制，大多数的随迁子女未获得父母较好的监护，更多的是隔代监护或者委托监护，甚至还有孩子自我监护。同时，隔代监护人或委托监护人多数文化水平不高，在对待孩子的监护上，并没有合理施教，物质生活满足远远超过精神品质的教育。为此，学校应该开展丰富的示范教育活动来帮助监护人提升监护能力，促进随迁子女健康成长。每学期学校应该召开一至两次家长会议，或者针对随迁子女家长开设专题座谈会议，就学生学习情况、学生心理状况、家庭教育工作等问题展开家校交流，共同关注和帮助孩子健康地成长。

二 夯实家庭教育基础，注重家庭社会资本积累

随迁子女家庭社会资本对其教育期望具有显著的促进作用，优势家庭通过直接的资源性排斥和间接的文化传递，能够给予孩子更好的教育获得，并且传递给孩子更大的优势教育机会信息，孩子教育期望自然更高。因此，作为孩子教育的起点和基点的家庭教育，不仅是学校教育的基础，其作用还应该不断补充和延伸。在家庭中，家长的教养方式对子女的社会性发展具有重要影响，尤其对于随迁子女家庭，家庭流动性大、家庭收入低且不稳定、家长工作时间长等特点，随迁子女家庭内部的沟通受到很多的阻碍。在大多数随迁子女家庭中，父母自身的文化素质不高，在子女教育管理上过于极端：有的过于不重视家庭教育，对孩子放任不管；有的过于关注孩子学习成绩，而忽视思想品德教育；还有的仅仅从物质上满足孩子的需要，忽视孩子对爱与关怀等精神需要。以上种种情况下孩子对自身的各类教育期望会表现出不均衡的特点。因此，夯实家庭教育基础的第一步就是要转变随迁子女家长们的教育观念。随迁子女家庭要在自身努力及学校、社区帮助下，不断提高思想认识，找准角色定位，明确自身在家庭教育中应该履行的职责，为随迁子女树立正确的亲子

观、教育观，培养合理的教育方式，提高教育能力和水平，按照孩子的成长规律和社会需要施以教育，解决家庭教育中存在的困难和问题。在具体教育实践中，应该做到以下几点。

第一，注重家教与家风建设。家庭是孩子出生以来接触的第一个群体单位，家长不仅仅是孩子的监护人，也是孩子的人生导师。家长的言谈举止在潜移默化中带给孩子深刻的影响。因此，随迁子女家长必须以身作则，严于律己，给孩子做好的榜样，在生活、学习中，不仅要强调文化成绩的重要性，也要注重孩子道德品质、人格魅力的培养；既要保证孩子遵纪守法、文明礼貌，又要培养孩子自信乐观、不畏险阻的精神。通过良好的家庭教育，孩子会自觉严格要求自己，提升对自己的品德表现期望。

第二，提高父母的教育参与。父母是家庭教育的导师，应该根据孩子成长发育的规律来制定具体和有计划的教育方案。但是，受限于不同家长的受教育背景和社会地位，家长教育子女的水平也有所不同。学校教育相对于家庭教育、社会教育来说，在内容和形式上更为有秩序、正规。因此，随迁子女家庭应该竭尽全力支持子女入学接受学校教育，经济上实在困难，可以向学校及有关部门提出资助申请，让孩子有机会通过学习改变人生轨迹，实现社会层级流动。另外，随迁子女家长应该多参与学校组织的各项活动，与学校教师和其他父母形成的代际闭合，给子女积极的心理暗示，提高学习的自我效能，从而有利于其取得更好的学业成绩，形成更好的教育期望。

第三，累积家庭的文化资本。布迪厄认为家庭文化资本主要体现在父母的教育程度上，其次是家庭所拥有的文化耐用品、文化参与等。然而大多数随迁子女的父母陷入了这个误区，认为自身文化素养不够，没有能力教导孩子，孩子的文化素养靠他们自己。其实即使随迁子女家长自身文化水平不足，也应该通过后天的培训得到提升，或从生活的细节上给予孩子文化积淀。例如，在日常生活中应该尽量使用主流社会所认可的普通话，让孩子尽快适应城市语言；自身也应该养成阅读习惯，鼓励和支持孩子购买积极向上的书籍和课程辅导书；养成良好的修养、品位和行为习惯，不要有讲脏话、酗酒、赌博、沉迷游戏等陋习；多带孩子参加学校、社会组织的亲子活动；鼓励孩子培养自身特长，注重孩子精神成长。

第四，促进家庭教育行为与随迁子女教育期望的匹配。进城务工人员随迁子女在经历了父母来城工作的艰难，以及感受城市与乡村的巨大差异后，会更加迫切希望自己能够接受更高的教育，在城市社会中争取一席之位，向上层社会流动，改变自己和家庭的命运。因此，虽然随迁子女家长大多数自身学历层次不高，但是他们对子女的学业期望更加强烈，他们希望自己的孩子可以功成名就、成龙成凤。但是很多进城务工人员家长往往嘴上说重视孩子的教育，但是没有实际的教育行动，不关心子女的学习，跟学校和老师也很少联系。因此，必须认识家庭教育行为与子女教育期望是一对因果关系，即家庭教育行为有利于随迁子女建立起较高的教育期望。

三　增加政府正向干预，推进社会各界参与

随迁子女跟随父母务工而迁移，缺乏良好的学习环境和生活氛围，迫切需要来自社会的支持和关怀。

政府层面，第一，应该严格按照国家文件要求，完善随迁子女进城生活和学习的各项配套政策，尽量多安排他们进入公办学校学习，剩下部分学生实在解决不了，可以扶持一批民办学校或者购买民办学校的学位额。既要在城市规划的前提下，结合各行政区域的分布情况，合理规划出更多的学校，确保随迁子女有校可入、有学可读，从而扩宽随迁子女接受教育的渠道，同时又要通过财政支持来改善民办学校的办学条件，完善学校的软硬件设施。第二，优化配置教育资源。一方面提升随迁子女学校教师的教学水平，培养高素质的教师梯队，运用科学的教学理念充分挖掘随迁子女的潜质，提升随迁子女的综合素养。另一方面发动社会力量，为随迁子女提供切实有效的便利，例如增设随迁子女专用校车，为学生上下学提供便利，减轻随迁子女家长负担，并保障学生出行安全。第三，优化随迁子女居

住环境。进城务工人员的住房问题也应该统筹考虑，在城镇建设规划和土地利用规划时，应该对进城务工人员住房的区域、基础设施等进行考虑，尽量适度分散居住区域，避免过于集中而产生的隔阂。第四，加强安全管理，营造和谐的居住氛围。公安部门要加强对城乡结合区域的安全防范，严格查处各种违法违纪行为，保障随迁子女健康和谐的生活环境。

社会层面需要借助社会公益组织、非政府机构等社会力量，切实帮助随迁子女及其家庭解决燃眉之急，从而更好地促进随迁子女的社会融入。首先，社区服务组织应该成立专门服务于流动家庭的服务项目，通过开展社区活动、服务咨询等，丰富随迁子女家庭生活，给予心理健康、安全防范、城市技能等各方面的咨询和指导。其次，针对随迁子女教育期望来强化社区文化建设，在帮助随迁子女尽快适应新的生活学习环境的同时，正确引导随迁子女形成积极向上的人生价值观，引导城市居民对农村流动人员及其子女的接纳，并消除对他们的歧视，认同他们的存在。再次，净化社区环境。随迁子女进入城市，一方面接受城市优质的教育资源和生活条件；另一方面，也应该避免陷入城市浮躁、低俗的不良风气之中。社区及其周围环境应该进行严格整治，网吧、酒吧等娱乐场所应该规范经营，为随迁子女健康成长打造一个良好的居住环境。最后，促进流动人员的社区参与。社区可以增设流动人员特定岗位，吸收进城务工人员参与社区的管理工作，加强外来人员与当地人员间的沟通和交流，传递正确的价值观，增强双方互动，缩短流动人员与城市居民的社会差距。

除了要加强对随迁子女所居住的社区的管理，发挥社区的作用，对弱势群体的社会关注更有助于和谐社会的建设。通过社会关注，向随迁子女及其家庭传递社会积极接纳的态度，从而增强随迁子女城市社会融入感，保障随迁子女在城市社会中应有的环境和资源支持。当前，社会传媒和社会评价中多报道了随迁子女及其家庭在社会中处于被同情或被歧视的弱势地位，虽然一定程度上反映的是真实的情况，但是这种报道很容易导致随迁子女认为自我不被社会认可，从而产生自卑的心理。因此，大众传媒应该转变这种报道方式，尊重这类群体的社会存在性，可以多报道随迁子女及其家庭积极向上的事迹，或随迁子女努力学习取得优异学业成就的新闻，给予他们更多的鼓励和信心。

参考文献

一 中文著作

［美］埃里克·奥林·赖特：《后工业社会中的阶级》，陈心想等译，辽宁教育出版社 2004 年版。

［英］安东尼·吉登斯：《社会学》，赵旭东等译，北京大学出版社 2003 年版。

［英］保罗·威利斯：《学做工：工人阶级子弟为何继承父业》，秘舒、凌旻华译，译林出版社 2013 年版。

［美］鲍里斯、金蒂斯：《美国：经济生活与教育改革》，王佩雄等译，上海教育出版社 1990 年版。

［美］彼得·布劳：《不平等和异质性》，王春光、谢圣赞译，中国社会科学出版社 1991 年版。

［法］布尔迪厄：《文化资本和社会炼金术》，包亚明译，上海人民出版社 1997 年版。

［法］布尔迪约，帕斯隆：《再生产：一种教育系统理论的要点》，邢克超译，商务印书馆 2002 年版。

［美］丹尼尔·W. 布罗姆利：《经济利益与经济制度》，陈郁、郭宇峰译，上海三联书店 2012 年版。

［德］恩格斯：《马克思恩格斯全集》（第三卷），人民出版社 1961 年版。

范国睿等：《教育政策的理论与实践》，上海教育出版社 2011 年版。

冯帅章、陈媛媛:《城市的未来——流动儿童教育的上海模式》,上海财经大学出版社 2017 年版。

[德] 卡尔·马克思:《资本论》(第一卷),人民出版社 1975 年版。

李钢、蓝石:《公共政策内容分析方法:理论与应用》,重庆大学出版社 2007 年版。

李强:《农民工与中国社会分层》,社会科学文献出版社 2004 年版。

刘精明:《国家、社会阶层与教育——教育获得的社会学研究》,中国人民大学出版社 2005 年版。

[美] 刘易斯·芒福德:《城市发展史——起源、演变和前景》,宋俊岭、倪文彦译,中国建筑工业出版社 2005 年版。

[德]《马克思恩格斯全集》(第六卷),人民出版社 1961 年版。

申继亮:《处境不利儿童的心理发展状况及其教育对策研究》,经济科学出版社 2009 年版。

石长慧:《认同与定位:北京市农民工子女的社会融合研究》,中国社会科学出版社 2014 年版。

史柏年:《城市边缘人——进城农民工家庭及其子女问题研究》,社会科学文献出版社 2005 年版。

谢维和:《教育活动的社会学分析——一种教育社会学的研究》,教育科学出版社 2000 年版。

熊易寒:《城市化的孩子:农民工子女的身份生产与政治社会化》,上海世纪出版集团 2010 年版。

余秀兰:《中国教育的城乡差异——一种文化再生产现象的分析》,教育科学出版社 2004 年版。

[美] 约翰·罗尔斯:《正义论》,何怀宏、何包钢、廖申白译,中国社会科学出版社 2001 年版。

[美] 詹姆斯·C. 斯科特:《农民的道义经济学:东南亚的反叛与生存》,程立显、刘建等译,译林出版社 2001 年版。

[美] 詹姆斯·E. 安德森:《公共决策》,唐亮译,华夏出版社 1990 年版。

张人杰:《国外教育社会学基本文选》,华东师范大学出版社 1989

年版。

二 中文期刊

安雪慧：《教育期望、社会资本与贫困地区教育发展》，《教育与经济》2005 年第 4 期。

霸雨辰、魏利：《影响农民工随迁子女学业成绩的潜变量因素及回归分析》，《数学的实践与认识》2016 年第 46 期。

边燕杰：《城市居民社会资本的来源及作用：网络观点与调查发现》，《中国社会科学》2004 年第 3 期。

陈斌：《异地高考的利益博弈、困境分析与对策建议》，《教育与考试》2012 年第 3 期。

程晨、李正明：《上海市"异地高考"政策认同现状及改进对策——以上海市浦东新区为例》，《教育科学研究》2017 年第 1 期。

刁博：《解决异地高考需要还大学的独立性》，《教育与职业》2012 年第 16 期。

丁蕙、屠国元：《期望价值理论与教师期望效应的激励机制》，《教育评论》2014 年第 9 期。

范丽恒、金盛华：《教师期望对初中生心理特点的影响》，《心理发展与教育》2008 年第 3 期。

范兴华、方晓义、刘杨、蔺秀云、袁晓娇：《流动儿童歧视知觉与社会文化适应：社会支持和社会认同的作用》，《心理学报》2012 年第 5 期。

范永茂：《"异地高考"：倡议联盟框架视角下的政策变迁分析》，《中国行政管理》2016 年第 5 期。

方巍：《农民工子女的城市社会融合——发展型社会政策视野下的杭州市个案分析》，《浙江工业大学学报》（社会科学版）2012 年第 4 期。

冯帮、崔梦川：《关于农民工对异地高考政策反响的调查报告》，《上海教育科研》2013 年第 1 期。

冯帮：《异地高考政策实施的阻碍因素及对策》，《上海教育科研》2013 年第 11 期。

冯俊诚、陈晨：《异地高考政策与小学生流动：来自地级市的经验证据》，《教育与经济》2016 年第 6 期。

符平、唐有财：《反打工·亲学校文化现象剖析——农民工输出地儿童认知观问题研究》，《教育发展研究》2011 年第 Z2 期。

甘露：《试论行政合理性原则对行政自由裁量权的控制》，《中共浙江省委党校学报》2010 年第 14 期。

高明华：《父母期望的自证预言效应——农民工子女研究》，《社会》2012 年第 4 期。

郭中凯：《异地高考的"负外部性"及治理路径探析——以北京市异地高考改革困局为例》，《现代教育论丛》2016 年第 6 期。

郝振、崔丽娟：《受歧视知觉对流动儿童社会融入的影响：中介机制及自尊的调节作用》，《心理发展与教育》2014 年第 2 期。

何雪松、黄富强、曾守锤：《城乡迁移与精神健康：基于上海的实证研究》，《社会学研究》2010 年第 1 期。

贺晓星：《论教育社会学中的新马克思主义——S. 鲍尔斯和 H. 吉丁斯的对应理论及其转向》，《南京师范大学学报》（社会科学版）2014 年第 6 期。

胡安宁：《文化资本研究：中国语境下的再思考》，《社会科学》2017 年第 1 期。

胡宏伟、童玉林、杨帆、胡祖明：《母亲受教育水平与农民工子女学业成绩：基于农民工家庭的实证调查》，《农林经济管理学报》2012 年第 3 期。

胡荣、陈斯诗：《农民工的城市融入与公平感》，《厦门大学学报》（社会科学版）2010 年第 4 期。

胡咏梅、杨素红：《学生学业成绩与教育期望关系研究——基于西部五省区农村小学的实证分析》，《中天学刊》2010 年第 6 期。

华桦：《"异地高考"区域差异性背后的政策逻辑与策略建议》，《当代青年研究》2013 年第 4 期。

华耀龙：《招收流动人员子女入学　全面普及义务教育》，《天津教育》1994 年第 6 期。

黄超：《教育期望的城乡差异：家庭背景与学校环境的影响》，《社会学评论》2017 年第 5 期。

贾彦琪：《期望理论对中小学教师激励的启示》，《集美大学学报》2017 年第 3 期。

江琦、李艳霞、冯淑丹：《流动儿童班级人际关系与歧视知觉的关系：社会支持的调节作用》，《长江师范学院学报》2011 年第 6 期。

蒋洪池、梁燕、彭元珍：《我国实现"异地高考"的阻力分析与消解策略》，《高教探索》2013 年第 1 期。

康乐、朱盛铭：《试论异地高考的改革困境与实施对策》，《高等农业教育》2014 年第 7 期。

雷颐：《法国底层青年骚乱之鉴》，《人民论坛》2010 年第 21 期。

李春玲：《教育不平等的年代变化趋势（1940—2010）——对城乡教育机会不平等的再考察》，《社会学研究》2014 年第 2 期。

李丁：《有限机会的公平分配——中国农民子女市民化的水平与模式》，《社会》2014 年第 4 期。

李红婷：《城区学校农民工子女文化适应的人类学阐释》，《湖南师范大学教育科学学报》2009 年第 2 期。

李宏利、张雷：《家庭社会资本及其相关因素》，《心理科学进展》2005 年第 3 期。

李洪玉、阴国恩：《中小学生学业成就与非智力因素的相关研究》，《心理科学》1997 年第 5 期。

李佳：《异地高考中的区域公平与考试公平》，《考试研究》2013 年第 2 期。

李木洲：《困境与出路："异地高考"问题剖论》，《湖北大学学报》（哲学社会科学版）2014 年第 1 期。

李庆丰：《中国农村家庭义务教育现状调查与分析》，《西南师范大学学报》（人文社会科学版）2001 年第 6 期。

李涛：《底层的"少年们"：中国西部乡校阶层再生产的隐性预演》，

《社会科学》2016 年第 1 期。

李涛、邬志辉：《中国实施"异地高考"政策后亟待预防的三重风险》，《教育发展研究》2013 年第 13—14 期。

李雅儒、孙文营、阳志平：《北京市流动人口及其子女教育状况调查研究（上）》，《首都师范大学学报》（社会科学版）2003 年第 1 期。

栗治强、王毅杰：《掣肘与鼓励：农民工随迁子女城市社会融入机制研究》，《华东理工大学学报》（社会科学版）2014 年第 2 期。

梁玉成、吴星韵：《教育中的户籍隔离与教育期望——基于 CEPS 2014 数据的分析》，《社会发展研究》2016 年第 1 期。

林初锐、李永鑫、胡瑜：《社会支持的调节作用研究》，《心理科学》2004 年第 5 期。

蔺秀云、方晓义、刘杨等：《流动儿童歧视知觉与心理健康水平的关系及其心理机制》，《心理学报》2009 年第 10 期。

蔺秀云、王硕、张曼云、周冀：《流动儿童学业表现的影响因素——从教育期望、教育投入和学习投入角度分析》，《北京师范大学学报》（社会科学版）2009 年第 5 期。

刘保中、张月云、李建新：《家庭社会经济地位与青少年教育期望：父母参与的中介作用》，《北京大学教育评论》2015 年第 3 期。

刘保中、张月云、李建新：《社会经济地位、文化观念与家庭教育期望》，《青年研究》2014 年第 6 期。

刘复兴：《教育政策的边界与价值向度》，《清华大学教育研究》2002 年第 1 期。

刘海峰、樊本富：《论西部地区的"高考移民"问题——兼论科举时代的"冒籍"现象》，《教育研究》2004 年第 10 期。

刘惠：《我国"异地高考"制度设计的社会学反思》，《上海教育科研》2015 年第 2 期。

刘进：《家庭社会资本与高等教育参与———种间接计量的尝试》，《教育科学》2011 年第 3 期。

刘精明：《中国基础教育领域中的机会不平等及其变化》，《中国社会科学》2008 年第 5 期。

刘庆、冯兰：《流动儿童社会融合的结构、现状与影响因素》，《中国青年政治学院学报》2014 年第 6 期。

刘世清、苏苗苗：《"异地高考"政策的合理性研究——基于 30 个省（自治区、直辖市）"异地高考"方案的内容分析》，《高等教育研究》2013 年第 6 期。

刘希伟：《异地高考的历史参照：清代异地科举考试政策探论》，《教育研究》2015 年第 2 期。

刘霞、赵景欣、申继亮：《歧视知觉对城市流动儿童幸福感的影响：中介机制及归属需要的调节作用》，《心理学报》2013 年第 5 期。

刘霞、赵景欣、师保国：《歧视知觉的影响效应及其机制》，《心理发展与教育》2011 年第 2 期。

刘杨、陈舒洁、袁晓娇、方晓义：《父母身份认同促进行为、家庭环境与流动儿童身份认同的关系》，《中国特殊教育》2013 年第 7 期。

刘杨、方晓义、蔡蓉等：《流动儿童城市适应状况及过程——一项质性研究的结果》，《北京师范大学学报》（社会科学版）2008 年第 5 期。

刘尧：《异地高考的困境与路径》，《河南教育》2012 年第 9 期。

龙君伟、曾先：《论同辈学习环境及其作用机制》，《教育理论与实践》2004 年第 23 期。

龙腾华：《漂流的花朵——打工族子女教育备忘录》，《社会》1994 年第 8 期。

吕慈仙、王鲁刚：《异地高考政策对随迁子女心理资本与社会融入影响的实证研究》，《教育研究》2017 年第 5 期。

吕慈仙：《异地高考政策对进城务工人员随迁子女社会融合的调节效应分析》，《清华大学教育研究》2017 年第 2 期。

吕慈仙：《异地高考政策是否削弱了歧视知觉对随迁子女城市文化适应的负面影响？——基于国内若干个大中型城市的调查分析》，《教育发展研究》2016 年第 23 期。

吕鹏：《生产底层与底层的再生产——从保罗·威利斯的〈学做工〉

谈起》，《社会学研究》2006 年第 2 期。

罗云、钟景迅、曾荣光：《进城务工人员随迁子女教育公平问题的分
　　配正义与关系正义之考察》，《北京大学教育评论》2015 年第 2 期。

马涛：《论"异地高考"政策及其对西藏教育的影响》，《中国校外教
　　育》2015 年第 11 期。

马晓娜：《教育公平与人口规模控制的博弈——新形势下超大城市
　　"异地高考"实施的困境探析》，《上海教育科研》2017 年第 8 期。

马晓强：《"科尔曼报告"述评——兼论对我国解决"上学难、上学
　　贵"问题的启示》，《教育研究》2006 年第 6 期。

南纪稳：《关于进城务工人员随迁子女在输入地参加高考的几点思
　　考》，《教育与考试》2012 年第 4 期。

潘泽泉：《社会分类与群体符号边界——以农民工社会分类问题为
　　例》，《社会》2007 年第 4 期。

庞海波：《中学班级环境与学生学业成绩的关系》，《心理科学》2009
　　年第 3 期。

邱幼云、朱冬亮：《期望理论视角下的农村高中生弃考行为分析》，
　　《中国青年研究》2009 年第 9 期。

尚伟伟：《进城务工人员随迁子女的学业成绩及其影响因素——基于
　　多层次线性模型（HLM）的分析》，《基础教育》2015 年第 6 期。

申继亮、刘霞、赵景欣、师保国：《城镇化进程中农民工子女心理发
　　展研究》，《心理发展与教育》2015 年第 1 期。

沈艳：《异地高考的公平性反思——基于社会资本的视角》，《理论
　　界》2013 年第 7 期。

石兰月：《异地高考准入条件的实证研究》，《郑州大学学报》（哲学
　　社会科学版）2016 年第 5 期。

司继伟、张庆林：《试论学生学业成就的个体因素》，《教育理论与实
　　践》1999 年第 9 期。

宋保忠、蔡小明、杨珏玲：《家长期望教育价值的思考与探索》，《唐
　　都学刊》2003 年第 3 期。

宋广文、王立军：《影响中小学教师期望的因素研究》，《心理科学》

1998 年第 1 期。

孙新、杨淑捷：《异地高考的合理性与现实性分析》，《教育评论》
　　2013 年第 1 期。

涂端午、魏巍：《什么是好的教育政策》，《教育研究》2014 年第
　　1 期。

王澈：《乾嘉时期科举冒籍史料》，《历史档案》2000 年第 4 期。

王春光：《中国社会政策调整与农民工城市融入》，《探索与争鸣》
　　2011 年第 5 期。

王甫勤、时怡雯：《家庭背景、教育期望与大学教育获得基于上海市
　　调查数据的实证研究》，《社会》2014 年第 1 期。

王嘉：《异地高考政策年内出台：困难在哪里?》，《中国人大》2012
　　年第 17 期。

王进、汪宁宁：《教育选择：理性还是文化——基于广州市的实证调
　　查》，《社会学研究》2013 年第 3 期。

王婷：《论推进异地高考政策的阻力及政策取向》，《山东行政学院学
　　报》2013 年第 2 期。

王颖：《维果茨基最近发展区理论及其应用研究》，《山东社会科学》
　　2013 年第 12 期。

王岳荣：《浅析家庭文化资本对流动儿童发展的影响——从布迪厄的
　　角度分析》，《时代教育》2015 年第 20 期。

王中会、徐玮沁、蔺秀云：《流动儿童的学校适应与积极心理品质》，
　　《中国心理卫生杂志》2014 年第 2 期。

魏勇、马欣：《中学生自我教育期望的影响因素研究——基于 CEPS
　　的实证分析》，《教育学术月刊》2017 年第 10 期。

文军：《农民市民化：从农民到市民的角色转变》，《华东师范大学学
　　报》（哲学社会科学版）2004 年第 3 期。

吴康宁：《论作为特殊社会组织的班级》，《教育理论与实践》1994
　　年第 2 期。

吴克明、王平杰：《大学毕业生与农民工工资趋同的经济学分析》，
　　《中国人口科学》2010 年第 3 期。

吴霓:《进城务工人员随迁子女在流入地参加中高考的现实困境及政策取向》,《清华大学教育研究》2012 年第 2 期。

吴霓、朱富言:《流动人口随迁子女在流入地升学考试政策分析》,《教育研究》2014 年第 4 期。

吴晓刚、张卓妮:《户口、职业隔离与中国城镇的收入不平等》,《中国社会科学》2014 年第 6 期。

吴新慧:《关注流动人口子女的社会融入状况——社会排斥的视角》,《社会》2004 年第 9 期。

吴愈晓、黄超:《基础教育中的学校阶层分割与学生教育期望》,《中国社会科学》2016 年第 4 期。

吴愈晓:《劳动力市场分割、职业流动与城市劳动者经济地位获得的二元路径模式》,《中国社会科学》2011 年第 3 期。

伍宸、洪成文:《我国异地高考问题、原因及解决对策——基于新制度主义的分析》,《中国教育学刊》2012 年第 11 期。

习勇生:《进城务工人员随迁子女异地高考政策分析:政策内容的视角》,《教育发展研究》2013 年第 13—14 期。

谢宝富:《"异地高考"政策深层问题分析》,《安徽师范大学学报》(人文社会科学版)2013 年第 5 期。

谢维和:《班级:社会组织还是初级群体》,《教育研究》1998 年第 12 期。

熊丙奇:《异地高考的阻力究竟在哪里?》,《教育》2011 年第 3 期。

熊易寒:《底层、学校与阶级再生产》,《开放时代》2010 年第 1 期。

徐金海、朱思鹏:《从异地高考谈平等受教育权的实现》,《湖北警官学院学报》2012 年第 7 期。

徐明华、盛世豪、白小虎:《中国的三元社会结构与城乡一体化发展》,《经济学家》2003 年第 6 期。

严爽:《以微信朋友圈的自拍照为例,剖析库利的"镜中我"的形成》,《科技风》2015 年第 19 期。

杨春华:《教育期望中的社会阶层差异:父母的社会地位和子女教育期望的关系》,《清华大学教育研究》2006 年第 4 期。

杨东平:《异地高考为何破题难》,《中国新闻周刊》2010 年第 41 期。

杨菊华:《中国流动人口的社会融入研究》,《中国社会科学》2015 年第 2 期。

杨威:《流动儿童家庭教育期望的影响因素探析——基于北京市某区的问卷调查》,《西北人口》2012 年第 2 期。

叶静怡、张睿、王琼:《农民进城务工与子女教育期望——基于 2010 年中国家庭追踪调查数据的实证分析》,《经济科学》2017 年第 1 期。

岳昌君、程飞:《人力资本及社会资本对高校毕业生求职途径的影响分析》,《中国高教研究》2013 年第 10 期。

悦中山、杜海峰、李树苗、费尔德曼:《当代西方社会融合研究的概念、理论及应用》,《公共管理学报》2009 年第 2 期。

翟月玲:《"异地高考"的根源、理论探究与对策》,《中国高教研究》2012 年第 7 期。

张东娇:《义务教育阶段择校行为分析:社会资本结构的视角》,《教育发展研究》2010 年第 2 期。

张光珍、姜宁、梁宗保、邓慧华:《流动儿童的歧视知觉与学校适应:一项追踪研究》,《心理发展与教育》2016 年第 5 期。

张家勇:《异地高考政策问题刍议》,《北京教育(高教)》2012 年第 11 期。

张璐晶:《异地高考,难在哪里?》,《中国经济周刊》2012 年第 10 期。

张阳阳、谢桂华:《教育期望中的班级效应分析》,《社会》2017 年第 6 期。

张莹瑞、佐斌:《社会认同理论及其发展》,《心理科学进展》2006 年第 3 期。

赵必华:《影响学生学业成绩的家庭与学校因素分析》,《教育研究》2013 年第 3 期。

赵延东、洪岩璧:《社会资本与教育获得——网络资源与社会闭合的视角》,《社会学研究》2012 年第 5 期。

郑桂珍、陈艳梅：《城市流动儿童健康成长问题探析》，《南方人口》2004 年第 1 期。

郑海燕：《初二学生的教师期望知觉、价值取向、学业成绩与学业求助的关系研究》，《教育测量与评价》2009 年第 8 期。

郑海燕：《教师期望的改变对初中生自我价值感及动机信念影响的实验研究》，《心理发展与教育》2005 年第 1 期。

郑洁：《家庭社会经济地位与大学生就业——一个社会资本的视角》，《北京师范大学学报》（社会科学版）2004 年第 3 期。

钟一彪、李娜娜：《外来工子女留守与流动的教育状况比较》，《南方人口》2009 年第 1 期。

周皓：《家庭社会经济地位、教育期望、亲子交流与儿童发展》，《青年研究》2013 年第 3 期。

周皓：《流动儿童社会融合的代际传承》，《中国人口科学》2012 年第 1 期。

周潇：《反学校文化与阶级再生产："小子"与"子弟"之比较》，《社会》2011 年第 5 期。

周序：《文化资本与学业成绩——农民工家庭文化资本对子女学业成绩的影响》，《国家教育行政学院学报》2007 年第 2 期。

三　学位论文

高利文：《家庭背景因素对流动儿童教育期望的实证影响分析——以北京市石景山区为例》，硕士学位论文，北京大学，2010 年。

郝振：《流动儿童的社会融入及其策略选择研究》，博士学位论文，华东师范大学，2015 年。

侯世昌：《国民小学家长教育期望、参与学校教育与学校效能之研究》，博士学位论文，"国立"台湾师范大学，2002 年。

胡韬：《流动少年儿童社会适应的发展特点及影响因素研究》，硕士学位论文，西南大学，2007 年。

黄淑惠：《国小高年级学童知觉父亲教养方式、教育期望与亲子关系之模式探究》，硕士学位论文，"国立"嘉义大学，2005 年。

纪淑玲：《国民小学家长教育期望、教育改革满意度及其子女补习行为关系之研究》，硕士学位论文，逢甲大学，2011 年。

李璧伶：《中部地区国小资源班学生家长对子女教育期望与参与子女学习活动之相关研究》，硕士学位论文，"国立"嘉义大学，2011 年。

李春：《父母对 3—7 岁儿童的期望及影响因素分析》，硕士学位论文，华南师范大学，2007 年。

林俊莹：《国小学生家长的子女教育期望、民主参与态度与参与学校教育行为关联性之研究》，硕士学位论文，台东师范学院，2001 年。

林铮铮：《流动儿童心理资本、社会身份认同与学校适应性的关系研究》，硕士学位论文，福建师范大学，2014 年。

刘霞：《流动儿童歧视知觉：特点、影响因素、作用机制》，博士学位论文，北京师范大学，2008 年。

刘正荣：《进城就业农民工子女心理健康问题研究》，硕士学位论文，扬州大学，2006 年。

卢璇：《流动儿童歧视知觉与心理适应：社会支持的作用》，硕士学位论文，湖南科技大学，2012 年。

鹿文卿：《农民工随迁子女受教育权保障研究》，硕士学位论文，沈阳师范大学，2012 年。

孟艳俊：《流动儿童社会融入状况的比较研究》，硕士学位论文，首都经济贸易大学，2008 年。

欧阳丹：《教师期望、学业自我概念、学生感知教师支持行为与学业成绩之间的关系研究》，硕士学位论文，广西师范大学，2005 年。

尚利芳：《农民工随迁子女低学业成绩的教育人类学研究》，硕士学位论文，首都师范大学，2013 年。

石明兰：《反学校文化：学业失败的一种社会动因》，硕士学位论文，华东师范大学，2007 年。

同雪莉：《留守儿童抗逆力生成研究——整合定性和定量的多元分析》，博士学位论文，南京大学，2016 年。

严骏夫：《文化生产视域下农村初中生教育期望研究——基于河南省调查数据的实证分析》，硕士学位论文，华东理工大学，2014 年。

杨大龙：《台中市国小资优生家长教育期望及参与家庭学习之研究》，硕士学位论文，"国立"台湾师范大学，2009 年。

曾建章：《国中资优学生与普通学生之他人期望与压力感受及成就动机之比较研究》，硕士学位论文，"国立"彰化师范大学，1996 年。

张妍：《教育公平视野下的异地高考问题研究》，硕士学位论文，上海师范大学，2014 年。

赵红霞：《影响初中生学业成绩差异的机制研究——回顾分析模型的探讨》，博士学位论文，华东师范大学，2011 年。

周楠：《公共政策过程理论视阈下中国异地高考问题研究》，博士学位论文，中国科技大学，2015 年。

四　报纸文献

曹林：《独立编班："隔离且平等"的公平幻觉》，《南方周末》2006年6月8日。

晏扬：《解决异地高考难题要迎难而上》，《中国商报》2010年12月7日。

杨自华：《异地高考：一个不容忽视的问题》，《西藏日报》2003年7月22日。

苑歌：《关注社会弱势群体——访清华大学社会学系教授孙立平》，《中国企业报》2002年4月12日。

张千帆：《异地高考还有多远》，《社会科学报》2011年6月9日。

五　英文参考文献

Adair J. K. & Pastori G., Developing Qualitative Coding Frameworks for Educational Research: Immigration, Education and the Children Crossing Borders Project. *International Journal of Research & Method in Education*, 2011, 34 (1): 31 −47.

Alessandra M. & Barban N., The Education Expectations of Children of

Immigrants in Italy. *The Annuals of the American Academy of Political and Social Science*, 2012, 643 (1): 78 – 103.

Allison M. Ryan & Helen Patrick. , The Classroom Social Environment and Changes in Adolescents, Motivation and Engagement during Middle School. *American Educational Research Journal*, 2001, 38 (2): 437 – 460.

Berkel C. , Knight G. P. , et al. , Discrimination and Adjustment for Mexican American Adolescents: A Prospective Examination of the Benefits of Culturally Related Values. *Journal of Research on Adolescence*, 2010, 20 (4): 893 – 915.

Berry J. W. , Phinney J. S. , Sam D. L. & Vedder P. , Immigrant Youth: Acculturation, Identity, and Adaptation. *Applied Psychology: An International Review*, 2006, 55 (3): 303 – 332.

Biernat L. & Jax C. , Limiting Mobility and Improving Student Achievement. *Hamline Law Review*, 2011, 23 (1): 231 – 252.

Brand J. E. & Xie Y. , Who Benefits Most from College? Evidence for Negative Selection in Heterogeneous Economic Returns to Higher Education. *American Sociolgical Review*, 2010, 75 (2): 273 – 302.

Brown C. S. & Bigler R. S. , Children's perception of discrimination: Adevelop – mental Model. *Child Development*, 2005, 76 (3): 533 – 553.

Coleman J. S. , Equality and Achievement in Education. *British Journal of Educational Studies*, 1993, 41 (4): 438.

David B. D. & Thompson K. , Self – concept and delinquency: The Effects of Reflected Appraisals by Parent and Peers. *Western Criminology Review*, 2005, 6 (1): 22 – 29.

Davis – kean P. E. , The Influence of Parent Education and Family Income on Child Achievement: the Indirect Role of Parental Expectations and the Home Environment. *Journal of Family Psychology*, 2005, 19 (2): 294 – 304.

Dika S. L. & Singh K. , Applications of Social Capital in Educational Literature: A Critical Synthesis. *Review of Educational Research*, 2002, 72 (1): 31 – 60.

Domina T., Conley A. & farkas G., The Link between Educational Expectations and Effort in the College – for – all Era. *Sociology of Education*, 2011, 84 (2): 93 – 112.

Duncan O. D. & Featherman D. L., Psychological and Cultural Factors in the Process of Occupational Achievement. *Social Science Research*, 1972, 1 (2): 121 – 145.

Frye M., Bright Futures in Malawi's New Dawn: Educational Aspirations as Assertions of Identity. *American Journal of Sociology*, 2012, 117 (6): 1565 – 1624.

Garg R., Kauppi C., Lewko J. & Urajnik D., A Structural Model of Educational Aspirations. *Journal of Career Development*, 2002, 29 (2): 87 – 108.

Garstka T. A., Schmitt M. T., Branscombe N. R. & Hummert M. L., How Young and Older Adults Differ in Their Responses to Perceived Age Discrimination. *Psychology and Aging*, 2004, 19 (2): 326 – 335.

Gasser C. E., Larson L. M. & Borgen F. H., Contributions of Personality and Interests Toexplaining the Educational Aspirations of College Students. *Journal of Career Assessment*, 2004, 12 (4), 347 – 365.

Hango D., Parental Investment in Childhood and Educational Qualifications: Can Greater Parental Involvement Mediate the Effects of Socioeconomic Disadvantage. *Social Science Research*, 2007, 36 (4): 1371 – 1390.

Hannum E., Market Transition, Educational Disparities, and Family Strategies in Rural China: New Evidence on Gender Stratification and Development. *Demography*, 2005, 42 (2): 275 – 299.

Hannum E. & Park A., Academic Achievement and Engagement in Rural China. *Journal of the American College of Cardiolgoy*, 2007, 37 (1): 183 – 188.

Hasan S. , The Mechanics of Social Capital and Academic Performance in an Indian College. *American Sociological Review*, 2013, 78（6）: 1009 – 1032.

Jennifer E. G. & Michael J. W. , Post – secondary School Participation of Immigrant and Native Youth: the Role of Familial Resources and Educational Expectations. *Social Science Research*, 2004, 33（2）: 272 – 299.

Kleinjans K. J. , Family Background and Gender Differences in Educational Expectations. *Economic Letters*, 2010, 107（2）: 125 – 127.

Krahé B. , Abraham C. , Felber J. , et al. , Perceived Discrimination of International Visitors to Universities in Germany and the UK. *British Journal of Psychology*, 2005, 96（3）: 263 – 281.

Major B. , Gramzow R. H. , McCoy S. K. , et al. , Perceiving Personal Discrimination: the Role of Group Status and Legitimizing Ideology. *Journal of Personality and Social Psychology*, 2002, 82（3）: 269 – 282.

Major B. , Quinton W. & Mc Coy S. , Antecedents and Consequences of Attributions to Discrimination: Theoretical and Empirical Advances. *Advances in Experimental Social Psychology*, 2002, 34（2）: 251 – 330.

Marjoribanks K. & Mboya M. , Family Captial, Goal Orientation and South African Adolescents' Self – concept: a Moderation – Mmediation model. *Education Psychology*, 2001, 21（3）: 333 – 350.

Milne A. & Plourde L. A. , Factors of a low – SES household: What Aids Academic Achievement? . *Journal of Instructional Psychology*, 2006, 33（3）: 183 – 193.

Oettingen G. , Expectancy Effects on Behavior Depend on Self – regulatory Thought. *Social Cognition*, 2000, 18（2）: 101 – 129.

Operario D. & Fiske S. T. , Ethnic Identity Moderates Perceptions of Prejudice: Judgments of Personal Versus Group Discrimination and Subtle Versus Blatant bias. *Personality and Social Psychology Bulletin*, 2001,

27（5）：550 – 561.

Palardy G. J. , High School Socioeconomic Segregation and Student Attainment. *American Educational Research Journal*, 2013, 50（4）：714 – 754.

Pascoe E. A. & Richman L. S. , Perceived Discrimination and Health: A Meta – Analytic Review. *Psychological Bulletin*, 2009, 135（4）：531 – 554.

Perna L. W. & Titus M. A. , The Relationship Between Parental Involvement as Social Capital and College Enrollment. *The Journal of Higher Education*, 2005, 76（5）：485 – 518.

Pong S. L. , Hao L. & Gardner E. , The Roles of Parenting Styles and Social Capital in the School Performance of Immigrant Asian and Hispanic Adolescents. *Social Science Quarterly*, 2005, 86：928 – 950.

Portes A. & Rumbaut R. G. , Legacies: The Story of the Immigrant Second Generation. *American Journal of Sociology*, 2003, 108（5）：1135 – 1137.

Putnam R. D. , *Our Kids: The Americian Dream in Crisis.* New York: Simon& Schuster, 2015：164 – 165.

Reardon S. F. & Owens A. , 60 Years after Brown: Trends and Consequences of School Segregation. *AnnualReview of Sociology*, 2014, 40（1）：199 – 218.

Reynolds J. & Burge S. , Educational Expectations and The Rise in Women's Postsecond ary Attainments. *Social Science Research*, 2008, 37（2）：485 – 499.

Rhodes Raw. , *Policy Network Analysis.* The Oxford Handbook of Public Policy, 2009：425 – 447.

Rist R. C. , *Student Social Class and Teacher Expectations: The Self – Fulfilling Prophecy in Ghetto Education.* Cambridge: The Harvard Educational Publishing Group, 2007：123.

Rothon C. , Arephin M. , Klineberg E. , Cattell V. & Stansfeld S. , Structural and Socio – psychological Influences on Adolescents' Educational Aspirations and Subsequent Academic Achievement. *Social Psychological Education*, 2011, 14 (2): 209 – 231.

Rottinghaus P. J. , Lindley L. D. , Green M. A. & Borgen F. H. , Educational Aspirations: The Contribution of Personality, self – efficacy, and Interests. *Journal of Vocational Behavior*, 2002, 61 (1): 1 – 19.

Rutchick A. M. , Smyth J. M. , Lopoo L. M. & Dusek J. B. , Great expectations: the Biasing Effects of Reported Child Behavior Problems on Educational Expectancies and Subsequent Academic Achievement . *Journal of Social & Clinical Psychology*, 2009, 28 (3): 392 – 413.

Sanders C. E. , Field T. M. & Diego M. A. , Adolescents' Academic Expectations and Achievement. *Adolescence*, 2001, 36: 795 – 802.

Sewell W. H. , hansuer R. M. , Spriger K. W. & Hauser T. S. , As we age: A review of the Wisconsin Longitudinal study, 1957 – 2001. *Research in Social Stratification & Mobility*, 2003, 20 (4): 3 – 111.

Sirin S. , Socioeconomic Status and Academic Achievement: A Meta – Analytic Review of Research. *Review of Educational Research*, 2005, 75 (3): 417 – 453.

Soo – yong Byun, Schofer E. & Kim K. , Revisiting the Role of Cultural Capital in East Asian Educational Systems: The Case of South Korea. *Sociology of Education*, 2012, 85 (3): 219 – 239.

Spencer M. B. , Fegley S. G. & Harpalani V. , A Theoretical and Empirical Examination of Identity as Coping: Linking Coping Resources to the Self Processes of African American Youth. *Applied Developmental Science*, 2003, 7 (3): 181 – 188.

Stephanie A. B. , Monica K. J. & Bridget K. G. , College Aspirations and Expectations among Latino Adolescents in the United States. *Social Problems*, 2006, 53 (2): 207 – 225.

Stone S. & Han M. , Perceived School Environments, Perceived Discrimination, and School Performance among Children of Mexican Immigrants. *Children & Youth Services Review*, 2005, 27 (1): 51 –66.

Strand S. & Winston J. , Educational Aspirations in Inner City Schools. *Educational Studies*, 2008, 34 (4): 249 –267.

Wang M. &Ngai S. S. Y. , The effects of single parenthood on Educational Aspiration: A comparative Study of Children in the United Kingdom and Hong Kong. *Child & Youth Services*, 2011, 32 (2): 135 –154.

Watkins R. , Plant A. J. , Sang D. et al. , Research Note Individual Characteristics and Expectations about Opportunities in Australia among prospective Vietnamese migrants. *Journal of Ethnic & Migration Studies*, 2003, 29 (1): 157 –166.

Wigfield A. , Tonks S. & Eccles J. S. , Expectancy Value Theory in Cross – cultural Perspective. *Big Theories Revisited*, 2004, (4): 165 –198.

Wong C. A. , Eccles J. S. & Sameroff A. , The Influence of Ethnic Discrimination and Ethnic Identification on African American Adolescents's chool and Socioemotional Adjustment. *Journal of Personality*, 2003, 71 (6): 1197 –1232.

Wu X. G. , The Household Registration System and Rural – Urban Educational Inequality in Contemporary China. *Chinese Sociological Review*, 2011, 44 (2): 31 –51.

Wu Y. X. , Cultural Capital, the State, and Educational Inequality in China, 1949 –1996. *Sociological Perspectives*, 2008, 51 (1): 201 –227.

Yamamoto Y. , &Brinton M. C. , Cultural Capital in East Asian Educational Systems: The Case of Japan . *Sociology of Education*, 2010, 83 (1): 67 –83.

Yan W. & Lin Q. , Parent Involvement and Mathematics Achievement. *The Journal of Educational Research*, 2005, 99 (2): 116 –127.

Zhan M. , Assets, Parental Expectations and Involvement, and Children's Educational Performance . *Children and Youth Services Review*, 2006, 28 (8): 961 –975.

后　记

本书成稿过程中，正值全国上下学习党的十九大报告。报告指出：中国特色社会主义新时代，我国社会主要矛盾已经转化为"人民日益增长的美好生活需要和不平衡不充分的发展之间的矛盾"。"注重扶贫同扶志、扶智相结合"。同时，我国的新型城镇化是以人为核心的城镇化，实现城乡统筹和可持续发展，最终实现"人的无差别发展"。经济学家罗斯高提出中国能否顺利跨过"中等收入陷阱"很大程度上取决于劳动力人口的整体受教育程度。

国内外大量研究也证实以人力资本为核心的自致性因素是实现社会阶层流动和"助人自助"社会福利的主要决定因素，而教育期望对人力资本的获得具有直接、稳定和有效的解释力。因此，在如此背景下探讨异地高考政策认同对随迁子女教育期望的影响及作用机制对能否实现教育扶贫、新型城镇化以及人力资源强国有着重要的现实意义。希望本书的出版，能够为各地异地高考政策的完善和实施、为随迁子女良好教育期望的形成提供理论指导和实践借鉴。

此外，本专著的完成得益于国内外一批致力于研究并实践有关异地高考政策和随迁子女教育获得的各位同人。在这里我要感谢团队成员左文琦、智晓彤、王学男、刘恩贤、王鲁刚、张宝歌、李政、单正义等。他们帮我收集文献资料、协助田野调查、模型构建以及数据统计，其中博士生左文琦负责第五章和第六章的撰写，为专著的完成节省了许多时间。

吕慈仙

2019 年 6 月 20 日